Publicado por Innova1st Publishing 2018
Copyright © Mayo 2018 Erich R. Bühler
Segunda edición Mayo 2019

innova1st.com

Advertencia
Se han realizado todos los esfuerzos posibles para garantizar que este libro esté libre de errores u omisiones. La información provista es solamente de naturaleza general y no debe considerarse como asesoramiento legal o financiero. La intención es ofrecer una variedad de información para el lector. Sin embargo, el autor, editor, editorial o sus agentes o representantes no aceptarán responsabilidad por cualquier pérdida o inconveniente causado a una persona u organización que haya confiado en la información aquí provista.

Editora para la edición en español realizada por Carol Libenson (Carol.libenson@gmail.com)
Editor de la edición en inglés realizada por James Gallagher, Castle Walls Editing LLC (www.castlewallsediting.com)
Traducción español-inglés realizada por Michelle Masella (masella.translation@gmail.com)
Diseño de portada y formato interior del libro realizado por Victor Marcos

ISBN: 978-8409008049 (pbk)

LIDERA EL CAMBIO EXPONENCIAL

SEGUNDA EDICIÓN

ERICH R. BÜHLER

ÍNDICE

Agradecimientos

Los borradores de las versiones en inglés y español de este libro pasaron por diferentes revisiones, lo que hizo posible recibir retroalimentación de varios colaboradores. Sus aportes me permitieron refinar muchas ideas, cambiar el enfoque de varias secciones y adicionar decenas de aclaraciones y nuevos conceptos.

Sin el apoyo de estas personas, este libro no hubiese podido evolucionar hasta lo que hoy tienes en tus manos.

Stefan Sohnchen (Nueva Zelanda), consultor Agile, ha sido positivamente crítico con todo mi trabajo y desafió un gran número de ideas expresadas en el texto. Gracias a sus recomendaciones se mejoraron secciones de la propuesta original.

Carol Libenson (Venezuela) fue la correctora de textos e hizo que la versión en español se leyera mejor, y además brindó excelentes sugerencias e ideas que fueron adicionadas al contenido.

Michelle Masella (EE.UU.), traductora español-inglés, además de ayudar con el borrador en inglés, ha sugerido decenas de cambios que contribuyeron a mejorar ambas versiones del libro.

Adeyinka Adesanya (Nueva Zelanda), Yinka, quien se ha tomado el trabajo de revisar algunos capítulos para asegurarse de que no hubiera fallos.

Victor Marcos (Filipinas), diseño gráfico, quien le ha quitado muchas horas a su familia para tener el libro listo en tiempo récord.

James Gallagher (EE.UU.), fue el corrector de textos y trabajó en el borrador final de la versión en inglés, puliendo el manuscrito y ayudando a conectar a los lectores con la visión del autor.

Mi agradecimiento también a quienes aportaron las historias reales que están incluidas al final de varios capítulos: **Carlton Nettleton** (EE.UU.), **Claudia Patricia Salas** (España), **Sebastian Vetter** (Alemania) y **Stefan Sohnchen** (Nueva Zelanda).

Finalmente, a **Amparo Sánchez**, por haber sido un apoyo esencial durante el año de trabajo invertido en este logro....

Introducción

Déjame decirte por qué decidí NO escribir un libro sobre Agile, Lean o Scrum, sino sobre las reglas que gobiernan el cambio y cómo pueden ser utilizadas para la transición hacia una empresa mejor y más flexible.

Estamos acostumbrados, históricamente, a que la evolución sea lineal y acumulativa: que una idea lleve a la otra, y esta a un nuevo descubrimiento. Así, los avances son medianamente previsibles y las personas tienen tiempo de adecuarse a ellos. Pero la tecnología actual ha cambiado la forma en que se produce la evolución. Se trata del cambio exponencial. Las empresas se enfrentan a mercados que están en un proceso acelerado de cambio, debido a la cada vez mayor cantidad de información disponible, a que los consumidores usan la tecnología para conectar entre ellos y llegar a ideas avanzadas, y al incremento de la capacidad de los computadores y la inteligencia artificial. Todo esto da como resultado una mayor innovación, pero también que no sea tan sencillo anticipar el futuro.

Las personas se han habituado a que los productos (y especialmente el software) alteren su cotidianidad, lo que ha cambiado los hábitos de los consumidores y hasta las maneras de llevar adelante sus vidas privadas. Si miras a tu alrededor, verás que gran parte de esos productos provienen de empresas que no existían hace pocos años. Para muchos, han surgido de la nada; pero en realidad utilizan formas innovadoras de gestionar empleados y tienen ideas y servicios excepcionales.

Podrías pensar que tuvieron suerte, que estaban en el sitio y momento adecuados, o que son el resultado de contratar a personas muy inteligentes. Pero estos factores son solamente una pequeña fracción de su éxito.

Evidentemente, estas empresas han sido capaces de aprovechar las nuevas oportunidades de mercado, hacer uso de las nuevas tecnologías y que las personas se sientan más cómodas trabajando colaborativamente en sitios con alta variabilidad de tareas.

Muchos líderes a los que he ayudado han venido prestando especial interés a estas nuevas organizaciones, y consideran que el cambio es ahora un requisito obligatorio si se desea a hacer frente a los nuevos desafíos.

Así como la inteligencia artificial y Big Data en la empresa digital son componentes esenciales, también lo son las nuevas formas de pensamiento, metodologías y marcos de trabajo.

Es aquí que Lean y Agile, Scrum, SAFe, LeSS, o Scrum at Scale, entre otros, han apoyado a las organizaciones para crecer y mejorar más rápidamente, incrementando el aprendizaje y brindando a los clientes nuevas posibilidades para crear productos más poderosos.

A excepción de Lean, el resto de estos marcos de trabajo o formas de pensamiento han sido creadas para mejorar la construcción de productos de software. Como resultado, son difíciles de adecuar si lo que se desea es transformar la totalidad de la empresa.

Ya no alcanza con comprender el funcionamiento de un marco de trabajo, un conjunto de principios o técnicas, o una nueva forma de gestión de personas, sino que también es indispensable entender factores más profundos sobre el cambio organizacional, y conocer cómo estos pueden ayudar a toda la empresa a mejorar.

La mayor parte de los consultores y líderes con quienes hablo coinciden en que cambiar la organización es una montaña rusa llena de emociones: de la plena satisfacción, donde aprenden y creen que el viaje ha valido la pena;

a situaciones de conflicto donde hay que enfrentar individuos o equipos que no desean cambiar.

En muchas ocasiones, las personas dejan de apoyar la iniciativa de transformación del negocio o se pierde la tracción sin motivo aparente, haciendo que el plan se vuelva más complejo.

Esto ocurre porque los seres humanos no estamos biológicamente preparados para los cambios constantes, y la exigencia de adaptarse rápidamente a estos entornos de alta volatilidad termina incrementando la resistencia al cambio.

Conocer por qué ocurre esto y contar con trucos y técnicas que ayuden a acelerar la transformación sin que haya una pérdida sustancial de la tracción, o que se ponga en riesgo la estabilidad organizacional, es parte de lo que quiero transmitirte con este libro.

FIGURA 1: Cinco mentali·a·es y las técnicas que apren·erás aquí (c) Erich R. Bühler

En las siguientes páginas, te brindo fundamentos para que comprendas qué ocurre en entornos con alta volatilidad, así como ideas, técnicas y prácticas que pueden ser empleadas para acelerar la transformación de tu empresa, apoyándote en la psicología y la neurociencia aplicadas al cambio organizacional.

Encontrarás varias técnicas innovadoras para hacer frente a la resistencia al cambio, recomendaciones para tomar decisiones difíciles y formas efectivas para preparar a la organización para el crecimiento exponencial.

También te explico cómo ayudar a equipos con niveles bajos de motivación, para que puedan convertirse en imparables; y contrasto las diferencias entre el cambio tradicional, contagioso y exponencial, para que puedas diferenciarlos e implementar tus ideas más fácilmente.

He hecho un esfuerzo para que la lectura sea amena para cualquier ejecutivo, gerente, agente de cambio, consultor de negocio, Agile Coach, Scrum Master o cualquier persona que desee ayudar a reinventar la empresa.

Al final de algunos capítulos encontrarás historias reales escritas por consultores de diferentes países y culturas que te permitirán adquirir aprendizajes desde puntos de vista diferentes.

¿Cómo utilizar este libro?

Este libro está pensado para ser leído de principio a fin. No obstante, los capítulos 7 y 8 (*Enterprise Social Systems*) pueden ser comprendidos una vez leído el capítulo 1.

Los primeros dos capítulos hablan sobre la situación actual y proveen una explicación sobre por qué es necesaria la empresa exponencial y sus diferencias con la organización tradicional.

Los capítulos 3 y 4 se explayan en las técnicas de transformación de empresa y la forma en que el cerebro actúa en cada caso. A la vez, te muestro prácticas para hacer frente a la resistencia al cambio y te doy sugerencias para trabajar con equipos que hayan perdido la motivación.

Los capítulos 5 y 6 se centran en métodos para acelerar la transformación de la empresa y exponen sugerencias para que cualquier cambio sea fácil de expandir.

Finalmente, los capítulos 7 y 8 hablan sobre *Enterprise Social Systems*, y tienen como objetivo brindarte bases sólidas para crear nuevos procesos y marcos de trabajo que apoyen la evolución rápida de tu empresa.

El capítulo 8, particularmente, explica los marcos de cambio ELSA y DeLTA. Mientras el primero puede ser empleado cuando los líderes de la compañía apoyan activamente la transformación de la empresa, el segundo puede ser usado cuando ellos todavía no se encuentran involucrados.

A medida que avances por los capítulos, verás que he tratado de mantenerme alejado de materias sobre las que ya existe cuantiosa literatura, como Agile, Scrum, Lean o Lean Startup. Esto ha sido un desafío, ya que existe un vínculo cercano con muchos de los temas; pero se ha conseguido un buen balance mediante la adición de referencias a información externa, que se presenta utilizando dos tipos de íconos:

¿Sabías? Representa información adicional sobre un tema específico.

¡Prueba esto. Recomienda técnicas o acciones concretas listas para ser utilizadas.

Al final de cada capítulo encontrarás un resumen y preguntas que te permitirán reflexionar y confirmar tu aprendizaje.

También he hecho referencia a otros autores y a investigaciones específicas que te pueden aportar valor, y para que puedas conocer de dónde proviene la información presentada.

Espero que este libro pueda brindarte el conocimiento necesario para que puedas acelerar la transformación de tu empresa. ¡Buena suerte!

Erich R. Bühler

De cero a un millón en 2 segundos

CAPÍTULO 1

*"Es un error pensar que moverse rápido es lo mismo que
ir a alguna parte."*

Steve Goodier, Escritor

¿Cómo es posible que apenas unos pocos sondeos electorales predijeran la presidencia de Donald Trump? ¿Por qué el Brexit u otros eventos en Europa y el mundo tomaron a tantos por sorpresa?

Para muchos fueron golpes inesperados, pues aunque sabían que había posibilidades de que tales hechos ocurrieran, los consideraban poco probables, incluso utilizando técnicas de predicción probadas. Yo, particularmente, no podría haber imaginado que un simple buscador como Google dominaría el mundo de la información, que dejaríamos de utilizar SMS, o que Apple resurgiría como una empresa de vanguardia.

El mundo es hoy muy complejo para todos, incluidos los líderes exitosos de compañías de renombre. Da la sensación de que estamos viviendo en un mundo nuevo, lleno de eventos que aparentemente se materializan de la nada, donde las sorpresas son parte del día a día y llegan una detrás de la otra.

Parece incluso contradictorio el hecho de que no podemos predecir mejor el futuro que en los años 90, aunque en una semana accedemos a más información de la que cualquier presidente de esa época manejó durante todo su mandato. Está claro que toda esta información solo hace más difícil prever lo que viene.

Las redes sociales permiten que la información viaje instantáneamente y sin fronteras. Posibilitan a miles de personas de distintas culturas de todos los rincones del mundo colaborar empleando herramientas de software para llegar a conclusiones más elaboradas. Ver el estreno mundial de una película cómodamente sentado en el sofá de tu hogar ya no es un desafío, ni jugar colectivamente con alguien que está al otro lado del planeta, o adquirir conocimiento específico y de alta calidad sin necesidad de asistir a la universidad. Pero cuando hablamos de saber lo que acontecerá en las próximas semanas, nuestra capacidad se deteriora cada día más. Y tratar de adivinar el futuro cercano es algo que las empresas necesitan para poder situarse estratégicamente y establecer tácticas efectivas de cambio o adaptación.

Quizás viviste, como yo, en la era de los 90, cuando crear un nuevo producto implicaba emplear prácticas y metodologías conocidas. Todo estaba estandarizado; era una cultura de progreso acumulativo. La innovación ocurría de forma natural, siguiendo procesos que involucraban el compartir puntos de vista sobre temas conocidos y controlados por las personas: Yo construía sobre una idea que tú tuviste, y alguien más sobre mi idea, y así sucesivamente de forma lineal y relativamente predecible. Podíamos entonces aproximarnos a lo que serían las próximas revisiones de un producto, y hasta crear prototipos que indicasen en gran medida a dónde nos dirigiríamos en el siguiente lustro.

El futuro parecía relativamente estable y el dar pasos sólidos hacia la creación de un nuevo servicio era algo que requería, sobre todo, habilidades de negocio. El simple hecho de conocer a los clientes y seguir los pasos estipulados en las metodologías ayudaba a resolver los grandes problemas de cada día.

La historia era siempre más o menos la misma... Teníamos una idea inicial, creábamos el producto, tratábamos de producirlo de la forma más barata posible y lo poníamos a disposición de los consumidores por medio de nuestros canales distribuidores o intermediarios. El proceso implicaba comúnmente contratar muchos empleados y tener superficies espaciosas donde producir.

Los socios de negocio eran parte integral de la ecuación, ya que nos permitían hacer llegar los productos a nuestros compradores. El éxito y retorno de la inversión era casi seguro, siempre que la competencia no se adelantase. Luego comenzábamos a trabajar en la próxima versión, repitiéndose el ciclo una y otra vez.

Pero hay algo que seguramente has notado, y es que con la evolución de Internet, la historia ha cambiado rotundamente. Ahora hay una alta probabilidad de que una empresa con un par de empleados pueda crear en semanas un servicio o producto que altere totalmente las reglas del mercado, o que una compañía de prestigio global desaparezca inesperadamente sin razón aparente.

Pero no solamente la relación entre el tamaño de la compañía y su impacto ha cambiado. La inteligencia artificial, realidad aumentada, la nube y la robótica vienen impactando en la velocidad y formas en que las compañías deben adaptarse, y en su manera de obtener y analizar la retroalimentación del mercado.

Ya no se piensa en términos de copiar lo que hizo la competencia, sino que ahora la innovación mueve los mercados en una dirección diferente. Ya no creamos una empresa como un conjunto de individuos que siguen un plan o una lista de tareas repetitivas, sino que brindamos un entorno motivador para que los empleados aprendan y puedan evolucionar las formas de trabajo por sí mismos. Ya no les indicamos a los empleados cómo hacer sus tareas, sino que les impulsamos a que se autoorganicen en torno a sus problemas y descubran nuevos hábitos que permitan crear soluciones de forma colectiva.

Está claro que la sociedad también viene avanzando a pasos agigantados gracias a tecnologías que alteran la estructura de las empresas. Ello es parte del nuevo desafío que tienen los líderes con quienes hablo frecuentemente.

Las décadas de la ley de Moore

En 1965, Gordon Moore aseveraba que la cantidad de transistores de un procesador se duplicarían cada dos años, más o menos; y que esa tendencia continuaría durante las siguientes décadas. Su afirmación es un ejemplo de crecimiento acumulativo.

Esto parece un buen comienzo para comprender por qué las empresas están cambiando a ritmo acelerado. Pero esa es solamente una parte de la ecuación. Pon la mano en tu bolsillo; seguramente mientras lees esto tienes un *iPhone* u otro teléfono inteligente. Si ese es el caso, allí hay una enorme capacidad de procesamiento en unos pocos centímetros cuadrados. Los teléfonos actuales más sofisticados cuentan con alrededor de 600 gigaflops..

> **¿Sabías?**
>
> Un gigaflop mide la velocidad de un microprocesador en base a la cantidad de operaciones de coma flotante por segundo.

Al momento de publicar este libro, en Estados Unidos puedes comprar un iPhone X por unos 1000 dólares. Tendrás la misma capacidad de procesamiento que, en 1997, te hubiese costado 12 millones de dólares; o 15 trillones de dólares en 1984.

Los dispositivos al alcance de las personas son altamente poderosos, y hay más ciudadanos en el mundo con acceso a un teléfono inteligente que al agua potable. Esto es parte de la respuesta para comenzar a entender cómo las tecnologías están incrementando la velocidad de cambio y por qué las empresas, para poder adaptarse, deben desarrollar nuevos marcos de trabajo y formas innovadoras de hacer las cosas.

La era del aceleramiento de los rendimientos

En 1999, Raymond Kurzweil, reconocido futurista y director de ingeniería de Google, propuso la ley de los rendimientos acelerados (*Law of accelerating returns*). Según Raymond, la tasa de cambio en una amplia variedad de sistemas evolutivos tiende a aumentar exponencialmente cuando los sistemas se convierten en información digital.

Toma, por ejemplo, la capacidad de procesamiento de tu teléfono o cualquier otro dispositivo electrónico que puedas fácilmente comprar en una tienda de tu barrio. Esa capacidad se multiplicará en tan solo un año, independientemente de si tiene o no el doble de circuitos. Ello se debe a que cada día hay descubrimientos que impactan sobre la velocidad de los procesadores. A su vez, la velocidad se multiplica debido a que los dispositivos y personas se interconectan entre sí.

Piensa en la Internet de las cosas, donde los electrodomésticos obtienen información de la red; o las posibilidades de la web para conectar individuos e ideas con un esfuerzo mínimo. Es por ello debes tener en cuenta el impacto de los computadores en los hábitos de la sociedad moderna, así como en la red de conexiones de personas. Y ello incluye no solamente los teléfonos inteligentes, sino que cualquier otra cosa que contenga electrónica y software.

Cada día hay decenas de millones de personas que acceden a tecnologías más baratas, que multiplicarán su poder en los próximos 12 meses.

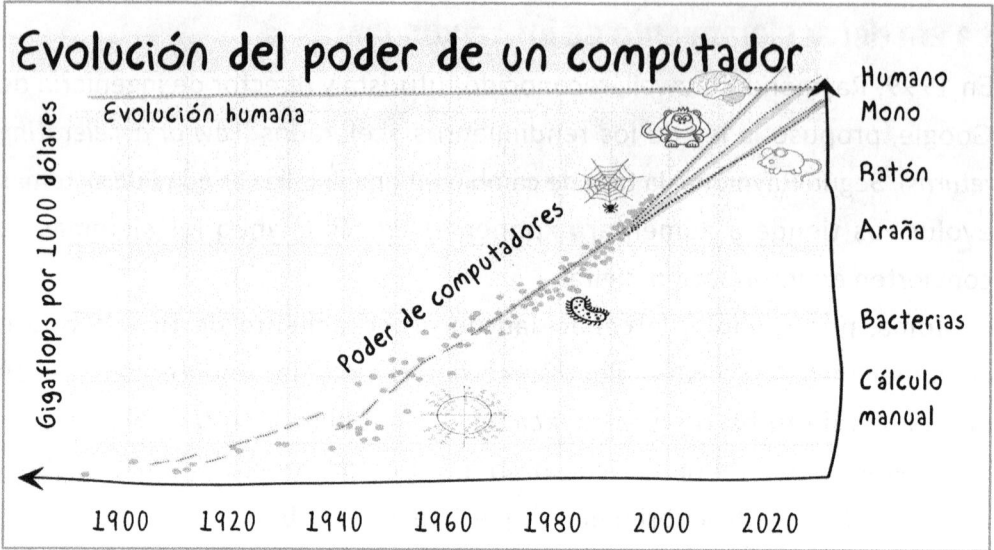

FIGURA 1.1: Aceleración exponencial ‹e los resulta›os (Law of accelerating Returns) basa›o en gráfico ‹e Raymon‹ Kurzweil

De acuerdo a Kurzweil, en 2023 una persona tendrá en su bolsillo un teléfono capaz de procesar la misma información que el cerebro humano; y en 2050 un dispositivo similar tendrá la capacidad de todos los cerebros del planeta juntos. Pero esta predicción no solamente se refiere a los teléfonos, sino a cualquier aparato que contenga tecnología de la información. Ello incluye, por ejemplo, el software utilizado por una empresa para descubrir, construir o mejorar un producto o servicio.

Si bien hay quienes consideran esta predicción como muy optimista, está claro que la forma en que los productos evolucionan se viene acelerando enormemente.

Si observas la curva de la figura 1.1, verás que es exponencial, aunque en las primeras etapas la línea se muestra relativamente plana y parece lineal. Allí, cada nuevo incremento representa un aumento de potencia de entre 10 a 100 veces.

Si hubiésemos tenido que dibujar la línea de forma acumulativa, fácilmente podría haber llegado desde tu casa hasta Marte.

En muchos ámbitos de negocios, gran parte de los procesos que se hacían manualmente han sido trasladados a un microprocesador. Toma como ejemplo el procesado de fotografías. Por allá en 1850 nos podría haber llevado semanas o incluso meses de espera el obtener las fotos de nuestra boda. Era un proceso químico manual tedioso que implicaba conocer exactamente sus distintos pasos y reacciones químicas. Desde 1950, el proceso se aceitó gracias a los avances en maquinarias y líquidos de revelado. Esto hizo que los tiempos bajasen de semanas a días, y que no fuera necesaria tanta especialización. Sin embargo, en los años 90 ocurrió un hecho fundamental al alcance del bolsillo del consumidor, y ello cambió la fotografía para siempre *¿Puedes ver lo que pasó?* (Figura 1.2)

FIGURA 1.2: Evolución exponencial ·e la fotografía

Los procesos fotográficos fueron digitalizados en los años 90 debido a que las cámaras alcanzaron poder suficiente a un precio accesible. Esto significó que las fotografías se trasladaron de lo físico a lo virtual (computador) y se convirtieron en ceros y unos. A partir de ese momento, se experimentó un aceleramiento evolutivo exponencial similar al de la curva del gráfico de Kurzweil.

Esto no solamente hizo posible obtener fotografías de forma instantánea, sino que provocó una evolución súper rápida del producto: la primera cámara digital de Kodak pesaba 3,5 kilos y tenía 0,01 megapíxeles; y ahora llevamos cámaras de 17 megapíxeles en el bolsillo y somos capaces de adicionar efectos especiales, modificar o retocar las imágenes y hacer evaluaciones biométricas en cuestión de segundos y con mucha facilidad (te explicaré más adelante cómo y porqué Kodak falló en su estrategia de innovación digital).

Esto nos muestra que cada vez que un conjunto de procesos manuales pasa del medio físico a información digital compuesta por ceros y unos, seguirán un patrón de evolución con aceleramiento exponencial. Por esto, las futuras innovaciones son difíciles de predecir, y las empresas tienen mayor número de sorpresas cada día.

Déjame primero ejemplificar cómo funciona la aceleración exponencial, para que puedas entender mejor por qué es tan arduo predecir el futuro cercano.

Imagínate que tú y yo nos encontramos en un sendero en las afueras de tu ciudad, y te pido que des 30 pasos en cualquier dirección. Sería fácil para mí predecir hasta dónde llegarías, asumiendo que cada paso sea de más o menos 80 centímetros.

Si cambio las reglas de juego y te indico que cada nuevo paso debe medir 20% más que la distancia del anterior, entonces terminarías mucho más lejos. No obstante, sería sencillo para mí adivinar que te encontrarías en alguna ciudad de la periferia, debido a que los resultados son claramente acumulativos.

El desafío mayor consiste en si te digo que ahora la distancia de cada movimiento debe ser exponencial a la longitud del paso anterior. Los primeros 5 o 6 pasos serían fácilmente predecibles, y yo podría adivinar aproximadamente dónde te encuentras. Esto podría confundirse con algo lineal, pero a medida que avanzaras, la predicción se tornaría cada vez más difícil. Ten en cuenta que, entre el paso 29 y 30, la longitud del movimiento sería unas 26 veces la órbita de la Tierra, lo que hace muy difícil adivinar dónde te encontrarás a medida que te vayas moviendo.

Podría predecir que el paso será efectivamente grande, pero no sabré dónde estás. Y esto es justamente el problema que crea el aceleramiento exponencial de los productos: *hace que las empresas necesiten adaptarse cada semana más y más rápido*. La consecuencia es que los líderes de las compañías encuentran difícil crear una organización que pueda adaptarse a tanta velocidad usando las técnicas y metodologías conocidas.

Es cierto que en las primeras etapas de lo exponencial podrás utilizar las formas de trabajo conocidas o tradicionales, ya que al principio la evolución parece lineal y acumulativa. Pero una vez que comienza la aceleración, todo cambiará y deberás emplear nuevas formas de trabajo si quieres que tu compañía continúe siendo exitosa. Ahora entiendes mejor que la innovación de un producto que se digitaliza sigue un patrón de evolución exponencial. Esto hace muy difícil conocer dónde se estará en la próxima versión, o predecir la dirección que tomará la competencia en los meses venideros.

Al digitalizarse un proceso o tarea, la velocidad pasa de cero a un millón en cuestión de semanas, en vez de las décadas a que estábamos acostumbrados. Esta aceleración cambia rápidamente los problemas a los que nos enfrentamos, altera las expectativas, impacta en la forma en que interactuamos, y finalmente repercute en la totalidad de la sociedad.

Lamentablemente, el crecimiento tecnológico exponencial no es intuitivo, y es inverso a la vía en que nuestro cerebro percibe el mundo. Estamos biológicamente preparados para vivir en un entorno donde los eventos suceden de forma secuencial, con evolución acumulativa. Por eso muchas de las formas de trabajo que usan los empleados hacen que la adaptación sea muy dura.

¿Cómo, entonces, puedes liderar una transformación de negocio si las prácticas actuales se están volviendo obsoletas? ¿Qué dirección deberías tomar si el futuro es realmente incierto?

El cambio requiere modificar los cimientos de la empresa, razonar de forma diferente y contar con hábitos que hagan posible adquirir nuevas habilidades en tiempo récord. Para que ello sea posible, tienes que conocer por qué los seres humanos no podemos adaptarnos rápidamente al cambio, y qué trucos puedes emplear para superar algunas de estas restricciones.

También debemos examinar algunos patrones sociales derivados de cómo nos relacionamos en las organizaciones más jerárquicas, que hacen que las cosas no puedan ser más veloces. Pero si esto no fuese suficiente motivo para ver la realidad con una lente diferente, existe un desafío adicional que los líderes de las organizaciones, consultores y coaches deben afrontar: *la tecnología aprende de forma consistente.*

Cuando uno de los coches Tesla colisionó contra otro vehículo, la compañía realizó una actualización para asegurarse de que no volviese a ocurrir de esa misma forma. El resultado no solamente afectó al vehículo en cuestión, sino a todos los coches del mismo modelo. La consecuencia fue un "aprendizaje" tecnológico rápido y uniforme. Pero los humanos aprendemos de manera diferente. Nosotros debemos esperar meses, incluso generaciones, para transmitir el conocimiento y asegurarnos de que un grupo de personas no cometa más un mismo error.

Y es debido a todo ello por lo que necesitas aprender en la empresa técnicas que hagan posible incorporar y aplicar el aprendizaje de forma rápida.

El cambio en la era del aceleramiento exponencial

Me imagino que parte del motivo por el que compraste este libro es que deseas conocer cómo realizar un cambio en tu empresa para convertirla en una organización destacada, que se adelante a la competencia e idee productos y servicios superiores. Pero quizás todavía no estés seguro de identificar si tu compañía cuenta con productos que se acelerarán exponencialmente en los próximas semanas o meses, y en qué etapa se encuentra cada uno de ellos. Si piensas eso, no estás sólo.

Seguro que conoces la empresa Kodak y tienes algunos recuerdos de cuando eras pequeño. Aquellas cámaras de fotos que requerían llevar el carrete a una casa de revelado... Adorábamos el momento en que descubríamos qué tan buenos (o malos) fotógrafos éramos. Kodak, en ese entonces, era realmente enorme. A finales de los años 70 contaba con 140 mil empleados y un mercado de 28 mil millones de dólares. Era prácticamente un monopolio y, aparte de la marca Fujifilm, pocos se atrevían a hacerle sombra. En Estados Unidos, Kodak controlaba el 90 por ciento del mercado cinematográfico y el 85 por ciento de la venta de cámaras. Pero un par de décadas más tarde, la empresa estaba en bancarrota.

Esa empresa nació como un negocio de productos químicos de papel, pero poco a poco se desplazaron hacia la fotografía para consumidores finales. En 1975, un ingeniero de 24 años llamado Steven Sasson mostró por primera vez una cámara digital. Era realmente aparatosa, le llevaba 24 segundos tomar una fotografía y lo hacía en blanco y negro. Los directivos de Kodak solicitaron a Sasson que calculara cuánto tiempo sería necesario para que la nueva idea desplazase a la industria del papel. El ingeniero realizó un cálculo estimativo basado en la ley de Moore, y allí comenzaron los problemas.

La cámara en ese entonces tenía 0,01 megapíxeles. Si se multiplicaba este valor cada dos años, como decía Moore, llevaría al menos diez o doce años lograr los dos megapíxeles requeridos para una buena resolución de imagen. Debido además a que los directivos pensaban que la nueva cámara digital socavaría su negocio de productos químicos y papel fotográfico, decidieron enterrar la idea.

Seguramente los gerentes no visualizaron que la cámara digital daría un salto exponencial en vez del acumulativo que Moore sugería, ni atisbaron el impacto social que ello tendría. *¿Recuerdas el ejemplo de los 30 pasos?* La duplicación del mundo digital es inusualmente engañosa y no estamos preparados para ello.

Sasson tuvo razón en que se produciría una disrupción del mercado de fotografías de papel, pero este tuvo muchísimo más impacto del esperado. Entonces aprendimos que los productos digitales, sin importar su nicho de mercado o las tecnologías que estén utilizando, se acelerarán luego de una etapa inicial de calma absoluta. Ello hará que la empresa deba estar lista para adaptarse más y más rápidamente cada vez.

Para algunas organizaciones, esto se traduce en contratar más personas para sus equipos de desarrollo, mientras que otras empresas lo enfocan como un aumento del número de cosas por hacer o en alteraciones de sus estructuras internas para responder mejor a los mercados.

El proceso de adaptación podría delatar que algunos de los recursos de la organización son realmente escasos. Sin importar de qué se trate, los productos digitales se aceleran de forma exponencial, aprenden uniformemente y presionan para que la organización se flexibilice.

Una característica que debes tener en cuenta es que, en las etapas iniciales de un producto digital, este evoluciona muy pero muy lentamente, lo que hace creer a los empleados que es algo que crece linealmente. Al comienzo, es cierto que podrás emplear técnicas más tradicionales para gestionar tus productos, pero apenas se acelere la curva de evolución, todo cambiará y te tomará por sorpresa si no estás preparado.

Steven Kotler y *Peter H. Diamandis*, autores del libro *Abundance: The Future Is Better Than You Think*, indican que para poder identificar la etapa del aceleramiento en que está un producto, se deben tener en cuenta las 6D del crecimiento exponencial (6D´s of exponentials). Estas seis D son una reacción en cadena que nos permite reconocer qué podría venir después y así tomar mejores decisiones. Las 6D son:

1. **Digitalización (Digitalization)**
2. **Engaño (Deception)**
3. **Interrupción (Disruption)**
4. **Desmonetización (Demonetization)**
5. **Desmaterialización (Dematerialization)**
6. **Democratización (Democratization)**

El primer paso que indica que algo se acelerará exponencialmente y podrá sorprendernos, es que sus procesos se conviertan a digital (**Digitalización**), esto es, ceros y unos. Cuando esto ocurre, podrán propagarse a la velocidad de la luz (o por lo menos la velocidad de Internet), y quedar libres para ser reproducidos y compartidos.

Esta propagación sigue un patrón consistente: una curva de evolución o crecimiento exponencial que parece lineal en sus primeras fases. En el caso de Kodak, una vez que la película pasó del soporte físico a digital (formado y almacenado por ceros y unos), su tasa de crecimiento se hizo totalmente impredecible.

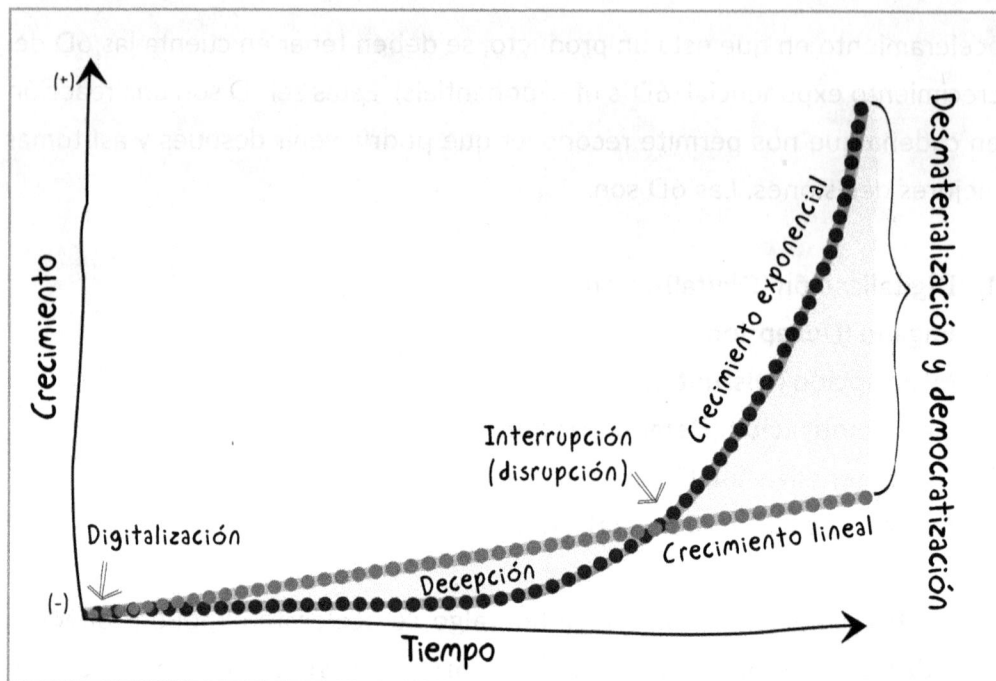

FIGURA 1.3: Impacto ⋅el crecimiento exponencial y 6⋅

Lo que sigue es la fase de crecimiento engañoso (**Engaño**). La primera cámara Kodak de 0,01 megapíxeles pasó desapercibida por mucho tiempo, pues crecía de 0,01 a 0,02; a 0,04; a 0,08 megapíxeles, lo que parecía realmente lineal. Recuerda nuevamente que los primeros pasos de la curva exponencial producen pequeños cambios, y ello hace que se confunda con un proceso lineal donde las personas pueden sentirse tentadas a utilizar metodologías tradicionales para gestionar su crecimiento. Nadie querría una cámara de 0,04 o incluso de 0,16 megapíxeles. La industria podría seguir mirando en otra dirección y los líderes pensando que el producto no cambiará nada en el corto plazo.

Lo que sigue a continuación es el crecimiento engañoso temprano, o la llamada **interrupción** (o disrupción) de mercado. *¿Recuerdas el ejemplo de los pasos?* A partir del movimiento 15 o 20, el crecimiento era inimaginable. Si se trata de un producto, el mercado quedará perplejo y la competencia no sabrá cómo responder, ni cómo fue posible que algo que estaba en etapas tempranas llegase hasta ese punto.

La primera cámara era de 0,01 megapíxeles, pero ahora tiene 10 megapíxeles y debes competir con ella... ¡Sorpresa!

Ten en cuenta que en las primeras fases de un producto no verás mucho cambio; es en la segunda etapa cuando la línea comienza a doblarse. Así es la naturaleza de la multiplicación exponencial. Las cosas suceden muy lentamente antes de que se aceleren. Debido a que las fotografías son ahora bits (**Desmonetización** y **Desmaterialización**), los aparatos se vuelven más pequeños y se comienzan a integrar con otros dispositivos. Ya no tienes una cámara de fotos, sino un teléfono móvil donde una de sus funciones es sacar fotos y otra escuchar música. Piensa en todas las tecnologías de lujo de los años 80 que se han desmaterializado y ahora están incorporadas en un solo dispositivo por el mismo precio.

La última fase es la **Democratización**. La tecnología hace posible sacar fotos sin necesidad de comprar películas. Ahora todo es digital y puedes emplear aplicaciones para edición profesional o efectos especiales a muy bajo coste (1 a 3 euro en App Store). Y ello se vuelve más y más barato y asequible. Los teléfonos celulares son el ejemplo clásico de democratización: en los años 80 eran una tecnología de lujo que solo veíamos en películas como Vicio en Miami (Miami vice), pero ahora cualquiera puede adquirir uno.

El ciclo se repite una y otra vez con cualquier producto o proceso que se convierta en digital. Si intentas usar metodologías de trabajo en tu empresa que no tengan en cuenta este concepto, podrán funcionar más o menos bien hasta que se llegue a la tercera etapa (disrupción). Antes de esta fase, todo será muy engañoso porque las métricas te darán la ilusión de que todo está bajo control, y los gerentes y empleados estarán felices por unos meses y elaborando planes y predicciones a largo plazo.

No obstante, la situación se volverá caótica tan pronto como el crecimiento del producto se multiplique a pasos agigantados. Allí será cuando las personas se pondrán nerviosas, lo que provocará que la gerencia quiera controlar más para obtener los resultados esperados. Y sabemos que controlar más no es buen amigo de la adaptación rápida.

El foco en la organización sana

Si los mercados son estables y la evolución de la innovación es medianamente predecible, entonces podrás utilizar procesos rígidos para asegurarte que todo esté bajo control. El mayor problema se suscita cuando lo que afecta ese éxito no puede ser controlado, es mayoritariamente impredecible y se acelera con el tiempo. A esto le debes agregar que las etapas iniciales engañosas te harán creer que se trata de una evolución lineal. Bajo estas circunstancias, necesitarás buscar soluciones que permitan a tu empresa nutrirse y adaptarse de la inestabilidad existente. Durante varias décadas, el mantra religioso de la organización exitosa se traducía en mantener una estrategia de alineamiento de las personas en torno a objetivos de largo plazo y planes bien estructurados, pero hoy sabemos que eso no apoya la evolución y adaptación constantes. Te contaré más en los próximos capítulos.

La innovación poco tiene que ver con algunas ideas, arraigadas durante años, de que el control férreo de las personas y los resultados aumentan el rendimiento y la producción. Una sola idea podría alterar el rumbo de la historia, pero en una organización excesivamente controlada, cien ideas podrían pasar desapercibidas. Se requiere usar otra aproximación, relacionada con los hábitos de las personas, cómo se coordinan, se motivan, cómo sus mentes razonan ante un problema, la forma en que se distribuye el poder en la empresa y se comparten los objetivos al crear un producto. Pero también es necesario conocer sobre las mejores formas de estructurar el entorno físico y cómo se afrontan las situaciones de conflicto cuando se produce un cambio en el mercado como resultado de la aceleración exponencial.

> *Hoy, la ventaja competitiva no llega a la compañía porque ofrezca la mejor aplicación. Llega a la organización porque puede reinventarse a sí misma y defenderse de los atacantes, independientemente de donde estos provengan.*

Colin Price, experimentado Consultor de negocio

En los últimos años hemos afrontado el desafío del crecimiento exponencial mediante nuevas formas de trabajo, tales como Scrum, Kanban, Lean Startup, eXtreme Programming, y abordado nuevos tipos de pensamiento como SixSigma, Lean o Agile. Sin lugar a dudas, esto ha resultado extremadamente positivo, ya que nos ha permitido crear mejores productos y entregarlos más rápidamente. Como resultado de todo ello, ahora somos capaces de:

▷ Dar importancia a los valores y principios que emplea la compañía para crear servicios.
▷ Concentrarnos en lo que realmente impacta al cliente.
▷ Emplear equipos pequeños y dar importancia a sus interacciones.
▷ Utilizar ciclos cortos de trabajo que permitan producir un producto o servicio frecuentemente, y así tener mayor interacción con el cliente, lo que aumenta el aprendizaje en conjunto.
▷ Incrementar la transparencia de las formas de trabajo para disminuir la complejidad de los procesos y cualquier actividad que se haga.
▷ Contar con tiempo de calidad para reflexionar profundamente sobre lo que no ha salido tan bien, y establecer un proceso continuo de acciones de mejora.
▷ Evolucionar el producto mediante experimentación.

Es habitual que los consultores entrenados en transformaciones de negocio afronten cada día grandes bloqueos dentro de la empresa, relacionados con comportamientos que no parecen del todo racionales.

Aunque se les enseñen hábitos más modernos a los empleados, muchas veces no obtienen el impacto deseado. Y es que se necesita mucho más que entender y practicar un nuevo marco de trabajo o proceso.

El desafío ahora requiere de habilidades avanzadas, tales como:

▷ Dominar patrones sociales organizacionales.

▷ Ser capaces de viralizar los estados mentales positivos.

▷ Conocer el funcionamiento cerebral (neurociencia) y utilizarlo para crear mejores estrategias de empresa.

▷ Realizar colaborativamente tareas que eran exclusivamente individuales.

▷ Utilizar técnicas de experimentación en todas las áreas de la empresa, no solamente en las de software.

Cuando la velocidad de los cambios desafía la comprensión, los empleados necesitan poder llegar a ideas y consensos de forma colaborativa. Pero hacer frente al aceleramiento exponencial es muy difícil si no se construye primero una organización con hábitos saludables. Es justamente lo que te explicaré cómo lograr, en el resto de este libro.

Una empresa sana es aquella donde las personas se sienten seguras, donde existen bajos niveles de decisiones políticas y altos niveles de labores colaborativas, donde el conflicto se utiliza como herramienta positiva de mejora continua y donde las personas son capaces de conocer técnicas para vencer las restricciones humanas relacionadas con el cambio constante. Aquellas empresas que no sean capaces de crear un entorno de este tipo, no podrán ser organizaciones exponenciales. Sus disfuncionalidades crecerán y ello no les permitirá adaptarse rápidamente.

Puedes trabajar en una organización gigantesca que tenga un monopolio, donde el dinero sobre, que tenga fantástica publicidad en TV y los clientes no tengan otra opción que usar sus servicios. Pero, en la era del aceleramiento exponencial, esta no será una empresa exitosa, pues nunca será capaz de producir innovaciones de gran impacto y estará destinada a copiar lo que idearon otros.

A este tipo de compañía le cuesta entender los ingredientes necesarios para crear una empresa saludable, capaz de adaptarse cada día a las sorpresas del mercado.

Cuando las empresas son organizativamente sanas, se adaptan mejor a las nuevas situaciones y su estrategia es sustentable. Hace falta, fundamentalmente, una modificación de ciertos hábitos y creencias, así como contar con tecnología donde los recursos escasean.

Durante más de cinco años, *Workplace Dynamics*, una consultora especializada en recursos humanos realizó cientos de entrevistas a empleados en Estados Unidos, para finalmente encontrar una conexión entre las empresas sanas y su éxito:

- ▶ Deseo de una dirección clara para el futuro.
- ▶ Cultura de alto rendimiento y con sentido de ejecución.
- ▶ Fuerte conexión entre los empleados y la cultura de la empresa.
- ▶ Claro propósito de las actividades que se desarrollan.
- ▶ Aprecio por el trabajo realizado.

Workplace Dynamics también evaluó el desempeño de organizaciones que eran consideradas saludables y estas superaban excepcionalmente el índice Standard & Poor's 500 en 48% o, lo que es igual, alcanzaban un promedio de 12.5% de crecimiento anual.

La consultora *McKinsey* también realizó una investigación en cientos de empresas, y aportó una perspectiva adicional a porqué las iniciativas de cambio fallan en muchas ocasiones. Menos del 30% de los entrevistados indicaron que era debido a no tener los recursos adecuados, mala planificación, malas ideas o imprevistos que ocurrían en los mercados. Pero un sorprendente 70% de los participantes señalaron que las iniciativas fallan por actitudes negativas de otros empleados o conductas de gestión improductivas.

Se debe tener en cuenta que para poder cambiar la organización, es crucial mejorar la manera en que los individuos conectan, cómo resuelven el conflicto y cómo solucionan problemas en las áreas con recursos escasos.

Permíteme detenerme aquí por un segundo. La aceleración y multiplicación exponencial pone mucha presión en cómo las personas trabajan, piensan y comparten su conocimiento, lo que evidentemente aumenta el conflicto en la organización.

Aquí, el modelo de resolución de conflictos de *Runde and Flanagan* puede ser un buen punto de inicio para conocer dónde tu empresa se encuentra. *¿Está tu compañía preparada para un cambio masivo o solo para modificar algunos hábitos?*

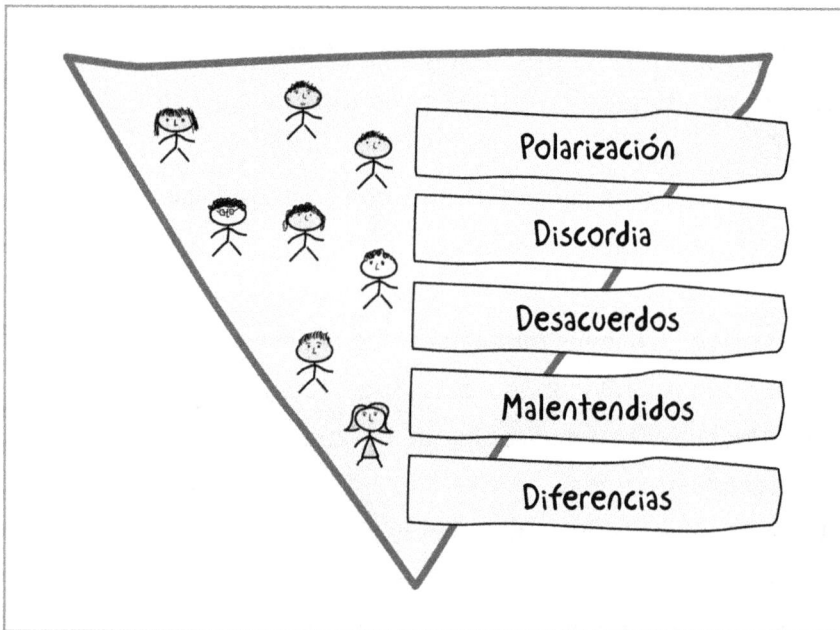

FIGURA 1.4: Marco de trabajo de Runde y Flanagan

El primer nivel (**Diferencias**) se encuentra cuando las personas o equipos ven un problema desde diferentes puntos de vista. Son conscientes de ello y de las distintas formas de pensamiento e intereses. Esto pasa cada día en las empresas que asesoro. Hay discusiones, pero al final todos colaboran y luego van por una cerveza y disfrutan de sus diferencias como elemento positivo.

El segundo nivel (**Malentendidos**) encierra uno de los inconvenientes más comunes de las organizaciones tradicionales: *las partes interpretan una situación de forma diferente.* Esto puede deberse a una transparencia inadecuada, desconocimiento de las expectativas del otro o que se utilice un lenguaje no unificado. La solución podría ser especificar las expectativas de cada integrante, usar el lenguaje adecuado y esforzarse para tener más comunicación cara a cara abierta y clara. En este nivel puede ser relativamente fácil hacer que los empleados comiencen a desarrollar los nuevos hábitos requeridos para hace frente al crecimiento exponencial de los productos y mercados.

El tercer nivel (**Desacuerdos**) ocurre cuando se ve la situación de manera diferente, sin dar importancia a la posición del otro. Las personas sentirán mucho malestar si la otra parte no está de acuerdo. Esta situación puede deberse a que se tengan diferentes definiciones de valor de negocio (business value) para un mismo producto en la compañía, metas discordantes, metodologías con procesos no compatibles con los valores de la empresa o decisiones basadas en suposiciones en vez de hayan sido el resultado de la experimentación.

Este nivel de conflicto puede ser excepcionalmente productivo si se asume como una oportunidad de mejora y cambio. Parte de la solución es trabajar en acuerdos de trabajo explícitos que reafirmen la transparencia, aumenten la experimentación, se tengan metas comunes y se cuente con tiempo de calidad para reflexionar al final de cada ciclo de trabajo.

En este caso deberás centrar tus labores en adquirir esos hábitos antes de pensar en adicionar nuevos procesos o marcos de trabajo para hacer frente al crecimiento exponencial.

El cuarto nivel (**Discordia**) es el punto de ruptura respecto a los tres primeros. En este nivel se empiezan a ver efectos adversos sobre las relaciones interpersonales. Puedes notarlo cuando los individuos critican, evitan y tratan de bloquear la iniciativa del otro. El riesgo de llevar el conflicto al próximo nivel (**Polarización**) es muy grande. Aquí las partes buscarán aliados para su causa y el objetivo táctico se convertirá exclusivamente en ganar la batalla.

Los primeros tres niveles son meramente funcionales y pueden ser excepcionalmente productivos para construir una empresa notable, mientras que los dos siguientes son disfuncionales y conllevan la pérdida de confianza, foco y sentido de ejecución.

Mi recomendación es que, previamente a cualquier paso hacia el cambio, analices el nivel de conflicto existente en la organización. La aceleración exponencial de los resultados puede aumentar los problemas, y por eso necesitas lograr el entorno de trabajo adecuado.

El aprendizaje empírico

Cada uno de mis amigos conoce a *Louis Pasteur* (1822-1895). Hizo que la leche que bebes por la mañana sea segura. Tal vez, ese fue uno de sus mayores impactos en este mundo.

Pero para ser honesto, él es responsable de mucho más que la pasteurización. Antes de su descubrimiento, los médicos creían que había cuatro fluidos corporales diferentes (sangre, flema, bilis amarilla y bilis negra), y que ellos eran el centro de la mayoría de las enfermedades. Cuando los cuatro estaban en armonía, la persona estaba sana y salva, pero nadie sabía realmente por qué.

Pero si los fluidos no estaban en armonía, la persona se enfermaba. Esta teoría era conocida como humorismo. Los médicos basaban todas sus creencias en ella, pero no tenían idea cómo se daban los desequilibrios. La mayoría de la gente seguía la teoría y algunos pacientes probablemente se recuperaban, pero la mayoría seguía enferma o moría.

Lo que hizo a Pasteur realmente exitoso no fue solamente su investigación para tratar de explicar por qué la gente se enfermaba, sino que desarrolló su trabajo basándose en la teoría microbiana de *Girolamo Fracastoro* (1546). Louis Pasteur y *Robert Koch* demostraron que las enfermedades son causadas cuando los gérmenes, microorganismos que viven en todas partes, invaden a un huésped y se reproducen dentro de él.

Como puedes ver, las teorías son útiles para buscar y hacernos las preguntas correctas. Proporcionan una lente potente para ver los desafíos desde diferentes puntos de vista. Cambiar los mecanismos que estás utilizando y adoptar nuevas formas de trabajo es clave para resolver los problemas, pero nada funcionará si no cuentas con las condiciones adecuados.

Debes comprender ciertos patrones organizacionales para que realmente puedas progresar en tu empresa, ya que de forma predeterminada, tus ideas compiten con comportamientos y atajos establecidos en la compañía durante años.

Necesitas que las personas tengan experiencias reales y hábitos que les demuestren que se puede avanzar en otra dirección. Observar más y superar la fuerza de las viejas costumbres, así como constantemente evolucionar los procesos en los que te encuentras inmerso, es parte de la respuesta para hacer frente a la aceleración exponencial.

Algunas empresas quieren dar un gran salto al vacío sin tener ciertos hábitos básicos. Toma como ejemplo uno de los mercados clave de la economía actual: *la industria del software.*

En la década de los 90, los gerentes creían que la mejor forma de crear un producto era con un control férreo de los procesos y las personas (*Prince 2, Waterfall, etc.*). Se asumía que los pasos para la creación de cualquier aplicación de software podían ser conocidos, lo que disminuiría la incertidumbre; esto suponía que esa construcción fuese gestionada y controlada paso a paso, con estructuras rígidas.

Esa forma de pensamiento implicaba que el proceso de creación de software era fácilmente repetible (con poca o ninguna variación) y los cimientos se basaban en algo así como haz lo que siempre haces y obtendrás eternamente los mismos resultados. Pero hoy sabemos que desconocemos mucho sobre el futuro del producto y que hay patrones sociológicos y organizacionales que un líder debe conocer.

La incertidumbre en los mercados es algo inevitable y estamos ante procesos complejos que requieren de investigación, creatividad y mucha pero mucha paciencia y experimentación.

Debes tener en cuenta que la creación de productos de innovación no solamente necesita la transferencia de conocimiento explícito entre personas o equipos (lo que podemos documentar o verbalizar), sino que también de una apreciación sobre cómo los individuos llegaron a conclusiones que les permitieron resolver los problemas. Esto último, aunque es mucho más difícil de compartir con los miembros de la empresa, es una de las claves para crear nuevos procesos que afronten con éxito la aceleración exponencial.

Si los hechos son inciertos o impredecibles, *¿significa que no podrás controlarlos?* No necesariamente. Pero sí tendrás que pensar de manera diferente y tener hábitos adecuados para hacer frente a esa situación.

El **empirismo** es un buen comienzo para mejorar lo que se hace ya que afirma que cualquier tipo de conocimiento procede de la experiencia. Nos ofrece los cimientos de una forma de trabajo que involucra probar, reflexionar y aprender para determinar si estamos en el buen camino.

Otras teorías creen que es posible obtener conocimientos sin recurrir a la experiencia de trabajo. Traducido al mundo de la empresa, eso significa trabajar con los modelos de negocio existentes sin cuestionar sus fundamentos. Pero también, la ausencia de experimentos o pruebas para obtener datos, la creación de productos basada en estándares y regulaciones sin prestar atención a las necesidades reales del usuario, la creencia de que una herramienta comercial podrá resolver problemas independientemente de cómo la gente haga su trabajo, etc.

Mientras tanto, mediante el empirismo el conocimiento se obtiene a través de la percepción y/o la deducción de proposiciones como resultado de pruebas constantes.

¡Prueba esto!

La próxima vez que escuches *requisito del producto* o *característica del producto (product feature)* para algo que se desea implementar, prueba reemplazar el término *requisito* o característica por *hipótesis*. Esto hará ver que el éxito de cualquier nueva idea es simplemente una conjetura hasta que llegue al contacto con el cliente final.

Cuando se aplica el empirismo en la empresa, toda idea o plan es una hipótesis hasta confirmar si las personas con quienes contamos la pueden llevar adelante, y si la implementación final le gusta a quienes usan el producto.

Muchas empresas tienden a imaginar que el cliente adorará un servicio o característica por el hecho de que soluciona un problema. También se cree que si se ha realizado un proceso con un grupo de personas, replicarlo con otros equipos será igual. Esto no es correcto.

Hasta lograr que el producto o nueva característica esté en el mercado, su éxito será solo una hipótesis o conjetura. Y como regla general, para disminuir el riesgo, las hipótesis son pequeñas acciones que ayudan a probar a pequeña escala que las suposiciones iniciales son correctas.

¿Sabías?

Puedes bajar la guía más reciente de *Scrum* de aquí: *Innova1st.com/10A*

El marco de trabajo de Scrum (utilizado inicialmente solo para la creación de software, pero ahora extendido hacia otras áreas) se basa en el empirismo. Sus cimientos son tres pilares que reafirman hábitos positivos:

1. **Transparencia**

   Cualquier aspecto del proceso de una empresa que afecte un producto debe ser visible y conocido por todos los involucrados (incluyendo no solo quienes gestionarán a las personas, sino también a quienes harán el trabajo). Aquí se necesitan: un lenguaje común compartido por la totalidad de los participantes, dentro y fuera de la compañía, para que los clientes puedan comprender las dificultades de la creación del nuevo producto y que ellos sean, también, coautores de la solución.

2. **Inspección**

   Los procesos deben ser supervisados o revisados por integrante de los equipos, con suficiente frecuencia para poder detectar variaciones o sorpresas. Se espera que quienes hacen el trabajo tengan conversaciones de calidad sobre cómo mejorar el proceso y sus interacciones. La inspección también demanda reflexionar explícitamente sobre los próximos pasos, y que estos puedan ser sostenibles. El marco de trabajo de Scrum emplea reuniones de retrospectiva, las cuales han demostrado un efecto positivo en la evolución de las organizaciones.

3. **Adaptación**

   La adaptación requiere que, luego de la inspección, se mejoren los procesos, las interacciones entre las personas o cualquier otro elemento que pueda dar un mejor resultado.

   Debido a que la transparencia, la inspección y la adaptación son parte de la actitud mental del día a día, el grupo normalmente comienza a preguntarse *¿Por qué estamos haciendo las cosas de esta manera?* Surge aquí un importante factor para gestar los cimientos correctos en la organización y poder evolucionar: *el desafío a los procesos y creencias existentes.*

Del pensamiento lineal al exponencial

Una vez que tu empresa sea capaz de utilizar una forma de trabajo empírica, debes comenzar a reflexionar sobre las diferencias entre el pensamiento lineal y el exponencial, y su posible impacto en los productos. Recuerda que la forma de pensamiento incremental se dibuja como una línea recta desde el presente hacia el futuro: *una cosa sigue a la otra y cada causa lleva a su consecuencia.*

Un plan de negocios incremental te deja ver exactamente cómo irás de aquí hasta allá. Pero lo exponencial no es recto. Es como una curva en la carretera que te impide ver más allá. Aquí la estrategia podría cambiar en cualquier momento, o incluso frenarse por cierto tiempo, hasta que exista un salto sustancial. Necesitas un enfoque diferente que te permita crear mayor valor de negocio y liderar en un mundo con reglas diferentes. Ese enfoque requiere hábitos y razonamientos distintos, que apoyen a las personas a poder cambiar constantemente con menor resistencia.

¿Sabías?

El valor de negocio es el resultado de una acción que apoya hábitos saludables y sustentables en la organización, que brinda protección o aumento de los ingresos de la empresa, incrementa de la satisfacción del cliente y/o evita o reduce costes (cliente en este libro significa otro cliente, departamentos del negocio, productos y servicios, marketing y ventas, portafolios, normas de la empresa, etc.).

Hace unos meses, por negocios, visité Nueva Zelanda. Para visitar algunos pueblos cercanos a la capital, durante unos días conduje un vehículo de mediano porte. Al comienzo, me parecía arduo aparcar, sobre todo por las dimensiones del vehículo. Pero fui mejorando luego de unos días, pues se trataba de algo meramente mecánico. No obstante, el reto era la forma de conducción, diferente a la de España y Latinoamérica.

El mayor problema no era conducir por la izquierda, sino **no hacerlo** por la derecha. Cada vez que tenía alguna distracción, involuntariamente me desplazaba hacia el otro lado de la carretera. Y es que dejar de emplear los viejos hábitos es duro debido a que tienes que desaprender comportamientos acumulados durante años, lo que requiere comprender cómo funciona el cerebro, y de técnicas para afrontar el reto (conocerás más de esto en el capítulo 4).

Generalmente nos aferramos a los modelos mentales antiguos hasta que aparecen nuevas formas de pensamiento. Durante el proceso, sin embargo, solemos ver lo nuevo exclusivamente a través de la lente de lo antiguo.

En la lógica formal, una contradicción es la señal de la derrota, pero en la evolución del conocimiento real, esta marca el primer paso en el progreso hacia la victoria.

Alfred North Whitehead, Matemático y Filósofo

Cuando se construyeron los primeros vehículos a motor en siglo diecinueve, los coches se parecían más a un carruaje que a un automóvil.

Esto era debido a que las personas los imaginaban como una extensión del transporte a caballo. Se utilizaban ideas, conceptos y palabras nuevos, pero se seguían usando las formas de razonamiento antiguas para analizar y resolver un problema (figura 1.5 en la próxima hoja).
Quizás esto ocurre hoy con muchas empresas que tratan de usar el pensamiento Lean o Agile.

FIGURA 1.5: Los coches eran una extensión ﹍e la forma ﹍e pensamiento ﹍e los carruajes

El pensamiento exponencial requiere que tengas en cuenta que el futuro es medianamente incierto, pero que puedes marcar una dirección que ayude a las personas a comprender hacia dónde ir. Basta con fijarse en Amazon o Netflix; la primera comenzó vendiendo libros y la segunda alquilando películas por correspondencia. Ambas empresas tenían una visión que motivaba a las personas a seguir adelante, que daba certeza, pero que también evolucionaba a medida que transitaban el camino y obtenían más claridad.

Pero el efecto multiplicador también se da porque muchos productos que antes eran independientes ahora están conectados entre sí para brindar una experiencia potenciada. Piensa, por ejemplo, en Google: ya no es solamente un motor de búsqueda, sino una solución que hace posible vincular varias experiencias, un multiplicador de la creación de conocimiento y utilidad de cara al usuario.

Pero debes tener en cuenta que, cuando las cosas se vuelven exponenciales, es necesario que sepas cómo funcionan los patrones sociales organizacionales y las habilidades interpersonales (blandas). Ser paciente y tener cualidades que permitan ver los problemas desde diferentes perspectivas (*reframing*) son aquí dos características necesarias.

Imagínate que tienes un producto que se encuentra en las fases tempranas de crecimiento exponencial. Todo parecerá ir muy lento, y hasta detenerse, antes de dar el salto. *¿Cómo alinearías las expectativas de quienes te rodean para que entiendan que se encuentran en una fase de despegue que puede llevar semanas o meses?*

Recuerdo cuando parecía que el objetivo de los teléfonos celulares era ser cada vez más pequeños. *¿Te imaginas si hubieses sido un visionario y apostado el dinero de tus amigos a que en cuatro años la industria se centraría en hacerlos más inteligentes, y que el tamaño ya no importaría?* Hubieses necesitado grandes habilidades de comunicación y paciencia para que los demás entendiesen el comportamiento de productos exponenciales.

Seguramente tus amigos hubieran resistido la idea y utilizado métricas inadecuadas del mundo lineal para medir solamente el tamaño de los dispositivos.

La empresa exponencial

La empresa y su estrategia en la era del crecimiento exponencial requieren construirse sobre una incertidumbre muy alta. Cuando las organizaciones tradicionales se encuentran con situaciones de este tipo, suelen incrementar la alineación y la coordinación. Sin embargo, esto limita la capacidad de autonomía de los equipos y personas, y disminuye la adaptación de la compañía en tiempos de cambio. Esto es así debido a que una empresa tradicional emplea procesos y formas lineales (no exponenciales) para implementar un cambio y gestionar sus recursos.

Si la empresa elige el otro extremo (muy poca coordinación), cada equipo seleccionará su propio rumbo y esto, sumado a los cambios constantes de mercado, producirá ciertamente un caos.

Así es como una compañía en la era de la aceleración exponencial necesita algunas características específicas:

▶ Estructuras organizacionales que puedan evolucionar regularmente mediante consenso (colaborativas).

▶ Clientes que sean cocreadores de los productos, y no solamente consumidores.

▶ Autonomía de aprendizaje y toma de decisiones por consenso.

▶ Empleo de la inteligencia artificial o robótica en áreas donde la función humana no pueda multiplicarse exponencialmente.

▶ Distintas formas de medir el avance.

▶ Tácticas que reduzcan la complejidad y la burocracia de la empresa.

▶ Comprensión del funcionamiento del cerebro ante el cambio, y uso de técnicas que permitan superar dificultades.

▶ Conocimiento de cómo gestionar el conflicto en momentos de turbulencia.

Mientras que las organizaciones lineales están necesariamente restringidas por recursos limitados, las organizaciones exponenciales se rigen por un supuesto de abundancia.

Como puedes ver, la era digital requiere que muchas de las tareas sean colaborativas desde sus comienzos. Las personas deben poder brindar retroalimentación y solicitar modificaciones en la dirección del producto; y los clientes deben convertirse en cocreadores de los servicios.

¿Sabías?

Conoce cómo la teoría de integración en Scrum puede ayudarte a multiplicar los resultados de tus productos. *Innova1st.com/11B*

La estrategia también requiere convertir todo proceso en constante aprendizaje y reflexión.

Ello puede incluir tareas como:

- Revisión de objetivos en conjunto (lo que pretendemos hacer juntos).
- Definición de compromisos en colectivo (los compromisos que haremos con los otros).
- Utilización de recursos comunes (autoorganización en torno a los recursos escasos).
- Evaluación de la totalidad de los riesgos.
- Tanto como se pueda, utilizar el trabajo en parejas, con la ayuda de inteligencia artificial cuando sea apropiado.

Pero el foco más fuerte debe ser puesto en el factor humano, en cómo facilitar que cada persona de la compañía cambie rápidamente y se adapte a la nueva situación.

Esto requiere de nuevas técnicas, como el reframing, crear planes de cambio que puedan adaptarse al crecimiento exponencial, conocer patrones organizacionales, comprender el funcionamiento del cerebro humano, contar con técnicas para hacer frente al conflicto y saber por qué los problemas enfrentados son ahora complejos.

Cómo mejorar la salud organizacional cambiando solo un hábito

Carlton Nettleton

Presidente de Look Forward Consulting y entrenador certificado de Scrum™

Un problema que tienen en común muchos de mis clientes son las malas reuniones: *consumen tiempo valioso, rompen el enfoque organizacional y disminuyen el compromiso de los empleados*. Las malas reuniones son signo de inadecuada salud organizacional y conflicto.

Sin embargo, al contrario de lo que hemos experimentado en nuestra carrera profesional, las reuniones no tienen que ser tan horribles; sino que son malas porque las personas las hacen malas... aunque nadie piense "*Voy a hacer que la próxima reunión de revisión del diseño sea insoportable para todos*". Al contrario, las personas tienen expectativas y adoptan comportamientos predeterminados basados en lo que consideran que debería ser una reunión ideal, y actúan en consecuencia.

Esto, en el lenguaje de los consultores, se llama modelo mental. Y desafortunadamente, la mayoría de la gente utiliza el modelo mental incorrecto cuando una empresa tiene un crecimiento exponencial.

Los modelos mentales son aproximaciones del mundo creadas por el cerebro para interpretar rápidamente lo que experimentamos. Son útiles para identificar los hechos relevantes, tomar decisiones y resolver problemas.

Por ejemplo, imagina que estás en un auditorio de un campus universitario a media mañana. Ves estudiantes que entran con libros y mochilas mientras una mujer, ubicada frente a varias pizarras, conecta un micrófono de solapa a su chaqueta. *¿Qué es lo que ocurrirá a continuación?* Si eres como la mayoría de las personas, tu cerebro estará anticipando que una profesora universitaria dará una clase.

Esa anticipación es un ejemplo de la interpretación que hace tu cerebro basándose en algunos hechos simples que han sido comparados con tu modelo mental preexistente acerca de qué esperas en un entorno universitario.

Idealmente, los modelos mentales son precisos. Sin embargo, aunque en su mayoría pueden ser correctos, el cerebro utiliza modelos mentales defectuosos hasta que haya una razón para cambiarlos.

Por ejemplo, las leyes del movimiento de Newton son un conjunto simple de modelos que describen cómo los objetos en movimiento interactúan entre sí. Las leyes de Newton funcionan perfectamente para describir objetos a escala macro (balas de cañón, cometas, planetas, etc.), pero cuando los científicos de finales del siglo XIX y principios del siglo XX aplicaron el mismo modelo mental a partículas subatómicas, encontraron algunos problemas con esas leyes.

Para describir con precisión el comportamiento de protones, neutrones y electrones, los científicos de principios del siglo XX necesitaban un nuevo modelo: la mecánica cuántica.

Un modelo mental común sobre cómo se supone que debe funcionar una reunión es algo como así: *una nueva idea se presenta, fluye sin problema de una persona a otra hasta que se llega a una resolución racional del tema con apoyo unánime del grupo.*

Sin embargo, cualquiera que haya invertido tiempo tratando de analizar grupalmente un problema nuevo y complejo, sabe que ese modelo mental de una conversación lineal que fluye sin problemas y que se mantiene en el camino correcto, simplemente no es exacto.

Al igual que nuestro ejemplo de las leyes de movimiento de Newton, tal modelo solo funciona para temas cotidianos o para discutir problemas que tienen soluciones obvias; es decir, el tipo de cosas discutidas cuando la empresa experimenta un crecimiento lineal.

Entonces, *¿cuál es el modelo mental más preciso para una reunión?*

Para que una empresa pueda desarrollar soluciones sostenibles para problemas complejos asociados al crecimiento exponencial, sus equipos deben atravesar tres etapas: una fase de pensamiento divergente, una fase de integración (para desarrollar una comprensión compartida), seguidas de una fase de pensamiento convergente.

Solo después de que se haya completado el pensamiento convergente, la empresa puede lograr el cierre del tema y comprometerse con una solución sostenible que tenga el apoyo entusiasta y unánime de las partes interesadas.

La diferencia clave entre este modelo mental y el modelo simplista explicado anteriormente es la adición de un facilitador. Sin esta figura, la mayoría de los grupos no podrán superar las tensiones interpersonales asociadas con el pensamiento divergente, la integración y el pensamiento convergente. Como consecuencia, los equipos de la empresa volverán a las ideas y soluciones que les son familiares, y que más o menos funcionaron durante los períodos de crecimiento lineal, pero que son ineficaces cuando el negocio está experimentando un crecimiento exponencial.

Cuando las personas se quejan de que hay demasiadas reuniones en su organización, de lo que realmente se quejan es de las disfuncionalidades y una mala salud organizacional.

¿Cómo un facilitador lleva a cabo una reunión? ¿En qué se diferencia de como lo hace un gerente típico? ¿Qué aporta un facilitador a una discusión, que un gerente no aporta?

Un facilitador es una persona sustancialmente neutral a quien se le otorga la autoridad para ayudar a un grupo a aumentar su efectividad mediante el mejoramiento de los procesos y estructuras. Entiende las etapas durante la toma de decisiones grupales: *pensamiento divergente, integración, pensamiento convergente y cierre*, y comparte ese conocimiento con los participantes de la reunión para que puedan desarrollar una comprensión grupal.

En cambio, los gerentes normalmente usan las reuniones para obtener la información que necesitan para conducir un proyecto hasta su finalización. Las reuniones son vistas como herramientas para cumplir metas y objetivos personales, utilizándolas para extraer conocimientos e información de quienes participan en ellas.

Los facilitadores, a diferencia, conocen y aplican múltiples técnicas de escucha que ayudan a desarrollar cada etapa de la toma de decisiones grupales. Utilizan tales prácticas para que el grupo emplee su mejor modo de pensamiento mientras trabaja para lograr una solución sostenible.

A diferencia con los gerentes (que tienen una participación en el resultado final), los facilitadores buscan entender cómo las personas y el trabajo se mezclan entre sí.

Durante los lapsos entre reuniones, un facilitador observa para identificar patrones recurrentes de comportamiento, detecta oportunidades de pérdida de colaboración y sugiere formas para que el grupo mejore la calidad de sus trabajos y sus relaciones interpersonales.

Los facilitadores son pacientes y saben que, con el tiempo, los equipos descubrirán soluciones sostenibles que contarán con el apoyo entusiasta de todas las personas claves de la empresa.

¿Por qué los líderes empresariales se preocupan por resolver el problema de las malas reuniones? Además de por no querer soportar personalmente otra reunión que sea terrible, lo hacen debido a que es una de las vías más visibles e importantes de reducir el conflicto y mejorar la salud de la organización.

Al igual que un paciente cardíaco con un corazón débil, las empresas con mala salud organizacional no están equipadas para responder al estrés del cambio exponencial. Para impulsar la salud de la compañía y disminuir el estrés que ejerce sobre el negocio, te recomiendo designar algunas personas dentro de tu organización para que actúen como facilitadores de reuniones.

Provee a esos individuos con nuevos conocimientos para la facilitación de reuniones y las dinámicas de grupo. Ofréceles oportunidades para poner en práctica esas nuevas habilidades y aprender de sus experiencias.

Si tu empresa está implementando Scrum y otros procesos de desarrollo de software Agile para responder al cambio exponencial, entonces las mejores personas para llenar el rol de facilitador de reuniones serán sus Scrum Masters y coaches Agile.

Te recomiendo que ellos adopten una postura de enseñanza destinada a ayudar a los diversos grupos dentro de la empresa a mejorar sus procesos y estructuras, con el fin de que finalmente los equipos puedan facilitarse a sí mismos.

Cuando los coaches Agile y Scrum Masters se centran en enseñar a los grupos a que sean autosuficientes y puedan facilitar sus reuniones por si mismos, esto producirá un cambio duradero en los modelos mentales de las personas sobre cómo ven este tipo de eventos, y ayudará a resolver problemas importantes relacionados con disfuncionalidades en la salud de la organización como consecuencia del crecimiento exponencial.

Lo que has aprendido

☑ Los efectos del aceleramiento exponencial en los mercados.
☑ La diferencia entre la ley de Moore y la de rendimientos acelerados.
☑ Las 6D del crecimiento exponencial.
☑ La importancia de la organización sana.
☑ El aprendizaje empírico como parte de la organización moderna.
☑ La empresa exponencial.

1. ¿Recuerdas cuál es la diferencia entre la ley Moore y la teoría de resultados exponenciales? ¿Cómo ello puede afectar a tu empresa?

_____

_____

_____

2. ¿Hay algún producto en tu compañía que haya seguido las 6D?

_____

_____

_____

3. A grandes rasgos, ¿qué cosas crees que requiere una organización sana?

_____

_____

_____

4. ¿Qué aspectos del modelo empírico crees que necesitas reafirmar en tu empresa?

_____

_____

La solución adecuada para un mundo complejo

CAPÍTULO 2

"La simplici•a• no prece•e la compleji•a•, sino que va a •espués."

Alan Perlis, Catedrático en Ciencias de la computación

Imagino que mi biblioteca y la tuya tendrán mucho en común: decenas de libros de Scrum, Agile, Lean, desarrollo de software, Business Agility, gestión de equipos y más, pero muy pocos especialmente enfocados en los factores humanos para liderar el cambio en una empresa enfrentada a los mercados exponenciales, y cómo acelerar la adopción de nuevos hábitos y prácticas.

Para esto se requieren habilidades variadas, desde patrones organizacionales, herramientas de software, marcos de trabajo, conocimientos de neurociencia y psicología hasta negocio, liderazgo y coaching. Es necesaria también la capacidad mental de alterar el rumbo en cualquier momento, sin que esto suponga estados emocionales contraproducentes.

Es fácil encontrar libros u otros medios que expliquen *qué* prácticas se necesitan, o a *dónde* hay que llegar, pero es más difícil hallar información que nos indique *cómo* enfrentar un cambio de la forma más acertada posible en la era de la aceleración exponencial de los resultados.

Una transformación efectiva demanda inicialmente alterar las estructuras de la empresa, sus procedimientos, las prácticas y las habilidades. Pero también la forma en que está distribuido el poder, la visión y misión de la compañía, además de comprender cómo interactúan las personas, qué les motiva y, principalmente, cuándo es el mejor momento para comenzar un cambio.

A mi parecer, hay formas que resultan muy efectivas para hacer frente a nuevos desafíos, pero debes tener en cuenta que requieren de tiempo, pueden generar disrupciones y hacer que los individuos se sientan temporalmente inseguros. Y es que sin que nada de esto pase, no hay evolución real ni se puede afrontar el crecimiento exponencial.

A grandes rasgos y desde un punto de vista más tradicional (empleando mayoritariamente técnicas o procesos de crecimiento lineales), hay distintas técnicas que puedes usar para liderar una transformación empresarial. Algunas tienen mucho impacto y pueden desencadenar una sucesión de grandes acontecimientos, mientras que otras son más específicas y acotadas.

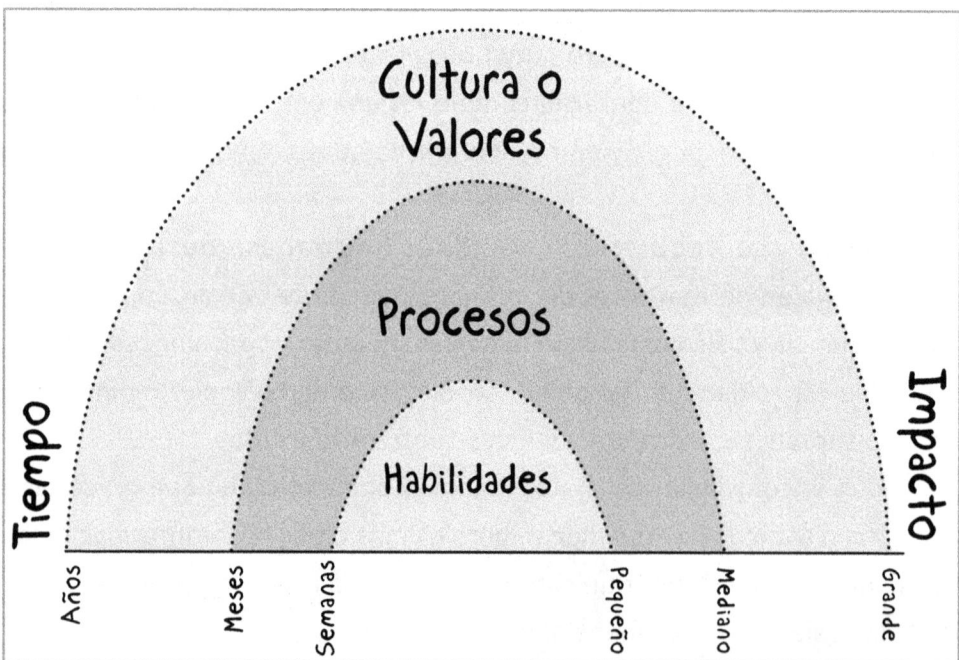

FIGURA 2.1: Impacto del cambio desde un punto de vista más tradicional

La transformación es el arma de la organización para enfrentar los nuevos desafíos de la competencia, la era digital y la inteligencia artificial. También es un instrumento para lograr compañías con estructuras robustas, pero flexibles a las fluctuaciones y sorpresas del mercado globalizado.

En la actualidad hay empresas y profesionales independientes especializados en transformaciones de negocio. También hay decenas de eventos, conferencias, sitios web y consultoras especializadas en ayudarte a encauzar la transformación organizacional de forma exitosa.

Suelo ver muchas presentaciones sobre experiencias personales ante el desafío del cambio, y siempre termino con la misma pregunta... *¿Qué hace que una empresa sea realmente extraordinaria y pueda afrontar las nuevas reglas exponenciales del mercado?*

Probablemente has visto el truco donde un mago profesional hace aparecer conejos y palomas entre sus manos. Todo parece muy natural y fácil de llevar adelante; incluso si pasas el vídeo en cámara lenta, no podrás descubrir la trampa.

En las empresas exponenciales, el cambio se produce naturalmente, pues las personas se sienten parte de la iniciativa; contribuyen, empujan, disfrutan y, cuando menos se lo esperan, se encuentran en la cima de la montaña.

En las organizaciones más tradicionales, los individuos invierten cada día mucho esfuerzo y tiempo en empujar la transformación y tratar de convencer a los demás para que evolucionen los procesos que ellos mismos crearon.

Estarás de acuerdo conmigo en que no existe un cambio real a no ser que se tenga una alteración honesta de los comportamientos. Ya no es válido pensar que las personas se preocuparán por mejorar algo si han sido enseñadas a seguir órdenes de alguien superior.

En la organización exponencial, los empleados se divierten creciendo y evolucionando juntos, piensan colaborativamente y logran objetivos en conjunto, comparten con honestidad lo que desean aprender de cada situación, crean nuevos hábitos que puedan expandirse al resto de la empresa y reflexionan con los demás sobre cómo actuar mejor. A su vez, desean tener más experiencia y perfeccionar sus prácticas, ofrecen reciprocidad y ayuda a los demás, y mejoran constantemente las formas de conectarse con otros empleados.

Desde el punto de vista económico, en la empresa exponencial los comportamientos se traducen directamente en mayores ingresos, rentabilidad, velocidad de adaptación y retorno más rápido del capital invertido.

En el capítulo anterior aprendimos cómo las compañías saludables superan ampliamente a aquellas que no lo son; eso es algo que debes tener siempre presente al pensar en iniciativas de cambio presentes y futuras.

Todavía recuerdo una consultora "*saludable*" donde trabajé, en el Reino Unido. Sus valores de empresa estaban disponibles en cada oficina y la compañía solía enviar cada semana un email con la fotografía de un prestigioso deportista de golf, recordando así la importancia de sus valores. Supongo que lo hacían porque algo no funcionaba correctamente.

Me imagino que tú no quieres una estrategia superficial, o un marco de trabajo o proceso que sirva solamente para que las personas lo sigan ciegamente. Eso es lo que me piden muchas empresas, pero realmente están implorando una mejor forma de vida dentro de la organización.

El cambio es complejo

Hay algunas preguntas que te ayudarán a pensar en el cambio cuando estés encaminando sus primeros pasos:

▶ ¿Quién/quiénes podrían inspirarlo o hacerlo viral?
▶ ¿Cómo puede apoyarte la cultura de la empresa?
▶ ¿Cuáles son los factores cerebrales/emocionales de las personas durante su viaje a una empresa mejor?

Opino que el cambio debe comenzar por alguien que inspire y a quien las personas realmente admiren. Y eso no es lo mismo que alguien que crea que las personas confían en él/ella, o que tenga un cargo alto, o el sueldo más elevado.

No te preocupes si eres nuevo en la compañía, o no te sientes cómodo con tener que liderar una iniciativa de cambio. Te mostraré más adelante algunas formas efectivas de crear un gran impacto utilizando cambios minúsculos en hábitos pequeños (microhábitos).

La falta de apoyo tampoco es excusa para quedarte inmóvil a un lado del camino. Muchos consultores esperan llevar adelante su idea cuando los líderes de la compañía han podido entender el problema. Y se pierde tiempo muy valioso.

Yo he vivido esto en varios sitios. Incluso solía agendar citas o esperar al gerente general de la organización para hablar de las disfuncionalidades de la empresa o sobre la necesidad comenzar a pensar de una forma ágil (*Agile mindset*).

Obviamente, ellos tenían siempre otras prioridades y, lo que para mí era importante, para ellos era algo suplementario. *¿No podían entender que el mundo había cambiado? ¿Por qué no tomaban la delantera?*

Hay tres razones comunes, pero no muy buenas, para que los líderes retrasen el comienzo de una iniciativa de cambio:

1. No pueden ver un sentido claro de urgencia.
2. Desean esperar hasta que haya otras empresas grandes que demuestren que la implementación de conceptos es exitosa o las técnicas están suficientemente maduras.
3. Esperan hasta que el enfoque haya sido estudiado por catedráticos, se encuentre suficiente material en libros o conferencias, o que colegas de igual cargo en otras empresas comiencen a hablar del tema.

Se pierden meses y años buscando la situación ideal, se desaprovechan oportunidades y se excluye a la organización de ver el cambio como algo positivo y natural.

Las empresas cuentan con suficientes mentes para poder dictaminar si algo es bueno y adaptarlo a gusto. No obstante, en muchas ocasiones se requiere un pequeño empujón y alteración de las formas de razonamiento que emplean para tomar decisiones.

Basta mirar la historia de Toyota, empresa que por más de treinta años lideró con innovación la industria mundial del automóvil usando técnicas Lean. A los norteamericanos les costó todo ese tiempo que sus compañías tuvieran la tracción necesaria para estar a su altura y empezar a usar las nuevas formas de pensamiento (*mindset*).

Por definición, cada ocasión es una buena oportunidad para impulsar un cambio; lo único que necesitas es asegurarte de que tu empresa sea saludable y dotarte de las herramientas, procesos o formas de trabajo más adecuadas.

En el capítulo 5 te mostraré modificación de hábitos para que una empresa pueda ser más sana y que el cambio en ella se vuelva contagioso.

Estoy seguro de que eres un buen comunicador, que tus colegas genuinamente aprecian tu ayuda, que trabajas bien con los demás y que eres bueno para compartir esas ideas. *¿Pero que más hace falta aquí?* Los siguientes **seis principios** te pondrán en el camino mental correcto y te ayudarán a cambiar tu mundo:

1. **Siempre es un buen momento para hacer un cambio** (*¡el retraso de alguien no es una excusa para detenerlo!*).
2. **Cree en tu idea**.
3. **Comparte tu idea**.
4. **Acepta retroalimentación** y mejora tu manera de digerirla internamente.
5. **Ten pasión** por llevar la idea adelante **colectivamente**.
6. Asume que las **decisiones tomadas** por otros que no apoyen tu plan siempre **podrán ser cambiadas**, incluso si son decisiones firmes (en el capítulo 4 te mostraré más sobre el funcionamiento del cerebro y cómo emplear técnicas para lograrlo).

Sé que piensas que la cultura de tu empresa influye, y es cierto. Si miras hacia atrás, podrás comparar los diferentes sitios donde trabajaste. Para cada una de esas compañías ofrecerías una solución diferente para un mismo problema.

Ciertamente, la cultura tiene un impacto significativo en la velocidad con que se implementará tu plan de cambio. Todo irá más rápido si la empresa apoya la innovación y propicia los hábitos saludables. Y será un plus si, además, se fomentan las conversaciones y que los individuos cuenten con un espacio para reflexionar, aprender y sentirse seguros si experimentan con algo nuevo y fallan.

El cambio no venirá si esperamos por otra persona o un momento específico. Somos nosotros los que hemos estado esperando. Somos el cambio que buscamos.

Barack Obama, Presidente número 44 de Estados Unidos de Norte América

Para que un cambio se vuelva **contagioso** (un estado intermedio entre el cambio tradicional lineal y el requerido para el crecimiento exponencial), los empleados deben estar empoderados y apropiarse de tu idea inicial, mejorarla y hacer suyos los resultados. Tienen que contar con suficiente flexibilidad mental para alterar el rumbo en cualquier momento sin que su ego les juegue una mala pasada, aprender a lidiar con las emociones propias y ajenas de forma consistente y reconocer que se trata de un largo viaje de aprendizaje personal.

Está claro que necesitarás una inversión inicial en preparación personal, y tiempo para analizar los patrones organizacionales y actitudes que estén a tu favor. Una vez que comprendas cómo llevar adelante el cambio (¡lo explicaré mejor más adelante!), lograrás que este se vuelva primero **contagioso**, y luego **exponencial**.

Exponencial significa que podrás tener una comunidad de personas motivadas, equipos que se sientan activistas, socios de negocio (*partners*) que sean colegas y que apoyen tu iniciativa y una cultura que se parezca más a un movimiento social que a un conjunto rígido de valores adheridos a una pared.

Recuerda que el cambio es un viaje que requiere entender que cualquier modificación de procesos, políticas o formas de trabajo, afecta la vida íntima de las personas. Nunca se cambia un proceso o se ponen reglas o acuerdos de trabajo sin alterar para siempre la forma de pensamiento de los individuos. Es por ello que es imprescindible que cuentes con herramientas que te acompañen en tu viaje.

La fórmula de una empresa destacable

Amancio Ortega tenía 13 años cuando comenzó a trabajar en una tienda de ropa en la ciudad de La Coruña (España), y prácticamente no tenía conocimiento del negocio. En 1963 fundaba una pequeña empresa dedicada a la fabricación de prendas de vestir en un mundo no globalizado. El éxito de sus diseños impulsó a Ortega, en 1977, a instalar sus primeras fábricas de Zara en Arteixo, un pequeño pueblo de unos 31 mil habitantes.

Durante los próximos años, la compañía Inditex creció rápidamente, hasta llegar a un ritmo de apertura de una nueva tienda por día en el mundo, y a incorporar varias marcas adicionales (Pull and Bear, Oysho, Massimo Dutti y Bershka y 80 más). Sé que los clientes la aman, doy fe ellos porque tengo varios amigos que no podrían vivir sin sus productos y adoran la innovación de sus diseños.

Siempre he creído que la calidad es un punto crucial en cualquier servicio, pero para mi sorpresa, de acuerdo con la Asociación de Consumidores de Beijing (*Beijing Consumer Association*, BCA), Zara falló muchas pruebas en un estudio de calidad realizado a veinte marcas (catorce chinas y seis internacionales). Por ejemplo, la etiqueta de varios de sus productos no correspondía a la composición real, y los tejidos desteñían en el primer lavado. Parece ser que a las personas les importa menos la calidad de los productos si estos son innovadores o cumplen con su fin.

¿Es la innovación, entonces, el componente secreto de las empresas exponenciales?

Allá por 1995, la compañía Artemis presentaba en Estados Unidos el servicio *WebTV*, un producto único y de vanguardia que permitía ver televisión y navegar en la web con un solo equipo, sin necesidad de dispositivos adicionales. El producto hacía posible acercar Internet a las casas que no podían costear un computador y simplificar la tarea para quienes no tuvieran conocimiento de informática.

Toda una innovación que llevó a Microsoft a comprar la empresa en 2001 y llamarla *MSN TV*. La estrategia parecía brillante ya que permitiría comercializar un producto de vanguardia en un mercado conocido y con un millón de suscriptores de pago. Microsoft decidió crear una versión actualizada de WebTV con un procesador más potente de gráficos para satisfacer a aquellos usuarios que querían realizar vídeo llamadas y grabar programas de la televisión al mismo tiempo. *¡Todo un acierto desde el punto de vista de la innovación!*

Pero unos años más tarde, Microsoft cerraba definitivamente el servicio debido, entre otras cosas, a que el software no contaba con la calidad esperada, además de tener algunas puertas traseras que podían comprometer la seguridad de sus usuarios.

Quizás la innovación sea solamente una parte de la ecuación y emplear métodos más tradicionales, como contar con una estrategia probada y ciclos de retroalimentación cortos con el cliente, sea la clave del éxito. *¿Será así?*

Coca-Cola ha sido siempre un referente mundial en refrescos. En 1980, los líderes de Pepsi-Cola decidieron llevar adelante una agresiva campaña de marketing para posicionar la bebida en los sectores jóvenes. Ese mismo año, Coca-Cola perdió clientes hasta llegar a tener solo un 24% del mercado.

Sus líderes rápidamente decidieron tomar cartas en el asunto y establecer una estrategia sólida que incluía cambiar la fórmula del refresco estrella y crear un producto más dulce que Pepsi-Cola. La hoja de ruta se estableció con una estrategia que validó previamente el sabor en 200 mil personas. Semanas después, el producto estaba en la calle y se quitaba de las estanterías la formulación original.

¿Qué crees que pasó? El resultado fue más de 400 mil llamadas de clientes realmente enojados y cientos de cartas que indicaban la insatisfacción con la nueva bebida. *¿Cómo es posible que Coca-Cola se equivocase en su estrategia si la investigación de mercado había dado resultados positivos? ¡A un 53% de los clientes les había gustado la nueva Coca-Cola!*

La respuesta estaba en que los consumidores se motivaban por algo más que el sabor de la bebida. Cuando se realizó la investigación, la premisa principal era que el gusto era lo más importante.

Pero ese no es el único componente de la ecuación del éxito, pues los clientes toman decisiones de compra basadas en sus hábitos y en factores emocionales (nostalgia, lealtad, etc.), y ello no había sido tenido en cuenta.

Está claro que los números concretos son útiles pues le dan a la mente consciente algo que hacer, pero son las emociones las que deciden lo que es verdad y qué decisiones tomar.

En menos de tres meses, la empresa anunciaba la vuelta de la Coca-Cola original y abandonaba la probada e innovadora estrategia de producto.

Parece necesario tener en cuenta factores más amplios que la innovación y la alta retroalimentación de los consumidores.

Muchos de los ejecutivos con quienes hablo semanalmente dominan bien cómo y dónde reducir los costes (costo y eficiencia), pero sabemos que en la nueva economía y mercados exponenciales, la riqueza se crea de forma diferente. Se necesita maestría en otros aspectos, tales como:

▸ Ser capaces de crear un plan con características exponenciales (se pueda expandir sin limitaciones físicas).
▸ Entender la motivación de los clientes y hacerlos cocreadores del producto.
▸ Involucrar en la empresa a personas de diferentes rangos y conocimientos, con un sentido compartido de propósito y responsabilidad.
▸ Entender que la facilidad para realizar un cambio es algo sencillamente difícil, ya que involucra sentimientos y patrones de comportamiento complejos.
▸ Advertir que la solución a un problema necesita ser pensada desde diferentes puntos de vista y empleando distintas formas de razonamiento (*reframing*).

▸ Utilizar ciclos cortos para experimentar y cambiar rápidamente.

▸ Que las personas se sientan seguras.

▸ Contar con una definición de calidad mínima aceptable de producto (*Definition of Done*) que no sea negociable ante presiones del mercado, para que la calidad del producto o servicio sea siempre alta.

Se necesitan soluciones e ideas innovadoras en vez de simples transacciones que solamente se centren en una porción pequeña de lo que podemos observar. Si se pone el foco honestamente en el cliente, este se siente realmente regocijado. Ello ayuda a tender puentes para que ella/él participe como cocreador y podamos entender realmente su forma de pensar.

Cuando tratas a tus empleados como clientes potenciales, se provee el espacio para que se sientan seguros y empiecen a sentirse realmente parte de la compañía. Entonces, comienzan a contribuir para crear una empresa destacable. Con ese objetivo, las técnicas de reframing y funcionamiento del cerebro (neurociencia aplicada al cambio) te darán una mano para lograr transformaciones.

¿Sabías?

Reframing es un conjunto poderoso de técnicas cognitivas que permiten analizar libremente un problema desde diferentes puntos de vista, situándote y haciéndote pensar temporalmente como las personas que tienen el problema, o desde las mentes que lo observan. Esto hace posible llegar a conclusiones distintas, con diferentes suposiciones. La práctica fomenta nuevas conexiones neuronales, lo que resulta en formas innovadoras de pensar que ayuda a la empresa a evolucionar.

Se trata de destrezas fundamentales, ya que hacen posible a los ejecutivos emplear formas de razonamiento diferentes, y cuando esto se logra, comienzan a escuchar más y dan relevancia a la información que reciben. El resultado es una mejora constante y productos que están por delante de la competencia.

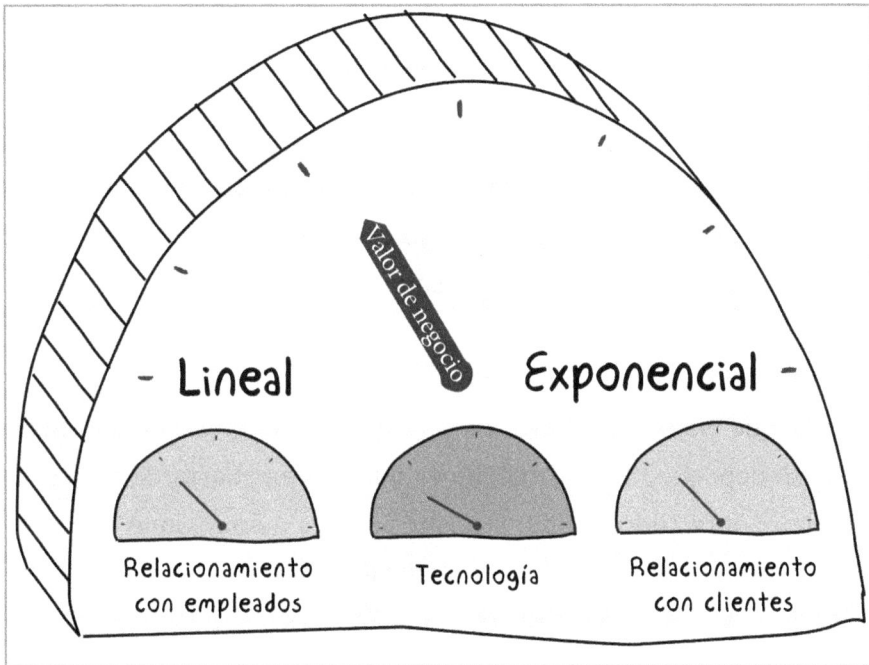

FIGURA 2.2: *El velocímetro de la empresa exponencial*

Pero todo plan requiere irrumpir en las formas de trabajo y las tecnologías lineales para transformarlas en hábitos y herramientas exponenciales. De lo contrario, tu plan no podrá adaptarse correctamente si el negocio pasa de crecer 10% a hacerlo 10^2.

En ello no solamente se necesitan líderes capaces de expandir rápidamente procesos, sino también tecnologías, formas de trabajo, de aprendizaje, interacciones con los clientes y mucho más.

El velocímetro de la figura 2.2 ayuda a ver la relación entre estas áreas:

▸ Áreas tecnológicas y habilidades que necesitan pasar de lineal a exponencial.

▸ Estructuras utilizadas para relacionarse con el cliente y la forma en que se expanden.

▸ Estructuras utilizadas para relacionarse con los empleados y la forma en que se expanden.

Verás más adelante que solamente el hecho de conocer más sobre neurociencia (capítulo 4) y los cinco hábitos previos a comenzar un cambio (capítulo 5) hará posible que tu empresa pueda volverse exponencial.

El arte de predecir el futuro

A cada sitio que viajo suelo llevar mi bicicleta de competición. Normalmente uso un bolso deportivo de transporte, ya que protege bastante bien el cuadro y las ruedas, sobre todo en los depósitos de los aviones que llevan mucho equipaje. Me he tomado el trabajo de indicar, con leyendas en varios idiomas, que no se debe apilar nada sobre el bolso, pero más de una vez terminó siendo el soporte de seis o siete maletas de gran peso. La historia se repite una y otra vez... y a la vuelta del viaje debo llevar la bicicleta al servicio de mantenimiento.

Normalmente conozco de antemano qué partes hay que reparar. Pero a no ser que hablemos de máquinas, donde se tienen elementos que funcionan y encajan siempre de la misma forma, o tareas predecibles y repetitivas, es difícil que puedas predecir el futuro.

Ya sabes que en las compañías modernas hay mucha variabilidad. Ellas están expuestas a los mercados globales, donde cada día hay innovación, sorpresas políticas, problemas de ciberseguridad, cambios en la geografía mundial, enfermedades y todo lo inimaginable que nos podría afectar.

En el pasado se buscaban planes que pudiesen contener y disminuir esa variabilidad para lograr el flujo constante de trabajo.

Pero de la misma forma que un adolescente necesita estar en contacto con el mundo para aprender rápidamente, la empresa requiere emplear esa variabilidad a su favor. Sin cambios rápidos, no puedes crear un valor de negocio diferencial o mayor innovación, ignorando así la importancia económica de la ecuación del éxito.

No debes centrarte solamente en la estabilidad, sino en aprender a observar con una lente distinta lo que te rodea.

A finales de 2017, una empresa de marketing telefónico realizó un estudio de mercado para conocer la opinión de los usuarios sobre la aplicación móvil de gestión bancaria (*Home Banking*) de una de las mayores compañías financieras de Cataluña (España). Un altísimo número de los encuestados manifestó su disconformidad y puntuaron el software con valores mínimos. Seguramente el banco invirtió tiempo y esfuerzo tratando de crear una lista de posibles causas, que derivaron en nuevos objetivos y el cambio de la visión del producto móvil.

En realidad, Cataluña se encontraba en un proceso de posible ruptura con España, y las personas que estaban contra la independencia catalana respondían negativamente a la encuesta sobre el producto móvil, aunque ello no tuviese relación con el software.

Esta es una muestra de la importancia de analizar múltiples factores para entender de donde proviene la variabilidad. Ello requiere comprender que nos encontramos ante escenarios complejos, pero no complicados.

Lo complicado de ser complejo

Un cambio en una empresa es un problema complejo de solucionar, y para lograrlo necesitas un modo de pensamiento diferente. Es útil reconocer una distinción fundamental que hacemos quienes nos dedicamos a ayudar y promover el cambio. Se suelen confundir los términos *complejo* y *complicado*. Se utilizan de forma intercambiable en las conversaciones de empresa: ¡*Los procesos de la compañía son muy complejos!*, *¡La estrategia de la organización es complicada!* o *¡La solución a este gran problema es complicado!*

Un problema complicado es aquel que tiene una respuesta definitiva y correcta. Puede que no sepamos cuál es, pero si alguien encuentra la solución (quizás un experto en la materia), el resultado será inmutable en el tiempo. Por ejemplo:

- ▶ ¿Cuántos números de cuatro dígitos existen donde el dígito de la unidad de mil sea igual a la suma de los otros tres?
- ▶ ¿Cuántos metros lineales de ladrillo necesitaré para cubrir esa pared?
- ▶ ¿De cuántos clientes hemos obtenido retroalimentación?

Complicado indica que podrá ser duro y llevar varios pasos obtener la solución, pero tendremos una respuesta definitiva, estable y predecible. Normalmente, algo complicado puede ser resuelto por una máquina industrial: la automatización de una planta de armado de coches es un problema complicado.

Pero hablar de *complejo* requiere un proceso de pensamiento diferente, que involucra zonas distintas del cerebro. Estas son algunas de las características de los problemas genuinamente complejos:

- ▶ No tienen una solución 100% correcta; simplemente hay percepciones diferentes de lo que podría ser la solución más adecuada.

▶ La situación puede parecer que tiene elementos ilógicos o que no se comprenden en su totalidad pese al esfuerzo para analizarlos y racionalizarlos.

▶ Se tienen múltiples personas involucrados con distintas expectativas y puntos de vista, que a menudo parecen irreconciliables.

▶ Existe un alto factor humano, con su influencia de condiciones sociales y/o culturales.

▶ Su entorno está políticamente influenciado.

▶ La resistencia es diferente porque involucra distintos aspectos, muchos de los cuales tienen repercusión emocional.

Imagínate que te dejo en una habitación con una pizarra para que puedas resolver una ecuación. Seguramente más tarde o más temprano recuerdes cómo se resuelve y encuentres una solución lógica y definitiva. Esto activará un sistema de recompensa intrínseca en tu cerebro que te generará mucha satisfacción y te mantendrá plenamente motivado.

Ahora, piensa que te dejo en la misma habitación con tres de mis sobrinos y dos de sus amigos (*¡olvidé decirte que estos últimos son los que peor conducta tienen en la escuela!*); todos ellos tienen entre 6 y 11 años... y te pido que en las próximas tres horas utilices una estrategia que controle sus comportamientos, que sea predecible y replicable en futuras ocasiones. ¡El desafío aquí es mucho mayor!

La primera situación requiere de pensamiento lineal: A=B y B=C, entonces A=C, y se encuentra una relación consistente entre causa y efecto (complicado). En la segunda, la relación circular no es clara, ni lineal, y su causa y efecto tampoco (complejo).

En la opción complicada (de pensamiento lineal y racional) se tiene una solución definitiva. Sin embargo, la opción compleja no tiene una resolución única, aunque sí varias alternativas recomendables.

¿A cuál de estas situaciones se parecen más los problemas de tu compañía?

Supongamos que eres parte de la familia Stradivari y deseas manufacturar violines Stradivarius. El desafío requiere contar con los conocimientos adecuados y que coordines a las personas necesarias. La creación de este producto ofrece mucha variabilidad, ya que se trata de personas especializadas con interacciones constantes y bloques de trabajo manual y desigual. Cualquier alteración en la cadena (o *red de valor*) daría resultados impredecibles y complejos de resolver. *¡Y ni hablar si cada violín tuviese que ser innovador respecto al anterior!*

En este caso, los tiempos probablemente se incrementarían exponencialmente como resultado del incremento en la complejidad de las interacciones humanas.

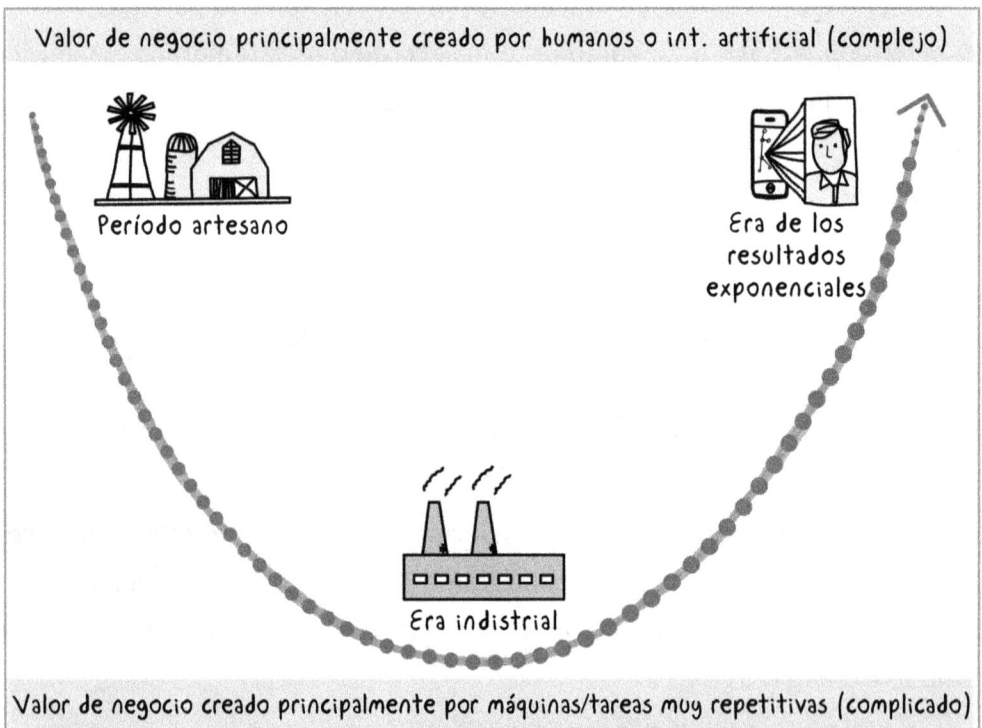

FIGURA 2.3: *Diferenciador en la creación de valor de negocio*

Si los produjeras con una máquina en vez de hacerlo manualmente, el diferenciador para crear valor de negocio sería principalmente el equipamiento industrial. A mejor maquinaria, más rápido podrías producir tu producto. Si tuvieses un problema, para solucionarlo seguramente bastaría con cambiar engranajes o estandarizar procesos.

Si una máquina fallase cada cierto tiempo, podrías predecir el número exacto de violines que perderías ese mes, y avisarías a tus clientes.

Aquí la relación *causa-efecto* es clara y consistente, y se puede deducir una solución al problema mediante el pensamiento lineal.

Pero a partir de 1995, tres factores comenzaron a alterar este escenario:

1. Posibilidad de que cualquier empresa se acerque a los mercados globales.
2. Aceleramiento debido a la Internet y la inteligencia artificial.
3. Necesidad de ser altamente creativo para contar con productos diferenciales.

Gran parte del éxito de una compañía consiste ahora en crear planes que puedan crecer exponencialmente con productos innovadores, poniendo un número elevado de mentes a trabajar en conjunto, buscando soluciones creativas y conectando una idea con un mercado que hasta el momento era inexistente. Esto es claramente algo complejo.

¿Sabías?

Parte de la solución es involucrar activamente a quienes tienen el problema, convirtiéndolos en cocreadores de la solución (clientes, socios de negocio, etc.). Debes ayudarlos a pensar diferente y fomentar la resolución de los inconvenientes como problemas complejos, en vez de complicados.

Tratar de resolver algo complejo con las reglas de lo *complicado* agrava el problema y enreda inexplicablemente la solución cuando el plan se pone en contacto con la realidad.

La trampa de las herramientas en un mundo complejo

Imagina que hay un grupo de personas que no tiene buena comunicación, ni confianza, y necesitan cambiar sus interacciones para convertirse en un equipo imparable. Si instalas una aplicación informática para que se comuniquen mejor, ello exacerbará el problema e incrementará el conflicto. Habrá a su vez un aumento de la burocracia (se requerirá la instalación del nuevo software, gestión de claves y estar sentados delante de un computador para cooperar) y habrá pérdida de la comunicación cara a cara.

Este tipo de acciones es muy común y puede ser bien intencionada, pero particularmente peligrosa si la empresa desconoce que un problema social (complejo) no se resuelve con herramientas informáticas (complicado) o nuevas metodologías.

Es común que las partes envueltas en problemas complejos tengan cierta miopía de su situación. Como dice el dicho… *cuando lo único que tienes a mano es un martillo, todo lo que te rodea se verá como un clavo.*

Ten presente la importancia de que los ejecutivos de la empresa comprendan la diferencia entre lo complicado y lo complejo. Cuando ello ocurre, estos normalmente comienzan a ver las cosas con un lente diferente.

La ilusión del cambio

Hace unos años ayudé con la transformación Agile a una de las mayores aerolíneas. Había adquirido tiempo atrás otra empresa de un país vecino para ofrecer nuevas rutas bajo una marca unificada.

El cambio había parecido sencillo: se pintarían los aviones con el nuevo logo, se daría a los empleados entrenamientos específicos, se estandarizarían los procesos, se realizaría nueva publicidad y finalmente se tendrían nuevos uniformes. En pocos meses todo estaría listo para el nuevo comienzo. La realidad fue que el proceso llevó años y mucha resistencia, ya que los empleados de la empresa adquirida sentían a su marca como parte de su cultura y país, lo que provocaba un ambiente políticamente cargado y hostil, donde las personas escogían un bando u otro en vez de ser socios de negocio y contribuir con una meta común.

Los planes de cambio requirieron años para establecer un ambiente saludable y poder centrar a los empleados nuevamente en el valor de negocio.

Cuando las personas de una empresa simplifican o intentan resolver un problema complejo como si fuese complicado y con pensamiento lineal, terminan usando lo que denomino el **bucle simple de decisiones**. Esto es una respuesta que proviene del razonamiento heredado de la época manufacturera.

Hemos sido educados en un tiempo que ya no existe y tratamos de adecuar la realidad de la organización a nuestra caja de herramientas.

Cuando empecé a programar en lenguaje ensamblador por allá en 1987, había una versión única de las aplicaciones de desarrollo, que estaban disponibles en el mercado cada uno a dos años; en 1997 Microsoft ofrecía una actualización de su sistema operativo cada seis meses. Y ello hacía que todavía se pudiese utilizar la forma de pensamiento lineal.

Hoy, tú y yo actualizamos las aplicaciones del teléfono móvil varias veces a la semana. Y ello hace imposible el emplear las técnicas tradicionales.

Está claro que los líderes se ven constantemente confrontados con desafíos debidos a la aceleración exponencial. Sus retos son diferentes a aquellos que afrontaban sus predecesores. Gran parte de las personas que ayudo nunca han sido entrenadas para planificar cambios en entornos altamente complejos y con mucha incertidumbre, y se sienten muy cómodos con partir problemas en otros más pequeños y ponerlos de forma secuencial. Esto da como resultado el bucle simple.

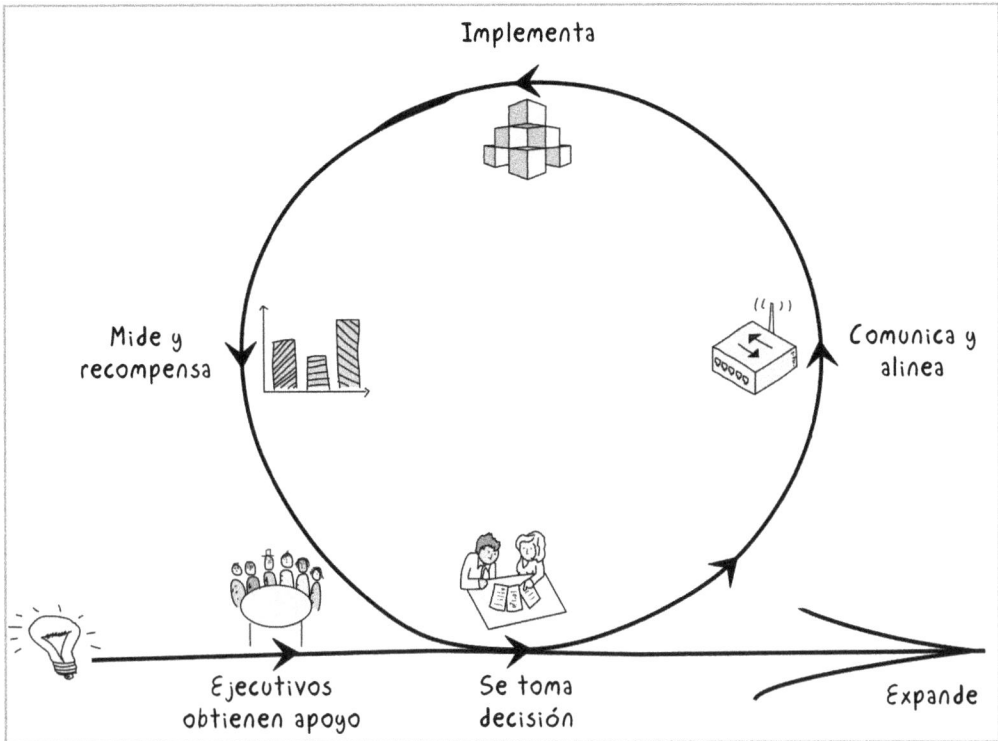

FIGURA 2.4: El bucle simple de decisiones, ©Erich R. Bühler

No me malentiendas, el pensamiento lineal es de mucha utilidad, pero estamos entrando en un momento de la historia donde el foco se sitúa en cambiar la forma en que razonamos, los hábitos y cómo validamos nuestras conclusiones. Lo importante ya no es resolver problemas de forma analítica y procedural, o siguiendo pasos estrictos, sino emplear diferentes tipos de inteligencia para lograr el objetivo.

El bucle simple es una solución casi automática que pasa desapercibida para muchos. Es saludable hacerlo visible para poder debatir sobre los cimientos de la organización.

Estos son los pasos intrínsecos que tomamos cuando se emplea el bucle simple de decisiones en la empresa:

1. **Ejecutivos obtienen apoyo para el cambio** – Aquí se juntan apoyos, se negocia y se intenta convencer a otros ejecutivos sobre la conveniencia de la solución planteada.
2. **Decidir** – Se decide el plan, que normalmente afectará a personas que no están involucradas en la decisión.
3. **Comunicar y alinear** – Se comunica el cambio al resto de la compañía y se busca un alineamiento tácito.
4. **Implementar** - Se implementa la idea original.
5. **Medir y recompensar** - Se mide, ajusta y ofrecen recompensas explícitas a aquellas personas que cumplan los objetivos inicialmente pactados.

El ciclo puede repetirse una y otra vez de diferentes formas. Cuando se tienen los resultados (medir y recompensar), se vuelve a tomar una decisión, se comunica e implementa y así el ciclo continúa.

A veces son departamentos específicos los que empujan el plan de cambio, en otras ocasiones se encargan los líderes. Pero en todos los casos, la comunicación se realiza desde la parte superior de las jerarquías hacia la inferior, con un fuerte objetivo de alineamiento. Es habitual ver aquí órdenes directas o comunicaciones realizadas por personas que no son las más adecuadas para transmitir un mensaje.

El propósito del bucle simple es asegurar la implementación del cambio mediante medidores que especifiquen si los resultados se encuentran alineados con las expectativas iniciales. Las recompensas implícitas (zanahoria: dinero, posición más alta, etc.) son habituales para que los individuos se sientan motivados.

Si hay discrepancia entre el plan original y la realidad, se adicionan nuevas medidas, reglas o procesos a seguir que refuercen el camino.

Cuando las métricas reflejen los valores esperados, se considerará que el plan fue exitoso y que la transformación fue hecha.

El bucle simple parte de una premisa que no es correcta, y es dejar afuera lo emocional, la inteligencia colectiva, los patrones sociales y cómo actúa el cerebro ante el cambio.

Los procesos y estructuras que resultan del bucle simple no crean comportamientos sustentables. Incluso si hay un pico de reacción positiva al comienzo del plan, el mismo estará normalmente seguido por una falta de interés o adopción baja. Y es que no existe una alteración real a menos que se cambien las formas de pensamiento y hábitos.

Ello tiene mucho que ver con la manera de enfrentar los conflictos y con la resistencia al cambio.

La relación causa-efecto no lineal de una acción

Muchas compañías construyen la confianza con sus empleados a través de conversaciones íntimas, planes que apoyan su trabajo y metas, así como formas de comunicación consistentes con alta visibilidad. Puede durar meses o décadas lograr esa confianza compartida, pero un día, un pequeño error o malentendido erosiona el trabajo de muchos años.

En la gestión tradicional generalmente se aborda el problema como *grandes planes = grandes cambios = gran impacto* pero quizás una intervención de gran escala tenga el efecto contrario en un sistema complejo.

En realidad, una modificación minúscula podría fomentar comportamientos positivos con repercusiones exponenciales. Por ejemplo, la persona que cometió un error podría pedir disculpas de forma honesta y cara a cara con los afectados, y la empresa podría realizar una sesión de *En qué somos mejores y qué nos ha ayudado a aprender la situación del Sr(a). X.*

Un banco británico del cual fui cliente tenía una alta tasa de fraude en tarjetas de crédito y débito. Gran parte del timo estaba relacionado con el robo de los números de las tarjetas en los buzones de las personas. La empresa podría haber elaborado una estrategia extensa para mejorar la situación con complejos procesos, puntos de control, y mediciones constantes para ver si alcanzaba el objetivo comprometido. No obstante, decidió alterar solamente un hábito (o microhábito): las tarjetas serían enviadas en sobres con dibujos o logotipos no relacionados con el banco, lo que redujo el fraude apreciablemente, con un esfuerzo mínimo y sin cambiar los procesos existentes. Aquí los empleados solamente tenían que tomar los sobres de otra pila.

Alterar un pequeño hábito puede variar el rumbo de la compañía entera y restablecer la confianza.

Déjame brindarte un ejemplo más. Los empleados de un área de desarrollo de software que ayudé recibieron la orden de solamente aceptar un número máximo de defectos de alta severidad en el software que producían. De 300 errores al mes, los equipos pasaron a menos de 15. *¡Todo un logro!*

El cambio había sido consolidado en muy poco tiempo, lo cual era un gran progreso para la empresa. Ahora las personas contaban con un acuerdo informal y catalogaban los defectos por su severidad (en alta, media o baja), y aquello antes considerado alto era ahora de severidad baja.

Como puedes ver, la solución no resolvía el problema, sino que engañaba al sistema, lo que probablemente era el resultado de emplear el bucle simple de decisiones durante años.

Ya sabes entonces que la relación causa-efecto no es lineal. Te mostraré más sobre esto en el capítulo 4.

De vuelo de pájaro a vuelo rasante

Analizar un problema, complejo como si fuese complicado, puede ser de mucha utilidad para brindar a las partes involucradas una visión de alto nivel. Con esto se consigue una generalización que permite conocer las creencias y patrones de pensamiento iniciales de esas personas. Por ejemplo, imagínate abordar una reunión con las siguientes creencias:

- ▶ El departamento de SAP siempre termina a tiempo su trabajo, pero los otros equipos de desarrollo retrasan la solución final. Deberíamos hacer un plan de contención y que se aumente el control sobre los equipos. Reclutemos tres nuevos jefes.

O

- ▶ Las personas no saben hacer su trabajo y necesitan más formación/cursos. Tendríamos que comunicarlo y comenzar ya a elaborar sus planes de formación. Llamemos a todos los proveedores de cursos y empecemos dentro de dos semanas, y en tres meses tendremos a todos alineados.

Estas formas de pensamiento exhiben un patrón tradicional de causa-efecto lineal de una acción, donde un gran cambio se aborda con un plan específico que requiere coordinación y control.

¿Qué pasaría si los equipos de SAP y Desarrollo se sentasen en la misma zona, trabajasen en parejas o se autoorganizasen con respecto a sus metas? ¿Cuáles serían los microhábitos más fáciles de cambiar con el mayor impacto positivo posible?

Ver un problema complejo como si fuera complicado hace posible a un grupo de personas encauzar las conversaciones iniciales y crear ciertos acuerdos de trabajo antes de analizar la situación como compleja. A su vez, permite observar la tendencia de las personas y ver qué lente emplean para ver el mundo.

En la serie de TV llamada *Undercover Boss* (Jefe infiltrado), el dueño de una empresa visita una de sus sucursales como si fuese un empleado más. Inicialmente, conoce ciertos detalles sobre los problemas de la sucursal y tiene una idea de las acciones que tomará para solucionar los inconvenientes (complicado). Pero en contacto con la realidad, el jefe se da cuenta de que el problema es diferente, complejo y requiere de información y habilidades para que las cosas mejoren.

¡Prueba esto.

Antes de proponer una solución, deja tu rol por un rato e invierte tiempo trabajando en parejas con las personas que tienen el problema o requieren cambiar. Trata simplemente de absorber información, colaborar y ayudar, pero durante esta etapa no juzgues a los individuos o procesos. Sé parte de su equipo, fomenta la curiosidad, habla y pregunta tantas cosas como puedas.

En su campaña electoral, Donald Trump aseguraba que tenía un plan para mejorar el sistema de salud de Estados Unidos, y que era simple. Ya como presidente y después de analizar la situación con varios funcionarios, dijo que se trataba de un problema extremadamente complejo.

El primer paso para crear una empresa exitosa es que puedas distinguir si se requiere de técnicas para resolver un problema complejo o complicado. Para ello tienes que recabar información de primera mano, hablar sin prejuicios con varias partes, cambiarte de sombrero, invertir tiempo trabajando físicamente en pareja con las personas que tienen el problema, hacer visible la situación y conocer sobre patrones sociales.

Un buen ejercicio consiste en escribir las premisas, valores y creencias e identificar las formas de razonamiento que tenías antes del contacto inicial con el equipo.

Si te sientes cómodo, haz el proceso gráfico/visual y compártelo con las personas que te rodean (si eso no es para ti, analiza por qué... Quizás debas incluir algo en tu plan personal de mejora).

Recuerda que una vez que lo compartes, comienzas a utilizar la inteligencia colaborativa, que incluye aprender a gestionar la retroalimentación.

Presta especial atención al cambio de expectativas cuando las personas descubren que el problema inicialmente complicado es ahora complejo. Observa cómo actúan ante el nuevo escenario: *¿Quiénes todavía intentan utilizar un razonamiento lineal para resolver el problema? ¿Quiénes comienzan a observar la situación desde otro punto de vista?*

De la buena idea al plan de cambio

En 1884, Thomas Parker, construyó en Londres el primer coche eléctrico para ser producido a gran escala. El vehículo estaba entre los métodos de movilidad preferidos a finales de ese siglo debido a su comodidad y facilidad de operación, que no habían sido alcanzadas por los coches a gasolina. Pese a ello, recién a partir de 2022 comenzaremos a emplear coches híbridos de forma masiva en algunos países; los eléctricos todavía tendrán que esperar.

Yo solía pensar que las buenas ideas convencían fácilmente a las personas de adoptarlas rápidamente. También imaginaba que una buena idea y un plan era más o menos lo mismo que un cambio certero.

Hoy soy un convencido de que mi visión inicial era ingenua si no se cuenta con los conocimientos básicos del funcionamiento humano en lo social, psicológico y organizacional, y las nuevas formas de pensamiento.

Solo tener una buena idea y un plan de negocio no es suficiente. Quizás los primeros pasos sean solamente dar visibilidad del problema, utilizar formas colaborativas de pensamiento para analizar el problema y explicar los fundamentos de los problemas complejos y complicados. Luego podrás centrarte en conseguir el apoyo de las personas respetadas de la organización para tener una mayor tracción.

Recuerda que el cambio real no es un efecto en cascada que se da como resultado de cursos de formación, comunicación con presentaciones en *Power Point* o el deseo de que algún jefe superior quiera un mundo mejor. El cambio real debe emplear técnicas que puedan contagiarlo y volverlo exponencial, pues el viejo recurso del palo y la zanahoria ya no obtiene buenos resultados.

¿Te han encomendado impulsar el cambio en la organización?

La gestión del cambio tradicional se basa en el pensamiento lineal y en un mundo estable. En ella, realizas un análisis de statu quo para definir el estado actual (**A**) de tu organización, defines el estado futuro (**B**) que deseas alcanzar y buscas la distancia más corta para llegar de **A** a **B**.

Dr. Sebastian Vetter
Consultor en estrategia e innovación

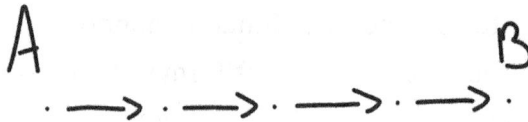

Para ello, elaboras un plan y un mapa de ruta con pasos secuenciales y, con cada paso que das, te acercas a tu estado futuro deseado.

$$A \quad\quad\quad\quad\quad\quad\quad\quad B$$
$$\cdot \longrightarrow \cdot \longrightarrow \cdot \longrightarrow \cdot \longrightarrow \cdot$$

Si bien esta forma lineal de pensamiento sobre el cambio organizacional fue exitosa para aumentar la eficiencia operativa y reducir los costos a fines de los años 90, se queda corta en el mundo VUCA (Volatilidad, Incertidumbre, Complejidad, Ambigüedad) de hoy, donde las relaciones efecto-resultado son exponenciales, caóticas o simplemente desconocidas.

▶ ¿Cómo abordas el cambio cuando no hay un estado futuro definido?
▶ ¿Cómo navegas el cambio cuando no hay un camino que puedas seguir?
▶ ¿Cómo te mantienes en curso si hay fuerzas externas que influyen en tu velocidad y en la dirección del viaje?

Uno de mis clientes, una firma líder de servicios profesionales estaba experimentando los desafíos que te menciono. La tarea era instalar una unidad de negocio que visualizara cómo podría ser el futuro de la organización y actuara como acelerador e instrumento de cambio organizacional.

El desafío era descubrir cómo debía funcionar esta unidad y estabilizarla para que cumpliera su misión.

¿Sabías? Puedes obtener más información sobre VUCA en el siguiente artículo: *Innova1st.com/20A*

El contexto organizacional donde esta unidad debía operar era ambiguo debido a múltiples partes interesadas (stakeholders) que expresaban demandas conflictivas, a respuestas hostiles ocasionadas por el sistema inmunitario de la empresa, y a poderosas fuerzas políticas.

En un entorno ambiguo, lo primero que debes saber es que no ver el camino que debes seguir es normal; no hay ninguno, pues nadie ha caminado hasta allí.

Debes sentirte cómodo con la ambigüedad, ya que enfrentarás incógnitas desconocidas. Como no sabes exactamente cuál será el estado futuro, necesitas tener una visión sólida de lo que podría ser, y debes compartir esa visión con tu equipo.

Debes comenzar a moverte lo antes posible, ir al mercado con lo que sea que tengas. No dediques demasiado tiempo a la planificación o al pensamiento excesivo; necesitas la retroalimentación de tus clientes para ver qué funciona y qué no.

La acción crea velocidad y la velocidad crea impulso. Debes hacer experimentos sobre cómo relacionarte con tus clientes, cómo organizarte mejor, cómo abordar el liderazgo, cómo organizar reuniones, cómo crear indicadores de rendimiento (*KPI*), etc.

Presta atención a lo que funciona y a lo que debes mejorar.

Sé que algo difícil de entender es que el fracaso es una opción factible. Lo que se te ha encomendado es difícil. No se ha hecho antes. Es verdad que puedes fallar. Puedes quedarte sin dinero, perder la confianza de tu organización, perder empleados valiosos o fracasar en el mercado.

¿Por qué te digo algo tan sombrío que nadie quiere escuchar?

En primer lugar, porque es cierto. Hay muchas iniciativas de cambio que han fallado. En segundo lugar, porque quiero que entiendas que navegar el cambio en un mundo VUCA no es fácil de hacer. Además, que no puedes hacerlo solo. Debes ser humilde y tener un equipo que comparta tu visión y te apoye cuando las cosas se pongan feas.

Piensa en las personas del Pacífico Sur que se aventuraban en sus canoas en busca de nuevas tierras. No había un camino a seguir, ni siquiera sabían si había alguna tierra por descubrir, pero tenían una fuerte creencia de que podía haberla.

Navegaban guiados por las estrellas y cambiaban y corregían su dirección de viaje. Algunas canoas llegaron incluso hasta Nueva Zelanda, pero... *¿Cuántas canoas que emprendieron ese viaje desaparecieron en algún lugar del océano Pacífico?*

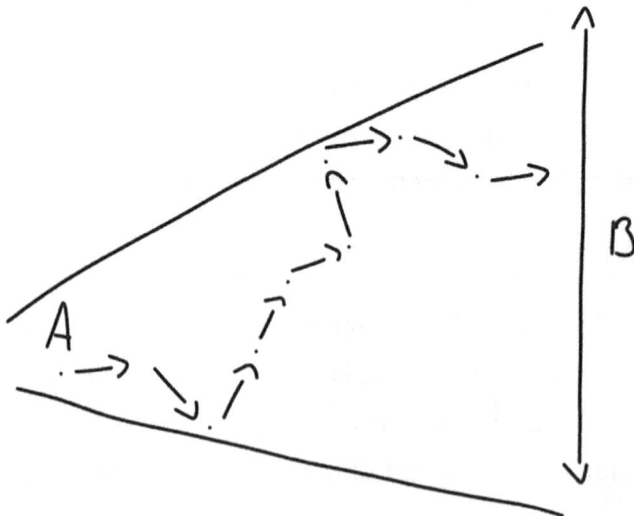

Es imposible encontrar el camino más corto hacia un destino desconocido. Se trata de explorar, aprender y navegar a favor y en contra del viento, y usar las corrientes para crear impulso.

Debes saber cuándo hacer una pausa en tiempos de vientos decrecientes, cuándo usar el timón y cuándo remar. La clave es seguir adelante y corregir continuamente el curso en función de lo que aprendas en el camino.

Para navegar con éxito el cambio en un mundo VUCA, necesitas:

▸ Sentirte cómodo con la ambigüedad.

▸ Crear una visión sólida de lo que podría ser.

▸ Comenzar a moverte para ganar impulso.

▸ Tener mentalidad de experimentación.

▸ Medir continuamente los resultados y cambiar el curso en caso de ser necesario.

▸ Ser humilde y darse cuenta de que las cosas realmente pueden fallar.

Estos elementos pueden sonar como habilidades blandas, pero créeme que no lo son: pueden hacer que el viaje sea exitoso o interrumpir tu travesía de cambio.

Lo que has aprendido

☑ Algunas ideas que te ayudarán a pensar cuando comienzas con una iniciativa de cambio.

☑ Los seis principios para cambiar tu mundo y a las personas que te rodean.

☑ Los contrastes entre pensamiento lineal y no lineal.

☑ Las diferencias entre complicado y complejo.

☑ El bucle simple de decisiones.

☑ Cuándo es factible utilizar exitosamente el pensamiento complicado en un problema complejo.

1. ¿Hay alguna situación donde faltó alguno de los seis principios del cambio?

_____

_____

_____

2. ¿Cuáles son las diferencias entre complejo y complicado?

_____

_____

_____

3. ¿En qué escenario consideraste que un problema era complicado, cuando en realidad era complejo, y qué cambiarías si lo volvieses a hacer?

_____

_____

_____

4. ¿Puedes identificar tres circunstancias donde se haya empleado el bucle simple de decisiones?

_____

_____

_____

Aprendiendo a cambiar tu empresa

CAPÍTULO 3

El cambio es la ley de la vida. Y aquellos que miran solamente al pasado o al presente, seguramente se perderán el futuro.

John F. Kennedy, presidente No. 35 de Estados Unidos de Norte América

El poder que tiene un solo individuo o grupo para alterar pacíficamente el destino de cientos de personas, y hasta de civilizaciones enteras, es sorprendente. Lo hemos visto en la historia y lo observamos cada día. Soy un fiel creyente en que toda persona puede pensar y actuar como un agente de cambio. Y cuando hablamos de empresas, todo empleado puede convertirse en un agente de cambio. Imaginarse que no es posible modificar el rumbo de la compañía por el solo hecho de tener menor salario o no tener suficiente autoridad es una creencia que pertenece al siglo pasado.

Veo regularmente revolucionarios con buenas intenciones materializando cambios en donde antes había solo un desierto. Y es que ser un revolucionario efectivo no significa tener que ir en contra de lo que se hace, o ser el más fuerte (o con el salario más alto), sino saber sentarse en una mesa con un punto de vista firme y ayudar a conectar a las personas con un futuro mejor. *¿Y qué necesitas para que esto pase?*

Seguramente estés pensando en transformar tu empresa hacia un modelo más sustentable, tratando de alcanzar mayor competitividad o buscando posibilidades para implementar nuevos productos o servicios.

Déjame decirte que para todo eso necesitas comenzar con una idea y una visión de cambio explícita que haga posible a las personas que te rodean caminar inicialmente en una misma dirección, siendo capaces de hablar y soñar juntas con un futuro mejor.

Los primeros pasos hacia el cambio

Todo cambio comienza con alguien que tiene un punto de vista diferente y pasión por algo que desea alcanzar. Si además ese alguien cuenta con las habilidades y formas de pensamiento adecuadas, hará que quienes le rodean se adueñen de la idea y la conviertan rápidamente en un mapa de ruta.

Para que esto suceda en una empresa, es necesario que las personas puedan ver el comienzo de ese futuro cercano, confíen en quien facilita el cambio y no tengan miedos asociados si hay modificaciones de su estatus o su rol.

He escuchado muchas veces conversaciones acerca de que *X es mejor que Z, que Waterfall es mejor que Agile*, que *usar estimados es mejor que no estimar*, que *menos jerarquías es mejor que estructuras de empresa rígidas*, etc. Debo decirte que puedes seguir ese camino si quieres ganar una discusión, pero sabemos científicamente que esta forma de comparar y contrastar conlleva a comportamientos mentales no tan favorables, que aumentan la resistencia y alejan el apoyo de las personas.

Cuando se concreta un cambio que tiene mucho impacto en la compañía, decimos que se ha producido una **reorientación** de la empresa. Esto se traduce en una alteración de la estrategia original que hace posible reinventar la organización. Pero para que esto suceda es imprescindible que comiences creando una visión poderosa de cambio.

¿Cuál es el resultado final que deseas alcanzar? ¿Por qué tienes que hacerlo ahora? ¿Cuál es el beneficio esperado? ¿Dispones de las capacidades para hacer el cambio o desarrollarlo el producto/servicio?

Tu visión de cambio puede motivar a las personas a modificar su forma de trabajo en un área específica de la compañía (software, marketing, recursos humanos, etc.), o los procesos de toda la empresa, sus interacciones o cualquier otro aspecto. Pero no debes confundir esta **visión de cambio** con la **visión corporativa** (o incluso de producto). Ambas son importantes, pero tienen objetivos diferentes. La visión corporativa habla sobre la personalidad de la organización y la forma en que será exitosa en los próximos años mediante sus valores, principios y habilidades únicas. Difícilmente podrás llevar adelante un cambio si tu empresa no tiene una visión de compañía clara, con un argumento consistente entre lo que se dice y lo que se hace.

Todas las visiones aportan emociones e indican explícitamente aquellas oportunidades que la empresa tendrá luego de alcanzar el nuevo estado, y hace visibles los desafíos a los que se deberá hacer frente. Una visión de cambio extraordinaria tiene que ser fácil de entender, estar escrita en no más de media hoja, comunicarse en 60 segundos, ser intelectualmente sólida y contar con un gran atractivo emocional.

Ella deberá ser reafirmada constantemente por los líderes de la empresa para asegurarse de que las personas recuerden lo importante que es ir en esa dirección.

He visto a compañías más tradicionales construir grandes planes de transformación, pero hoy en día sabemos que un gran impacto en una empresa de crecimiento exponencial no tiene por qué estar asociado con un plan de grandes magnitudes. Y es allí donde la visión de cambio lleva adelante esa magia.

Creando una visión de cambio poderosa

El tener una visión de cambio explícita ayuda a todos a imaginar e inspirar un mundo mejor, así como también, a crear alineamiento en la compañía. Y es esto una de las herramientas que te permitirá obtener un mayor impacto.

Una visión también hace posible que se pueda disminuir la sensación de incertidumbre, lo que lleva a contar con actitudes psicológicas positivas y la activación cerebral correcta que permite en gran medida eliminar el miedo al fracaso.

> *Si no sabes a dónde quieres ir, entonces cualquier camino te llevará hasta allí.*

Gato de Cheshire, Alicia en el país de las maravillas

Comienza por un borrador de la visión de cambio. Durante su creación puedes apoyarte en números o cualquier otra información relevante. Ten en cuenta que los humanos normalmente se motivan por mensajes positivos que les conecten con sus emociones y propósito personal, y que alberguen al menos uno de los siguientes cuatro contenidos:

- **Números:** ($123.874, £10.723, €253)
- **Historias/Anécdotas:** Recuerdo una vez cuando...
- **Analogías:** ¡El nuevo producto será tan impactante como el descubrimiento de la penicilina!
- **Emociones:** Gestos, uso de la voz, relatos conmovedores, etc.

A no ser que estés hablando de un cambio de mucha magnitud y en una organización muy grande, cuando crees la visión, serás también el **patrocinador (***Sponsor***) de la iniciativa.** Ello implicará que cuentes cada día con la disciplina, el tiempo y el compromiso necesario para clarificar la estrategia de cambio y apoyar a quienes necesiten comprender lo que está pasando.

Para ser un buen patrocinador necesitarás trabajar efectivamente en:

▸ Reforzar el mensaje sobre lo que incluye el cambio y aumentar su visibilidad
▸ Remover los obstáculos iniciales.
▸ Ayudar a promover un entorno sano con valores que coincidan con la visión de cambio.
▸ Inspirar a las personas y predicar en todo momento con el ejemplo.
▸ Conectar a las personas y recursos necesarios que apoyen el cambio.
▸ Mover los "*hilos políticos*" para que se facilite la estrategia.
▸ Estar siempre disponible para ayudar a las personas cuando te lo pidan
▸ Evaluar los factores económicos.

Cuando las cosas van por un nuevo camino, las personas normalmente tienen temor, consciente e inconsciente, sobre cómo cambiará su rol y posición dentro de la empresa. Es por ello que deberás **clarificar una y otra vez los derechos, obligaciones y expectativas de cada posición** durante la transformación de tu organización.

Ten en cuenta que el patrocinador no está allí para controlar, sino para liderar el camino y asegurarse de emplear técnicas que hagan posible a los individuos sentirse motivados.

Sé por experiencia que tendrás que afrontar situaciones donde los gerentes y demás empleados tendrán la necesidad imperiosa de saber si el cambio propuesto es viable, lo que les generará mucho nerviosismo. Tendrás que ser paciente cuando comuniques tu visión, ya que las personas albergan distintas perspectivas, expectativas de futuro y desafíos personales.

Para crear una visión de cambio te recomiendo que comiences por juntar un grupo reducido de personas en una sala. Tu objetivo final será colaborativamente crear un mensaje que incluya historias reales (que sean informales), así como también palabras que tengan un significado claro para aquellos que deberán cambiar.

Años atrás, un amigo cercano presentó a la junta directiva de la asociación nacional de talleres de reparación de coches de su país, una nueva fórmula matemática para el cálculo de siniestros en vehículos. Él pensó que los resultados de esa fórmula serían inspiradores y podrían motivar a los ejecutivos a cambiar sus procesos de cálculo y hábitos relacionados con la evaluación de siniestros de coches. La charla fue muy amena. Él explicó durante dos horas cómo se calcularía cada caso, que beneficios daría emplear la esta fórmula y por qué todos deberían comenzar a utilizarla. No fue hasta el final de la presentación cuando uno de los ejecutivos pidió la palabra para indicar que nadie había entendido la fórmula que se había explicado, y que no sabían claramente por qué debían cambiar la manera de hacer las cosas.

Para que este tipo de situaciones no ocurra, es necesario que tu visión de cambio sea construida colectivamente, es decir, que las personas puedan adueñarse y sentir tu idea como una parte importante de su día a día. Ten en cuenta que puedes contar con varias visiones de transformación, dependiendo de cuántos planes de cambio tengas, pero siempre debe estar conectada con una única visión de empresa.

La importancia del sentido de urgencia

El sentido de urgencia tiene un rol crucial en el éxito de tu plan y en la consolidación del cambio. Las personas no se sentirán energizadas si la visión es algo estática, incluida en un documento escrito por alguien que no forma parte de su realidad, o si da igual hacerlo en ese preciso instante o dentro de tres años. Es importante que verifiques si existe un sentido claro de urgencia antes de dar el primer paso. Muchas veces es fácil identificarlo, mientras que en otras ocasiones debes evaluar varios factores clave.

Ten en cuenta que el sentido de urgencia no es una actividad frenética que nace debido a una presentación de *Power Point* ante un grupo de personas, o una fecha sin sentido, sino que es el resultado de un conjunto de factores:

▸ Presión externa de los mercados o la competencia.

▸ Cambios abruptos en la organización.

▸ Consecuencias económicas de no hacer nada ante un nuevo desafío de mercado (costo de la demora), o no entender qué acciones tomar para cambiar urgentemente sin desestabilizar la salud de la organización.

▸ Clientes que entienden y apoyan el plan de cambio y desean obtener sus ventajas cuanto antes.

▸ Una fecha límite que produce una penalización importante.

▸ El resultado de que se hayan removido algunos bloqueos y se cuente con una nueva realidad que brinda a la empresa mayor capacidad de adaptación.

▸ Empleados que identifican que el cambio llevará a un estado mejor y ellos desean urgentemente cambiar.

Sin un sentido claro de urgencia, como por ejemplo, una fecha límite establecida por la gerencia sin propósito real, no hay alteración real y sustentable de comportamientos, y se comenzará a perder tracción al cabo de unos meses.

Antes de dar tu primer paso, debes identificarlo colaborativamente y hacerlo explícito en la visión de cambio.

El aprendizaje del cambio

Suelo preguntar a los ejecutivos *"¿Qué deseas aprender de la transformación que comienzas en breve?"*. En muchas ocasiones me encuentro con silencios pronunciados o una respuesta que incluye solamente los *resultados* anhelados (lo que estos desean obtener de la transformación, o un detalle de los objetivos). He trabajado en grandes corporaciones que se gastan millones de dólares al año en la gestión y comunicación de la estrategia de cambio. Sin embargo, en muy pocas se invierte dinero para empoderar a las personas para que puedan ver la transformación como una experiencia de aprendizaje que cambiará sus formas de pensamiento.

Por muchos años, la forma en que nos han educado se ha centrado más en valorar positivamente a las personas que siguen correctamente un proceso, o que son capaces de ofrecer una solución rápida y única a un problema. Pero tal modo difiere de lo que se necesita hoy en día para aumentar la innovación y hacer frente a situaciones cambiantes de mercado.

Actualmente necesitas ofrecer múltiples soluciones a un mismo problema, desde diferentes perspectivas, y ser capaz de hacer preguntas que estimulen a los demás a evolucionar sus formas de trabajo y pensamiento.

¿Qué pasaría si pudieses enseñar a las personas algunas técnicas para resolver problemas desde nuevas perspectivas, y así evolucionar sus formas de razonamiento y de trabajo? Por ello debes incluir claramente, en tu visión de cambio, una o dos líneas que hagan referencia explícita a las formas esperadas de razonamiento y aprendizaje.

Haciendo preguntas poderosas

Antes de siquiera crear tu visión de cambio, tendrás que realizar una pequeña investigación para determinar aspectos que te ayuden a comenzar ese viaje y contar con tracción inicial. Puedes empezar por algunas preguntas que sirvan para identificar los cimientos necesarios para esa visión de cambio.

En la próxima página puedes ver algunas de las preguntas que podrías hacer en tu empresa cuando se necesita cambiar, para poder satisfacer mejor a los clientes.

1. **Determina el sentido de urgencia.** *¿Por qué se necesita el cambio justo ahora?* ¿Cuál es el *statu quo*, problema u oportunidad que impulsa a pensar que es el momento adecuado para hacer el cambio? ¿Qué aspecto de la situación actual no apoya las interacciones necesarias para adecuarse a la era exponencial de los mercados?

2. **Trata de comprender qué inspira a las personas.** *¿Qué te/les inspira a cambiar y cuáles serán los valores de empresa requeridos?* Varios estudios en psicología humana sugieren que las personas generalmente desean cambiar cuando la ganancia de lo que se adquiere es el doble de lo que se deja atrás. Trata de hablarles y conocer qué cosas les inspirarían a buscar otros caminos y realmente deseen modificar como hacen las cosas. Esto requiere identificar lo que genera ilusión y los valores que esperan ver apoyados por el cambio. Para obtener estas respuestas, comienza preguntando: ¿Qué te inspiraría a cambiar? ¿Cuáles serían los valores que esperarías que apoye la transformación de la empresa?

3. **Verifica las metas esperadas.** *¿Cuáles son los objetivos que se desean alcanzar?* ¿Cómo sabrán cuando se ha avanzado o se ha finalizado el cambio? ¿Cuál es el resultado esperado? ¿Cuáles son las expectativas de la empresa versus las que tienen los empleados? ¿Qué indicadores simples podrían aplicarse para conocer que los hábitos se han integrado sustentablemente como parte de las nuevas formas de trabajo?

4. **Comprueba lo que habría que modificar.** *¿Qué crees que se debería cambiar?* ¿Qué cosas se espera que cambien? ¿Cuáles cambios serán opcionales, deseables u obligatorias? ¿Es un cambio de interacciones que requiere también procesos o comportamientos? ¿Es algo más complejo que necesita modificar parte de la cultura? Si la empresa creciese exponencialmente, ¿Cómo haríamos que la visión o cambio fuese sustentable?

5. **Indaga sobre qué les gustaría aprender.** *¿Qué te/les gustaría aprender y cuáles son sus desafíos personales?*
Trata de comprender qué conocimientos desean adquirir las personas si finalmente emprenden el camino. Aquí pueden construir una lista de metas y objetivos, y priorizar la forma en que preferirían aprenderlas. Piensa también cuáles serían los objetivos comunes para que todos los grupos pudiesen alinearse y trabajar juntos. ¿Qué les gustaría aprender cada semana? ¿Cuál es el desafío personal que no les permite ir en la nueva dirección?

6. **Identifica la oportunidad actual.** *¿Cuáles son los beneficios del cambio?*
¿Qué ganarán las personas, equipo o empresa con el cambio? ¿Cómo hará esto que la organización sea un lugar mejor?

7. **Analiza cuáles serán los riesgos concretos del producto/servicio/desafío y las pequeñas celebraciones necesarias.** *¿Cuáles son los riesgos y las celebraciones?*
Piensa en los riesgos de cada etapa y en pequeñas celebraciones al mitigar cada uno de ellos. ¿Qué apoyo se necesitará del resto de la organización? ¿Qué cosa inspirará en cada etapa a que las personas se sientan orgullosas de ser parte de la iniciativa?

8. **Establece un mapa de ruta de alto nivel.** *¿Puedes crear un mapa de ruta que apoye tu plan de cambio?*

¿Es algo que puede suceder en unas pocas semanas, meses o años? Ten presente el capítulo 2, donde hablamos de que algunos cambios pueden tomar años, mientras que otros semanas o meses (culturales versus procesos). ¿Cada cuánto tiempo debería actualizarse el mapa de ruta (*roadmap*) y de qué forma?

Mientras que las primeras seis preguntas te ofrecen ayuda para crear la visión, las últimas dos hacen posible comenzar a pensar en pasos específicos para la estrategia de implementación.

Creando colaborativamente una visión de cambio

Las visiones de cambio colaborativas son muy poderosas ya que hacen posible que todas las personas afectadas por un plan y aquellas encargadas de apoyar el cambio se conviertan en cocreadoras de la estrategia.

Para crear una visión de cambio colaborativa deberás organizar al menos dos sesiones de 90 minutos. Es una buena idea que invites a los gerentes, al patrocinador de la iniciativa y a aquellos grupos de personas que deberán cambiar. En todos los casos tendrás que pensar claramente y de antemano quiénes deberán concurrir, pero recuerda que esta primera reunión no es para personas curiosas o que no aporten algo necesario.

¿Sabías?

En el capítulo 6 te enseñaré más sobre cómo emplear un equipo de transformación para gestionar un plan activamente apoyado por una visión de cambio, su estrategia, gestión de impacto y el entrenamiento o *coaching* necesario.

Comienza introduciendo el problema que necesitas resolver en no más de 2 minutos y luego forma, al azar, pares de personas. Esto permitirá que en un mismo equipo se puedan tener distintos puntos de vista. Dales post-it, bolígrafos y asegúrate de que tengan suficiente espacio para moverse. Evita emplear una sala de reuniones con mesa grande, pues podrían disminuir las interacciones.

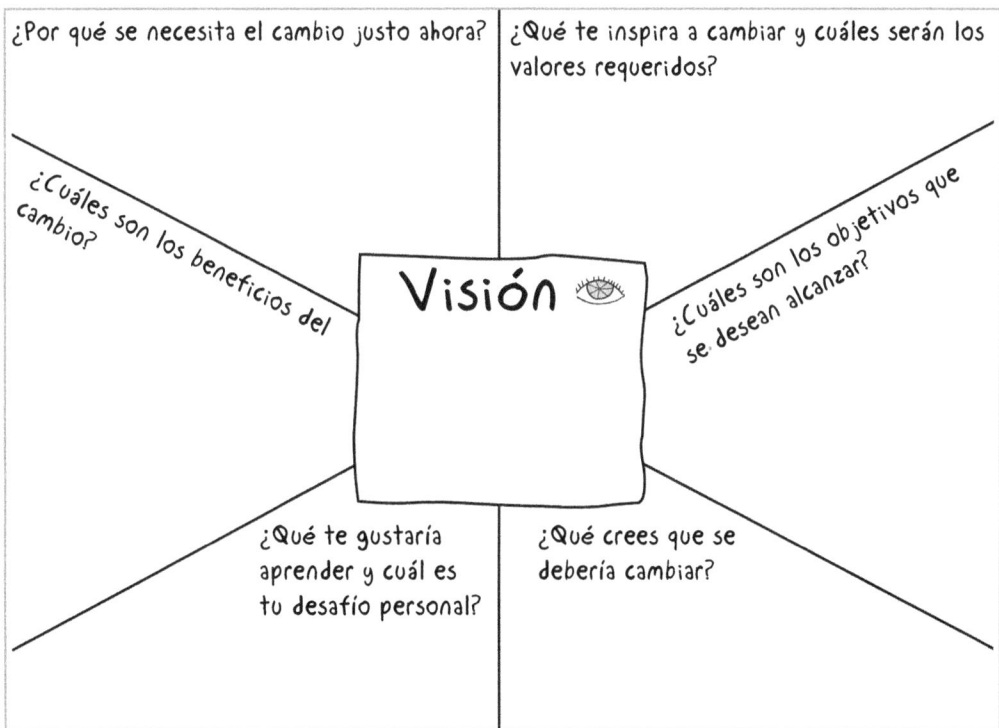

FIGURA 3.1: Canvas ∙e cambio, ©Erich Bühler

Escribe en la primera área "*¿Por qué se necesita el cambio justo ahora?*" y brinda ocho a diez minutos para que cada equipo pueda discutir y escribir hasta tres *post-it* que respondan esta pregunta. Mientras lo llevan adelante, emplea las demás preguntas de la misma sección para facilitarles descubrir más sobre el tema.

Terminado el tiempo, brinda dos minutos a cada grupo para pasar al frente, pegar sus *post-it* en el área correcta del canvas y explicar al resto de los participantes la esencia de su perspectiva. Ello no solamente te ayudará a alinear las expectativas, sino que hará que las personas se puedan sentir cocreadoras del cambio. Siéntete libre de realizar observaciones o preguntas, y empodera a los demás para que hagan lo mismo.

Las preguntas abiertas aquí te permitirán aquí descubrir nuevos puntos de vista, desafíos y áreas que no habías considerado inicialmente.

Escribe ahora la segunda pregunta y repite el proceso hasta llegar al final.

1. ¿Por qué se necesita el cambio justo ahora?
2. ¿Qué te inspira a cambiar y cuáles serán los valores requeridos?
3. ¿Cuáles son los objetivos que se desean alcanzar?
4. ¿Qué crees que se debería cambiar?
5. ¿Qué te gustaría aprender y cuál es tu desafío personal?
6. ¿Cuáles son los beneficios del cambio?

¿Sabías?

Puedes aprender más sobre cómo hacer preguntas poderosas que invitan a la reflexión en el libro de Eric E. Vogt, Juanita Brown, David Isaacs "*The Art of Powerful Questions*", descárgalo gratis en *Innova1st.com/30A*

Seguramente obtengas muchas ideas y puntos de vista que harán posible comenzar a pensar de esa visión de cambio poderosa. Al finalizar la sesión, es una buena idea que agradezcas a los participantes y brindes información sobre lo que pasará a continuación.

Como puedes ver, este tipo de actividad ofrece la posibilidad de contar con una lluvia de ideas (*brainstorming*), útil para explorar distintos puntos de vista, evacuar dudas, comenzar a crear alineamiento y elaborar lemas inteligentes que involucren emociones.

En la segunda reunión tendrás que brindar la hoja con los comentarios de la sesión anterior y contar con al menos diez minutos para recapitular las ideas obtenidas. Plantea a los participantes qué pasaría si abriesen el día siguiente su periódico favorito y encontrasen un titular y una nota informativa pequeña (de cinco a diez líneas) que hablase sobre la empresa y el cambio que están a punto de llevar adelante *¿Qué diría esa noticia?*

Dales de diez a quince minutos para que escriban la nota informativa empleando la información provista en la sesión anterior. Una vez terminado el tiempo, solicítales pasar al frente, leer la nota y pegarla en el cuadrado central. Recuerda fomentar que los participantes puedan realizar preguntas, observaciones, así como expresar sus preocupaciones. Esta etapa es fundamental para que puedan preparar sus mentes para lo que viene a continuación.

Cuando estés listo, comienza a escribir el primer borrador de la visión de cambio inspirándote en los distintos artículos, pero también solicitando a los participantes retroalimentación, e incluso que ellos mismos pasen al frente de la habitación y escriban en la pizarra. Puedes empezar escribiendo en el cuadrado central frases como

Cambiamos porque...
Nuestro desafío personal es...
Deseamos aprender porque...
Mejoramos porque...
Nos inspira a cambiar...

No te preocupes si al comienzo resulta difícil; lleva algunos minutos calentar los motores hasta que las primeras palabras puedan aparecer. Ten en cuenta que en muchas ocasiones es necesario ayudar a los participantes a que no se desvíen hacia la solución, es decir, hacia la creación de la estrategia o tratar de establecer los pasos para implementar el cambio. Es común que estén ansiosos por el futuro y quieran dar ese gran salto. Si este es el caso, indícales que ello se verá en las próximas sesiones.

Puedes escribir las dudas para responderlas en el futuro o al final de la sesión. Y no olvides que tu visión de cambio no deberá ocupar más de media hoja y poder ser leída o explicada en máximo 60 segundos.

Una vez terminada la sesión, comparte el borrador de la visión inicial y agradece a los participantes e infórmales que los próximos pasos a seguir estarán relacionados con el "*cómo*". Es decir, la estrategia.

Como puedes ver, estas reuniones son esenciales para alinear a las personas y que comiencen a sentirse involucradas. **Recuerda que la visión de cambio debe ser creada de forma colaborativa,** por lo que cualquier modificación a la misma debería ser discutida y comunicada antes de su aceptación.

Estableciendo el equipo de transformación

A no ser que estés en una empresa pequeña, necesitarás contar con un equipo humano que te apoye en llevar adelante cada día la estrategia de implementación de cambio.

En compañías tradicionales, este tipo de grupos se dedica generalmente a controlar el avance de las metas establecidas originalmente. No obstante, en una empresa que hace frente al crecimiento exponencial de mercados es diferente. Aquí se necesita poner el foco en ayudar constantemente a mejorar el flujo de trabajo y a tomar decisiones con la mínima información disponible.

En mi experiencia, un equipo de transformación se compone normalmente de entre tres y cinco facilitadores por cada cien afectados, y requiere un compromiso importante (en muchos casos, 100% de disponibilidad). Es imprescindible que quienes lo formen cuenten con amplias capacidades de mediación, estén dispuestos a aprender, sean respetados dentro de la empresa y cuenten con empoderamiento para remover obstáculos dentro de la compañía. Estas son algunas de las actividades que deberías esperar de un equipo de transformación:

1. Mejorar la transparencia y apoyar el mensaje y la estrategia de cambio.
2. Tener comportamientos consistentes con los valores de la visión de cambio
3. Visibilizar las dependencias con otras áreas de la compañía y facilitar su eliminación.
4. Ayudar a desaprender las prácticas, habilidades o procesos antiguos y aplicar los nuevos.
5. Crear las conexiones necesarias entre las personas (o individuos y recursos) para que puedan resolver problemas.
6. Ayudar a entender las nuevas formas de pensamiento.
7. Cerciorarse de que se realicen las alteraciones necesarias en las operaciones del negocio para facilitar el cambio.

8. Asegurarse de que otras áreas de la compañía o alta gerencia comprendan la razón del cambio.

9. Crear las estructuras formales e informales para apoyar la fluidez de la información dentro y/o fuera de los equipos.

10. Ayudar a la búsqueda, reclutamiento o inversión en nuevas capacidades que apoyen la visión.

11. Encargarse de la logística de los equipos.

12. Tener en cuenta el coste económico de una decisión, y del impacto de aquellas decisiones que dilatarán otros trabajos (técnicas de costo de la demora).

Uno de los aspectos clave en que el equipo de transformación se debe enfocar es cómo se sienten los individuos sobre el cambio propuesto. Muchos empleados pueden sentirse amenazados o resistirse al cambio por varias razones. Una buena manera de reducir la resistencia es asegurarse de que todos comprendan lo que les intimida. El hecho de que las personas acojan con beneplácito o se resistan al cambio dependerá de si una o más de las siguientes necesidades se sienten amenazadas:

NECESIDAD	Amenaza (Ejemplo)	Recompensa (Ejemplo)
Status (Prestigio) (Condición social en relación con los demás)	Dar consejos, instrucciones directas donde existe poca confianza, perder influencia, mover gente a nuevos puestos con aparentemente menos prestigio.	Crear puestos de trabajo con más prestigio que los anteriores, recibir retroalimentación positiva, construir un ambiente seguro, etc.

Certainty (Certeza) (Capacidad de predecir los resultados)	No saber lo que otras personas esperan.	Tener una visión clara, metas y expectativas transparentes, reenfocar a la gente en lo que es cierto ahora mismo, etc.
Autonomy (Autonomía) (Sentido de control sobre el destino)	Ser micro-gestionando por otra persona.	Permitir que la gente resuelva sus problemas y se autoorganice y gestione su carga de trabajo.
Relatedness (Vínculo) (Cómo la persona es parte de la tribu)	Conocer gente nueva todo el tiempo o no tener tiempo para establecer relaciones de calidad.	Tener equipos estables, un ambiente amigable, saber lo que motiva a las personas y amplificarlo, etc.
Fairness (Equidad) (Percepción de ser tratado justamente)	Valores no transparentes, timidez ante problemas de comportamiento, etc. on-transparent values, shy away from behavioral issues, etc.	Todo el mundo tiene acceso a la información, todos tienen voz, etc.

Tabla 3.1: Mo·elo SCARF ·e Davi· Rock

Los líderes y miembros del equipo de transformación deben hablar abiertamente con los individuos afectados por el cambio y tratar de dar visibilidad de sus miedos, frustraciones, esperanzas, necesidades y creencias. Si una o más necesidades se ven amenazadas, los comportamientos pueden extenderse por toda la compañía y eso evitará que la nueva iniciativa se vuelva contagiosa. Al planear un cambio, es una buena idea usar el modelo SCARF para formular preguntas que ayuden a descubrir las causas reales de la resistencia. Una vez identificadas estas áreas, el impacto puede ser disminuido mediante el fortalecimiento positivo de esas necesidades. Finalmente, debes asegurarte de que aquellos afectados por el cambio sientan al equipo de transformación como parte de su día a día, no como un grupo externo. Te mostraré más sobre cómo preparar a un equipo para el cambio en el capítulo 6.

Entendiendo la importancia del compromiso en los empleados

Las compañías notables tratan a sus empleados como si fueran clientes potenciales; cuando no es así, los individuos no se comprometen con los planes de cambio. Y sin compromiso, serás finalmente tú quien termine empujando la iniciativa. Déjame decirte, por experiencia, que este escenario no es profesionalmente ni personalmente sustentable y termina desgastando a las personas que están al frente de la iniciativa.

Hace meses tuve una conversación con un gerente a cargo del grupo de supermercados más grande de Nueva Zelanda. Ella, aparte de estar exhausta, me decía que necesitaba asegurarse de estar allí cada día para hacer que todos estuviesen alineados y cumpliesen sus objetivos.

Bastaba intercambiar unas palabras con las personas de los equipos para apreciar su baja moral, motivación y compromiso. No se sentían seguros, ya que habían sido amonestados en varias ocasiones por la gerencia; eso había creado varias disfuncionalidades en sus interacciones. Era normal verlos sonreír pasivamente en las reuniones y aceptar cualquier carga de trabajo que fuese impuesta por sus jefes, incluso si sabían que no serían capaces de asumirla.

Lamentablemente, tal situación no es una excepción a la regla. Imagino que habrás visto situaciones similares en otras empresas, donde las personas solamente se dedican a terminar sus tareas y no se encuentran activamente involucradas en mejorar la organización.

La consultora *Gallup* nos reveló en su informe del estado del sitio de trabajo de 2016 (*State of workplace*), que solamente el 13% de la fuerza de trabajo del mundo está comprometida con sus labores (32% en Estados Unidos). Algunos estudios recientes nos indican que existe una relación clara y directa entre rendimiento financiero de una organización y nivel de compromiso de los empleados con el trabajo y el cambio.

Una clave para obtener un alto compromiso de los empleados es que la transformación se lleve adelante en un ambiente donde todos se sientan seguros, puedan aprender cada día y tomen decisiones de forma colaborativa con alta visibilidad. Cuando los individuos no conectan con su trabajo, dejan en manos de las mayorías el indicar el camino, esperan que los demás resuelvan sus problemas y no se sienten capaces de desarrollar sus habilidades. *¿Cuáles crees que son los motivos para que las personas de tu compañía no adquieran un compromiso fuerte?* Te muestro alguno de los que generalmente encuentro:

▸ Planes de transformación donde los líderes o directivos deciden arbitrariamente no involucrar en la toma de decisiones a aquellos grupos que se verán afectados por el cambio.

▸ Excesiva multitarea, carga de trabajo o el no reconocimiento positivo de las tares terminadas exitosamente.

▸ Falta de inversión en aprendizaje o tiempo de calidad para que la gente pueda aprender.

▸ No contar con espacios de tiempo de calidad para reflexionar sobre los procesos o interacciones.

▸ Condiciones de trabajo anticuadas que dificultan las labores (falta de seguridad, confianza, no existir una única prioridad, destrucción el conocimiento compartido, etc.).

▸ Inexistencia de una visión realista de empresa, cambio o producto

▸ Imposibilidad de que las personas se autoorganicen para resolver sus problemas.

▸ Falta de contacto directo de los empleados con los clientes para quienes crean el producto o servicio.

Debes tener en cuenta que uno de los bienes más importantes de toda compañía es el **conocimiento compartido**. Muchas organizaciones tienen alta rotación de personal, o no saben cómo gestionarlo; entonces se pierde rápidamente, generando un alto coste oculto.

Inevitablemente, esto retrasa el aprendizaje, la innovación y las posibilidades de adaptación de la empresa. Y el resultado es que todos se sientan desmotivados y se comience a perder la tracción del cambio.

¿Sabías?

El conocimiento compartido es el aprendizaje que se da como resultado de las interacciones de un equipo durante el tiempo que trabajan colaborativamente en una o más tareas. Este incluye información y habilidades, pero también modelos mentales compartidos (formas de razonamiento, interpretación de las expectativas y el entendimiento de los problemas). Esto raramente puede ser mantenido en documentos y es la "*salsa secreta*" que da al negocio su ventaja competitiva.

Sabemos que uno de los factores que aumenta radicalmente la pérdida del conocimiento compartido es la alta temporalidad de los empleados. Una investigación llevada adelante por la consultora *Deloitte Global Human Capital Trends* en 2018 indicó que el 78% de los líderes empresariales calificaba la retención y el compromiso del personal como algo urgente o importante.

En mi opinión, existen tres tipos de actitud que podrás observar en los empleados y que afectan directamente los resultados de un cambio en la empresa (ver tabla 3.2 en la próxima página).

Empleados comprometidos	Son quienes te ayudarán a implementar el cambio. Tan pronto como comprendan tu visión, harán lo imposible para llevarla adelante y remover cualquier obstáculo que se presente en el camino. Estarán pensando activamente cómo mejorar los procesos y las interacciones.
Empleados no comprometidos	Ellos harán el trabajo, pero considerarán sus tareas poco motivadoras. Las tomarán como un trabajo a terminar antes de poder ir a casa.
Empleados desconectados por decisión	Este grupo no solamente está disconforme con el trabajo, sino que socava activamente lo que hacen los trabajadores comprometidos, para así hacer explícita su frustración.

Tabla 3.2: Los tres tipos ᵢe empleaᵢo

Los primeros (**empleados comprometidos**) hacen un esfuerzo adicional mental y físico para evolucionar las interacciones y procesos, trabajan con pasión y sienten una profunda conexión con la visión de empresa y su estrategia de cambio.

Los **empleados no comprometidos** son los que normalmente dejarán la compañía si no encuentran una motivación válida. Son cruciales porque representan una oportunidad cuando comienzas a crear tu plan de cambio, ya que podrían convertirse en aliados altamente comprometidos si los involucras en el proceso y les das posibilidades de decidir y alterar el plan. Esto puede realizarse mediante actividades que les brinden el espacio necesario para que puedan influir en las decisiones y tengan visibilidad suficiente para comprender la iniciativa.

Pero el mayor riesgo para cualquier plan de cambio son los **empleados desconectados** por decisión, pues no están felices e intentarán a toda costa mostrar su falta de satisfacción mediante acciones que socaven la estrategia.

Estas personas pueden ser inicialmente difíciles de detectar ya que no parecen hostiles o perjudiciales. Si prestas atención, podrás ver que tienen poca o ninguna preocupación por el cliente, producen un alto nivel de conflicto y, aunque generalmente se quejan sobre la situación actual, son incapaces de ofrecer soluciones.

Es común confundir a las personas de este grupo con aquellas que tienen una forma de pensamiento anticuada; no obstante, estos últimos estarán de tu lado si les brindas ayuda y el reconocimiento necesario.

En una empresa que ayudé en el Reino Unido, uno de sus diseñadores gráficos, luego de casi dos años de pertenecer a un equipo multifuncional Scrum, decidió que no se sentía preparado para el desafío. Se sentía cómodo en la compañía, pero había decidido desconectarse de la visión y los objetivos. Obviamente su actitud generaba situaciones de riesgo, con emociones altas que obstaculizaban que las demás personas alcanzaran sus metas. La organización decidió no hacer nada, pues no deseaban asumir el coste de reclutar y entrenar a otro individuo. Luego de unos meses, los otros empleados se fueron centrando más en los procesos y menos en sus interacciones, dejaron de sentirse motivados y comenzaron a desconectar de las labores diarias.

Una buena alternativa aquí hubiese sido tener una conversación crucial a tiempo. Una charla abierta, honesta, transparente y adulta entre el individuo desconectado y una persona a la cual le tuviese confianza y respeto. Está claro que si no es posible conectar el plan de cambio con lo que importa a las personas, sus objetivos, propósito o aprendizaje, este tendrá muy pocas posibilidades de sobrevivir.

Muchos consultores lo llaman WIIFM (*What´s in it for me?* o *¿Qué hay para mí en todo esto?*), y se centra en que cada individuo comprenda cómo será beneficiado por el cambio, y entienda plenamente por qué debe cambiar.

A continuación, te presento algunas acciones que puedes llevar adelante para que las personas se sientan motivadas durante la trasformación de tu empresa:

1. **Proveer a las personas del contexto del negocio**

   Explícales el contexto que ha hecho necesario un plan de cambio. Comparte la visión, estrategia, datos, metas de negocio, temas contractuales y cualquier tema que pueda mejorar la información sobre la situación.

2. **Ayudar a que se comprendan las restricciones**

   Procura que las personas entiendan las restricciones de la empresa, ya sean habilidades acotadas o recursos no disponibles; que comprendan limitaciones tales como dependencias que no pueden ser removidas en el mediano plazo, o aspectos que se arrastran del pasado y que tendrán impacto sobre el plan de cambio (por ejemplo: deuda técnica, procesos arcaicos, etc.).

3. **Emplear la capacidad real de trabajo**

   Asegúrate de que los empleados puedan elegir la carga de trabajo que consideren más adecuada, según su conocimiento y disponibilidad (sistema de tiraje o *pull*, como ser Kaban).

4. **Conectar a las personas con el cliente y el propósito**

   Asegúrate de que los individuos comprenden al cliente y entienden por qué se necesita el cambio. Nada es más motivante que saber que se está ayudando a personas de carne y hueso.

5. **Brindar tiempo para descubrir y reflexionar**

   Muchos equipos no tienen tiempo para pensar, reflexionar y descubrir cómo la nueva estrategia de cambio los podría afectar. Asegúrate de que los empleados dispongan de un lapso para ello, y procura que los gerentes reafirmen esa actitud.

6. **Hacer que las cosas puedan ser un juego (gamificar)**

   Emplea juegos para que las personas se diviertan mientras refuerzan comportamientos, valores y principios positivos. Asegúrate de crear un entorno que incentive la competencia sana, se alcancen metas y se obtengan recompensas para que los individuos puedan ver su progreso y sentirse motivados a terminar las tareas.

7. **Crear métricas adecuadas**

   Confirma de que los equipos pueden comprender y establecer colectivamente métricas simples que permitan medir el avance del cambio. Confirma también que una mejora local tenga un impacto positivo en el resto de la organización.

Si decides utilizar la gamificación para influir los comportamientos, asegúrate de utilizar juegos que hagan que las personas se sientan bien al final de su día/ciclo de trabajo (*Sprint*). Ellos deberían poder ver que han progresado en algo que realmente les importa. En general, cada iniciativa de gamificación debería considerar las siguientes técnicas:

▶ **Dinámica**: motivar el comportamiento a través de escenarios, reglas y progresión real.

▶ **Mecánica**: ayudar a alcanzar metas a través de equipos, competiciones saludables, recompensas y retroalimentación.

▶ **Componentes:** seguir el progreso a través de misiones específicas, ganar puntos y niveles en el juego, ganar insignias, etc.

En el capítulo 6 verás cómo conectar varios de los puntos vistos anteriormente con un equipo de transformación.

La historia de Peter

Conozco a Peter desde hace ya muchos años. Nos conocimos en Uruguay cuando yo tenía una empresa que se dedicaba a crear aplicaciones de software para corporaciones. Todavía recuerdo el día que me dijo que tenía una idea innovadora y que deseaba establecer su compañía.

En sus comienzos, solo contaba con unos pocos empleados en su startup; la comunicación con ellos era principalmente cara a cara. Todos se tenían confianza mutua, sabían claramente lo que otros pensaban de la empresa y entendían su visión y estrategia.

Por ese tiempo, la compañía tenía un tamaño fácilmente gestionable y la información viajaba informalmente con bastante rapidez y bajos niveles de distorsión. Cada día se obtenía gran cantidad de retroalimentación interna y externa que ayudaba a evitar caminos y decisiones equivocadas.

Debo admitir que había silos de conocimiento en la empresa debido a que algunas habilidades escaseaban, pero todos estaban felices de colaborar y compartir su conocimiento, incluso cuando se encontraban excesivamente ocupados. Los equipos se reunían si había algún tema urgente e intercambiaban ideas hasta resolverlo. Se podía ver lo que hacían los demás en todo momento, ya que las acciones se observaban en la oficina y el avance se veía en tableros físicos. La gente era feliz y la situación parecía que duraría por una eternidad.

En ese momento nadie pensaba que sería necesario transformar la empresa o que se requerirían desesperadamente valores explícitos para alinear a toda la organización. Peter tampoco sabía que los valores centrales de una empresa eran el aspecto más importante de una compañía moderna debido a que establecen limitaciones básicas en *cómo* competir, *donde* y *porqué*; dictan cómo las personas se comportarán socialmente y la forma en que todos brindarán visibilidad sobre su trabajo. Ni siquiera sospechaba que un pequeño cambio en esos valores podría afectar los cinco cimientos principales de la organización.

No existe una verdad universal, pero estoy seguro de que, sin importar el tamaño de la empresa, siempre se tendrán los siguientes pilares:

1. Visión y estrategia de empresa.
2. Forma clara en la distribución del poder de la organización.
3. Comportamientos/sistemas sociales (cómo las personas se comportan, interactúan y hacen el trabajo visible).
4. Estructuras y sus conexiones (i.e., estructuras jerárquicas) que ayuden a los empleados.
5. Sistemas de control (forma en que las personas y las cosas son controladas).

Cuando se modifica uno o más valores en la organización se produce un efecto en cascada en los puntos que se encuentran por debajo. Aunque parece sentido común, a veces los empleados no se detienen a reflexionar sobre la importancia de emplear una estrategia que produzca una cadena de cambios. Cuando todos los pilares cambian, decimos que la empresa ha sufrido una transformación.

FIGURA 3.2: *Efecto en cascada de valores en la organización*

Peter quería que ayudase a su compañía a tener éxito y confiaba plenamente en mi opinión, pues teníamos una relación de amistad y respeto. Un día, me habló de querer emprender una transformación que comenzara por los equipos de software. Había oído hablar del milagro de algo llamado SAFe (*Scaled Agile Framework*) y LeSS y realmente quería probarlos.

Por desgracia, no me creyó cuando le dije que empezar por cambiar la forma de coordinación de las personas o cómo se controla a los empleados (sistemas de control) sería una forma lenta de transformación.

¿Sabías?

Los sistemas de control son procedimientos/procesos diseñados y establecidos para verificar, regular y supervisar a las personas y los resultados de sus labores.

Mientras Peter hablaba, yo recordaba varias cosas, como por ejemplo que las modificaciones en la coordinación y control están débilmente asociadas con el cambio de las formas de pensar de las personas. Muchas empresas están convencidas de que al volverse digitales podrán transformarse rápidamente simplemente alterando la forma de trabajar de las personas. De hecho, algunas propician solamente cambios en los procesos para impulsar esa transformación. Pero para cambiar algo necesitas una disrupción radical que rompa los patrones de inercia organizacional y que ayude a los individuos a aprender nuevas formas de pensamiento.

Agile y el marco de trabajo de Scrum tienen aquí un papel destacable. El Manifiesto Agile contiene principios, que Scrum apoya/se alinea, que dan como resultado disrupciones importantes, tales como poner al cliente en el centro, que las personas estén primero y no los procesos, la autoorganización de los equipos, los grupos multifuncionales, así como asegurarse de tener retroalimentación real del cliente y del resto de la empresa.

Presta atención a los valores de Scrum y piensa como ellos podrían impactar tu compañía:

Coraje: los miembros del equipo tienen el coraje de hacer lo correcto y realizar trabajos difíciles.

Enfoque: todos se centran en las tareas del ciclo de trabajo y los objetivos del equipo Scrum.

Compromiso: las personas se comprometen personalmente a alcanzar los objetivos del equipo Scrum.

Respeto: los miembros del equipo Scrum se respetan mutuamente y son personas capaces de ser independientes.

Apertura: el equipo Scrum y las partes interesadas (stakeholders) acuerdan ser abiertos sobre todo lo relacionado con el trabajo y los desafíos al realizar el mismo.

Scrum ofrece un conjunto mínimo de reglas tales como un ciclo de trabajo de tiempo fijo (Sprint), que exista una única prioridad de trabajo (Backlog), la posibilidad de tener tiempo de calidad para reflexionar (reunión de retrospectiva) y reuniones recurrentes para empoderar a las personas.

Volviendo a la historia de Peter, él no me preguntó sobre Scrum, aunque tuvo mucha suerte y que unos meses después de lanzar su producto, la pequeña empresa se convertía en un caso de éxito. Ello atrajo la atención de cientos de clientes y e inversionistas. El resultado obvio fue la creación de nuevos departamentos, roles y reglas para servir mejor a quienes consumían los servicios. Esto impactó positivamente en estabilidad económica y ayudó a la previsibilidad de las acciones a tomar en el mediano plazo.

Peter decidió posteriormente mudarse a nuevas oficinas y crear una marca que identificase mejor su cultura. A esa altura, todos tenían claro que el crecimiento de la empresa había traído nuevos beneficios, pero también una cantidad de procesos adicionales.

Un día escuché a alguien mencionar que se necesitaba alcanzar un mejor rendimiento y que eso solo se podría lograr poniendo el foco en la reducción de costes. También escuché que se querían adicionar nuevos departamentos para cumplir con ese fin, lo que se haría en el corto plazo.

En la organización comenzaron a acostumbrarse a la idea de que cada vez que se necesitaba satisfacer un nuevo requisito corporativo (servicio más barato y más confiable, mayor calidad, mayor velocidad de puesta en el mercado, etc.), habría que adicionar un nuevo rol o departamento destinado exclusivamente a resolver el problema. A medida que la compañía y el número de departamentos y roles crecían, la cantidad de procesos asociados aumentaba y se generaba más burocracia y mayor número de dependencias. El resultado inadvertido fue que poco a poco disminuía la flexibilidad de la organización y se hacía más difícil identificar si el valor entregado al cliente era el más correcto.

Como todo el mundo tenía la sensación de que la empresa se estaba volviendo cada vez más grande, pensaron que sería buena idea dejar de usar los tableros físicos que se venían empleado desde los comienzos y reemplazarlos por alguna herramienta informática para aumentar la colaboración. Y al día siguiente comenzaron a instalar software para gestionar las tareas y así deshacerse de los tableros físicos con sus *post-it*.

Estaba claro que, con el uso de la nueva herramienta, no todos tenían la misma visibilidad; ahora se necesitaba pedir nombres de usuario, contraseñas, permisos y etcéteras, y también aprender a usar la aplicación (*¡se creó un nuevo departamento para gestionar esto!*). Como resultado, la visibilidad disminuyó y la complejidad y los costes de transacción aumentaron. Nadie en ese momento percibió el impacto que tendría ese pequeño cambio de hábito. Las personas estaban contentas de enviar *tickets* y correos electrónicos de ida y vuelta a través de la aplicación y confiaban en que ello aumentaría su productividad exponencialmente.

Un mes más tarde abrieron dos nuevas sucursales en países cercanos, y el lunes siguiente Peter indicó que quería lograr una identidad corporativa clara en todas sus oficinas. Se estableció un nuevo departamento de alineación empresarial para reafirmar los valores núcleo existentes y asegurarse de que toda la empresa tuviese los mismos cimentos. Se generó una mayor estabilidad, que permitió a las personas comprender mejor el carácter único de la compañía y establecer una legitimación interna sobre las conductas deseadas.

Particularmente, yo había notado (cuando lo ayudé como consultor, antes de su crecimiento exponencial), que en la empresa había retroalimentación continua entre empleados y clientes; pero a medida que se iba haciendo más grande, algunas de sus vías informales de comunicación se habían homogeneizado y reemplazado por estructuras de coordinación y procesos que aumentaban la estandarización de todo lo que se hacía.

Un nuevo equipo de transformación anunció la nueva visión de cambio y estrategia organizando un pequeño evento. Luego enviaron a todos un correo electrónico con los nuevos valores y principios de la organización.

Para aumentar la visibilidad, se colgaron fotos inspiracionales en las salas de reuniones. También se adoptaron algunas reglas para cumplir con el nuevo plan de cambio y se estableció un sistema de reclutamiento con el objetivo de encontrar candidatos adecuados al nuevo perfil. En ese momento, Peter no sabía que su compañía estaba pasando por un **período de convergencia**.

¿Sabías?

Un período de convergencia es una etapa donde las organizaciones elaboran, reafirman e incrementan las estructuras existentes y sistemas de control con el fin de ofrecer una mayor alineación con sus valores y estrategias existentes.

Algunas empresas suelen confundir un período de convergencia con una transformación, pero son situaciones diferentes. Una organización tiene muchos períodos de convergencia, uno tras otro, durante su ciclo de vida, pero esas etapas no la alteran, sino que reafirman y evolucionan sus ideas iniciales.

Durante una etapa de convergencia no hay un cambio disruptivo; los valores y la mayoría de sus estrategias se mantienen intactas. Aquí, las fuerzas se mueven para **respaldar el estado actual (statu quo)**. Cada vez que comienza un nuevo período de convergencia se crean interpretaciones más sólidas de la situación actual, que comúnmente se refuerzan con nuevos procesos y prácticas.

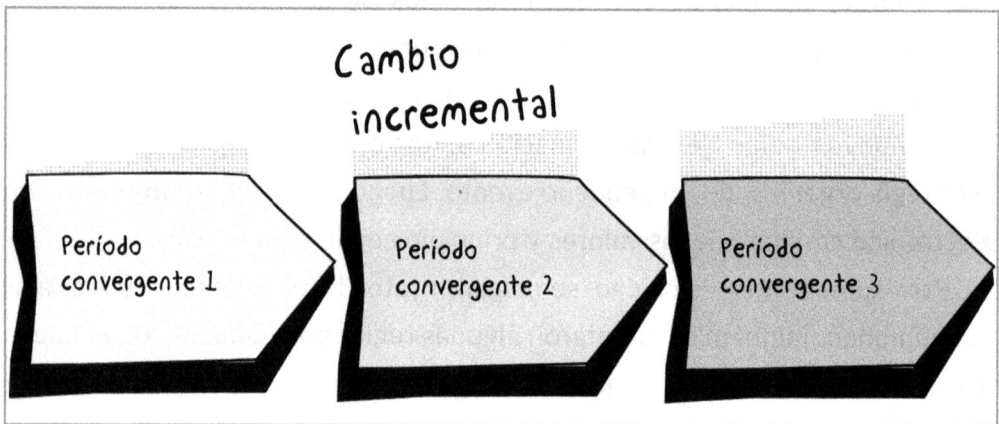

FIGURA 3.3: Un período convergente finaliza y otro comienza

Cuanto mayor sea el período de convergencia, más difícil será para un agente de cambio o cualquier otro consultor el realizar un cambio radical. Habrá más obstáculos que remover y una mayor resistencia institucional, tanto psicológica como procedural. A medida que los períodos convergentes van y vienen, el statu quo se refuerza con lo que llamamos **cambio incremental**. Este tipo de etapas en empresas tradicionales aumenta claramente las dependencias y la complejidad, pues normalmente se agregan más interpretaciones y normas después de cada ajuste. Algo similar podemos apreciar en muchos gobiernos donde existen cientos de leyes, reglas y directrices como resultado de atravesar decenas de períodos de convergencia, pero ninguna transformación real.

Para estar en mejor situación es esencial, en estos casos, *reiniciar* el sistema con el foco en la simplificación de procesos. En resumen: *en la mayoría de las empresas los períodos convergentes añaden o formalizan nuevas reglas o hábitos en torno a sus creencias iniciales.*

He visto muchos equipos cargados de burocracia, informes, métricas y directrices como consecuencia de muchos años de cambio incremental. Una de las palancas para la reducción de la complejidad son los momentos de turbulencia. Recuerdo un episodio en una compañía que estuvo a punto de perder un cliente principal. Ello trajo como resultado cierto caos institucional que derivó en el cuestionamiento de muchos de sus procesos y creencias. El resultado fue la simplificación de las formas de comunicación, sus metodologías y normas, lo que permitió recobrar al cliente.

Me di cuenta de que la única salida que tenía Peter para llevar a cabo una verdadera transformación era la simplificación de la compañía con una visión clara de cambio. A mi pesar, esto solo sucedería si él pasaba por problemas reales, como un período sostenido de bajo rendimiento o competencia alta que derivase en el cuestionamiento de sus creencias y formas de trabajo.

Una mañana leí en el periódico que un grupo de compañías estaba llegando al mercado con productos similares a los de Peter. Imaginé que la probabilidad de que sus ejecutivos recibiesen la información de esa noticia era extremadamente baja debido a que la organización había pasado por períodos de convergencia largos y exitosos. Dejé entonces que la gerencia descubriese la información, pero eso nunca pasó ya que tenían el foco exclusivamente en la mejora de sus procesos. Era abril de 2015 y debí trasladarme a Chile para ayudar a otro de mis clientes. Durante varios meses no tuve noticias relevantes sobre su empresa, por lo que imaginé que estaría bien. A mi regreso a España me sorprendió encontrarme con un Peter diferente. Había atravesado un par de etapas interesantes, y me alegré de que hubiese aprendido mucho de ellas. Inicialmente había decidido competir con otras empresas tratando de reducir los costes: contrató mano de obra barata y redujo la calidad de sus productos para salir antes al mercado. También intentó expandir su departamento de software para producir más aplicaciones, pero encontró mucha presión, escasez de habilidades, aumento en la burocracia, infelicidad, conflictos y una disminución en el valor de negocio para el cliente. No fue un buen momento para él. Pero aprendió, y mucho.

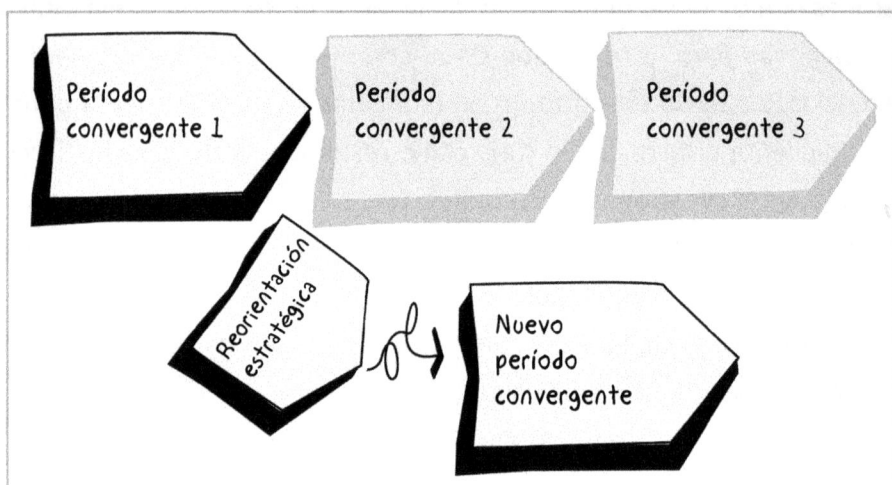

FIGURA 3.4: La reorientación estratégica lleva a nuevos perío•os convergentes

Durante el año que estuve en Chile, Peter recordó que yo le había mencionado las técnicas de *costo de la demora* (*Cost of Delay*) para la toma de decisiones y buscar la exponencialidad para aquellas áreas de su empresa que fuesen escasas (conocimiento, recursos, etc.).

Eso le ayudó a hacer una **reorientación** estratégica, que significó un corto período de **cambio discontinuo** debido a una nueva estrategia radical. Y esto derivó en un nuevo alineamiento, que produjo cierta turbulencia y alteraciones en la distribución de poder, el control, los sistemas sociales y las estructuras organizacionales.

En ese punto, comprendió el impacto que el cambio de valores y principios tenía en los pilares de una organización.

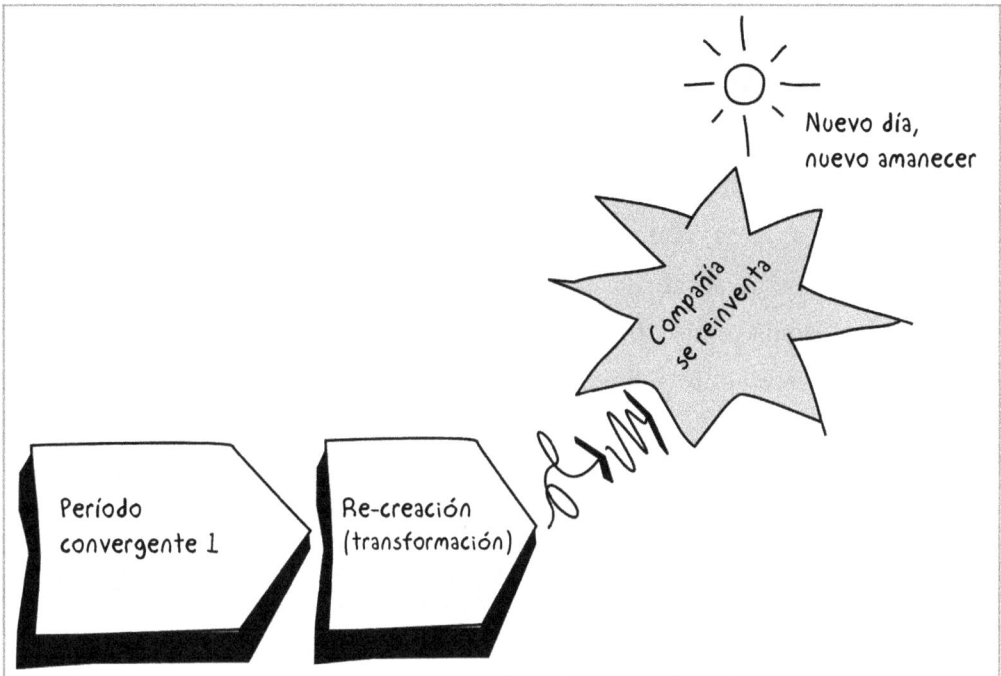

FIGURA 3.5: La compañía se reinventa luego ‹e un período ‹e re-creación (transformación)

Tuve la sensación de que Peter finalmente había pasado por un episodio emocionante de su vida: una **re-creación** (transformación). Y había sido el evento más extremo y apasionante de su empresa.

¿Sabías?

Durante una re-creación/transformación todos o algunos de los valores de la empresa cambian, lo que desencadena un efecto en cascada en los restantes pilares de la empresa. La re-creación es la forma que las organizaciones tienen para reinventarse a sí mismas. Los consultores y agentes de cambio suelen conocer esto como transformación de negocio.

Yo pensaba que Peter iba en la dirección acertada y su organización estaba evolucionando gracias a retroalimentación honesta de sus clientes y empleados. Ahora trabajaba activamente en reafirmar esos canales informales y en disminuir la complejidad de todos sus procesos, métricas y formas de interacción. A su vez, contaba con una visión de cambio poderosa que era comprendida por las personas y las motivaba a seguir adelante juntos.

Yo, ya no tenía mucho que hacer allí y me sentía feliz de haber podido ser partícipe del crecimiento y cambio en su empresa.

Alcanzando el cambio sustentable

Hay varias estrategias que puedes emplear para lograr un cambio sustentable, pero para todas ellas necesitarás contar con personas que sean capaces de conectar informalmente y analizar oportunidades o problemas desde diferentes puntos de vista.

Independientemente de lo que quieras modificar, siempre será una buena idea experimentar primero con una parte reducida de tu organización para luego expandir los conceptos. Eso te permitirá demostrar que los conceptos funcionan.

Recuerda que muchas iniciativas requieren probar nuevos valores de empresa. Para esto se requiere que las personas se sientan seguras, pero que también sean capaces de salirse de su círculo de seguridad. No tendrás certeza del éxito hasta que no hayas adquirido conocimientos mediante experimentación con hechos reales.

Si propicias las condiciones correctas en la organización, verás que las personas empezarán poco a poco a adueñarse colectivamente de tu visión y estrategia. Si todo va bien, seguramente comenzarán a pensar en expandir estas ideas a través de la empresa sin que tengas que estar constantemente empujando la iniciativa.

Me imagino que estarás preguntándote qué técnicas puedes emplear para implementar un cambio en la empresa.

FIGURA 3.6: Cuatro técnicas para transformar tu compañía

Te mostraré cuatro de estas alternativas, aunque al final del día, necesitarás emplear una mezcla de todas ellas, dependiendo de la situación en que te encuentres y de los niveles de motivación de las personas.

Realizando un cambio implementando una estrategia de arriba hacia abajo

En estos casos, verás al líder o la gerencia alta de la organización crear la visión de cambio y definir una estrategia. Esto es común cuando la toma de decisiones está centralizada en las partes altas de la compañía. Aquí, los gerentes o jefes normalmente realizan estudios previos y evalúan los beneficios, costes y áreas que se verán involucradas, y verifican el avance de la estrategia y su posterior implementación.

No es extraño que veas a las empresas más tradicionales usar el **bucle simple de decisiones** (visto en el capítulo anterior) durante las etapas de ejecución de un plan de cambio.

Imagínate que un día el director general decide que la unidad mínima de trabajo es ahora de dos personas, y que toda tarea debe ser realizada en pareja. Mi experiencia indica que este tipo de conductas es difícil de instrumentar, de forma sustentable, de un día para el otro. No obstante, debido a que el director tiene mayor autoridad, los empleados lo asimilarán como algo que se espera de las formas de trabajo y su rol en la empresa.

El mayor inconveniente en las transformaciones de arriba hacia abajo es que el cambio puede verse como una acción *impuesta* por la gerencia. Tal situación puede tener como consecuencias conflictos interpersonales y una mayor resistencia en el largo plazo. *¿Los empleados lo hacen porque lo impulsa una autoridad o porque se sienten inspirados y desean aprender y mejorar?*

La gente no se resiste al cambio. Se resiste a ser cambiada.

Peter Senge, Científico

El éxito de la iniciativa en estos casos dependerá directamente de si se gesta una relación positiva y de confianza entre quienes implementan y ejecutan la estrategia y las personas que se verán afectadas por el cambio.

Es una buena idea aquí que emplees reglas que descentralicen el control de las decisiones económicas; es decir, poner en manos de quienes necesitan cambiar la posibilidad de aprender y tomar decisiones sin necesidad de consultarte.

La empresa de aeronáutica Boeing autoriza a los operarios que trabajan en la planta de ensamblaje a realizar cambios de diseño o sustituciones de materiales del avión de hasta $ 300, siempre y cuando se pueda demostrar un ahorro de al menos una libra del peso de la aeronave. La descentralización de decisiones en estos casos incentiva la creatividad y el aprendizaje, y disminuye la presión, sobre las capas altas de la organización, de tener que supervisar todas las tareas.

La estrategia conducida desde arriba hacia abajo también te puede ser de mucha utilidad cuando necesitas adaptar la organización entera a nuevos principios, o hace falta llevar adelante modificaciones estructurales que afecten los pilares de la compañía. Pero debes tener en cuenta que no es realista que gestiones el cambio de arriba hacia abajo donde las alteraciones de mercado son constantes y los requisitos de conocimiento son difíciles de predecir.

Así es el caso del desarrollo de productos de software, donde necesitas diferentes roles y colaboración constante de diferentes áreas para crear un solo producto. Si lo piensas, aquí las intervenciones requieren del uso de habilidades claramente limitadas, o de expertos que se encuentran muy por debajo de quienes decidieron que la empresa tendría que cambiar. Generalmente ese tipo de conocimiento especializado no se encuentra en las jerarquías superiores, por lo que tomar decisiones de arriba hacia abajo aumenta, lógicamente, el riesgo.

En casos de este tipo podrás emplear otra variación de la técnica de estrategia de arriba hacia abajo, pero que utiliza un fuerte liderazgo para propiciar la autoorganización de las personas en torno a sus objetivos.

Seguro que conoces a *Steve Jobs*; dirigió el mercado de tecnologías de consumo creando dispositivos realmente excepcionales y opciones de diseño de vanguardia. Cuando Jobs lanzó iPhone en 2007, lo presentó de una forma muy particular: indicó claramente que su visión era tener un computador, software y una pantalla táctil en un solo dispositivo.

Apple raramente escuchaba a los grupos de enfoque o incluía en sus teléfonos tendencias de mercado. Steve normalmente indicaba lo que deseaba mediante una visión, pero eran los equipos quienes se autoorganizaban para establecer sus planes, estrategias de cambio y métricas con el fin de cumplir las expectativas de futuro establecidas por Steve Jobs.

Como puedes ver, un mismo enfoque puede derivar en distintas tácticas y conducir a resultados diferentes.

Si lideras con una visión clara, podrás dejar margen para que los involucrados creen su propio plan de cambio y forma de llevar adelante sus tareas mediante la autoorganización de sus labores y responsabilidades. Esto da espacio suficiente a la innovación y para que los equipos tomen decisiones y aprendan sin tener que involucrar constantemente a la gerencia.

Comenzando el cambio de lo local a lo global (abajo hacia arriba)

Aquí la gravedad funciona de forma opuesta y con reglas diferentes. Este tipo de cambio es muy frecuente en las empresas de software o fuertemente digitales. La aceleración exponencial de los mercados requiere que los equipos de software sean inicialmente el punto más cercano al cliente. Si es un departamento de tecnologías de la información., es común que emplees en estos casos el marco de trabajo de Scrum, para así impulsar varios hábitos positivos, como ser:

- ▸ Autoorganización del equipo en torno a metas y labores diarias sin necesidad del control de los jefes.
- ▸ Trabajo codo a codo con los clientes y foco en el valor de negocio.
- ▸ Definición de excelencia técnica en todo lo que se produzca.

▷ Un tiempo fijo de trabajo (no extensible) de una a cuatro semanas (Sprint).

▷ Sesiones de reflexión al finalizar cada ciclo, sobre qué se podría haber hecho diferente y puntos de acción para mejorar procesos e interacciones.

▷ Reunión diaria del equipo para promover visibilidad y coordinación entre los integrantes del equipo.

Esta forma de trabajo genera conocimiento muy rápidamente, por lo que es vista por las compañías como una plataforma hacia la transformación de toda la organización (re-creación). La comunicación constante cara a cara entre miembros de los equipos y clientes proporciona un alto intercambio de información. A su vez, la decisión bajo consenso acelera la maduración de las ideas.

Los individuos se sienten más motivados, pues son actores principales de su estrategia de cambio, lo que implica que harán todo lo que está a su alcance para lograr el éxito. Esto incluye adueñarse del perfeccionamiento y evolución de sus prácticas, procesos e interacciones. No obstante, es una realidad que la gerencia encuentra muchos inconvenientes durante los primeros meses de emplear Scrum debido a que los jefes deben dejar de controlar a las personas para centrarse en remover obstáculos.

Algunas personas quizás sientan que sufren una pérdida de poder, y pueden generarse contrariedades que te explicaré en el próximo capítulo como resolver.

Cuando se implementa Scrum o cualquier otra forma de trabajo moderna, verás que las empresas normalmente utilizan proyectos piloto, que permiten probar una idea y así disminuir riesgos. Normalmente se establece un período de prueba para que un conjunto reducido de equipos utilice las nuevas reglas, valores, principios y prácticas. Una vez demostrado su valor, se suele difundir rápidamente el conocimiento hacia el resto de la compañía.

La expansión del proyecto piloto al resto de la empresa puede variar en función del riesgo o incertidumbre sobre ese cambio. En algunos casos, el primer equipo piloto finaliza, para que luego comience el segundo grupo piloto. En otras empresas se prefiere un enfoque de superposición, es decir que el segundo grupo comienza unas semanas antes de que haya finalizado el primer piloto.

Cuando emplees proyectos piloto, recuerda tres puntos importantes a la hora de expandir al resto de la empresa lo previamente probado:

1. Ten en cuenta que este tipo de proyectos requiere personas altamente motivadas, por lo que se podría desabastecer el resto de la organización al mover esos individuos a los equipos de la prueba piloto.
2. Es buena idea emplear, en las primeras etapas, algo de automatización de procesos e inteligencia artificial, para conocer de antemano aquellas áreas o recursos escasos y comenzar a pensar cómo pasarán a ser exponenciales en un futuro cercano.
3. Al expandirse el aprendizaje de los equipos pilotos al resto de la organización, podrías replicar las restricciones existentes en esas áreas (hábitos no tan saludables que cuenta esa área) al resto de la organización. Presta especial atención a ello.

Recuerda que para un cambio exitoso requiere más que tan solo difundir rápidamente el conocimiento hacia el resto de la compañía. Ten siempre en cuenta que los esfuerzos de transformar la empresa desde las capas bajas hacia las altas (*bottom-up*) crea el enfoque y las condiciones iniciales necesarias para un cambio sustentable, pero ellas solas no son suficientes para lograrlo. Y, por sobre todo, ten presente que se necesitan altos niveles de motivación de los empleados para que las transformaciones de abajo hacia arriba sean exitosas.

Comenzando un cambio introduciéndolo poco a poco

Una alternativa es agregar poco a poco u orgánicamente las nuevas ideas, haciendo la implementación de forma orgánica. Aquí implementarás cada proceso o práctica, hasta completar una meta más grande.

Imagínate que el objetivo final es implementar un marco de trabajo que cuente con seis prácticas: introducirás una de ellas y esperarás hasta que veas que la adopción ha sido exitosa, luego proseguirás con la segunda y así sucesivamente, hasta que hayas completado el plan propuesto.

La gerencia normalmente ve con buenos ojos esta opción ya que se trata de un pequeño experimento que tendrá un alcance muy restringido y controlado. Pero debido a que la relación causa-efecto de un cambio tienden a no ser lineales, la adición de una pequeña nueva práctica podría traer consecuencias positivas o bastante negativas. Esto podría llevar a la empresa en la dirección correcta, o que se pierda la tracción de la iniciativa rápidamente.

El perder la tracción puede ser un inconveniente ya que lo que conlleva muchas veces a retornar a los viejos hábitos. Si esto ocurre, deberás analizar la causa raíz de la pérdida de motivación y reformular tu plan, o utilizar la técnica de microhábitos que verás más adelante.

Puedes crear un cambio orgánico cuando no hay un sentido claro de urgencia, si el riesgo de implementar todo al mismo tiempo es elevado, o si necesitas experimentar con algo muy pequeño porque no conoces si ello solucionará el problema. En todos los casos requerirás de métricas claras que te permitan detectar un retroceso tan pronto como suceda.

Realizando un cambio empleando microhábitos

Los microhábitos son acciones que requieren muy poco esfuerzo, o motivación mínima, para ser completadas. La idea es que, a través del tiempo, varios microhábitos se construyan lentamente sobre sí mismos hasta dar como resultado algo significativamente más grande. La belleza de un microhábito es que puedes obtener un impacto enorme sin necesidad de emplear grandes cantidades de energía, planes o coordinación. Esto se debe a un interesante fenómeno psicológico, el **impulso conductual**, del que te hablaré más adelante.

Una vez que comienzas a emplear microhábitos, tendrás la posibilidad de construir costumbres más saludables.

Algunos años atrás enseñé siete técnicas sencillas para que los propietarios de producto (*Product Owner*) pudiesen decir "no" indirectamente a sus clientes o partes interesadas, y un pequeño microhábito que las reafirmaba. Ese pequeño cambio logró que disminuyesen las colas de requerimientos innecesarios, aumentase la moral de los equipos y adicionalmente se tuviese más tiempo para la innovación *¡Un pequeño hábito con un gran impacto!* Te contaré más sobre la técnica de microhábitos en el próximo capítulo.

Los microhábito también son de utilidad para ayudar a tomar decisiones personales en culturas donde las personas tienden a tomar siempre decisiones grupales.

Como pudiste aprender en este capítulo, el compromiso de los empleados es necesario para un cambio incremental y sostenible. Recuerda que *Incremental* implica que se cuente con un hilo argumental claro entre la progresión de los distintos planes (que se apoyen unos a otros), así como una conexión con la visión. Sostenible quiere decir que no serás tú quien tendrá que empujarlo cada día, sino que las personas motivadas se adueñarán del plan de cambio y la harán crecer y evolucionar.

Al final del día y sin importar la técnica que emplees, tendrás que poder demostrar que toda iniciativa de cambio pueda ser rentabilizada fácilmente. Y para ello te sugiero seguir las siguientes 7 recomendaciones, las que harán posible que puedas crear tu propio marco de trabajo:

1. Si comienzas con proyectos piloto, asegúrate de contar con varios días destinados a despegar la iniciativa (*lift-off*).
2. Asegúrate de hacer **visible el aprendizaje y también su beneficio económico**. Te será más fácil si lo que escoges se traduce tanto en una ventaja económica para la empresa, como también en una forma de probar las nuevas ideas, valores o formas de trabajo.

3. Facilita para que el proyecto piloto sea una oportunidad para **demostrar** qué cosas se podrían **automatizar** o apoyar con inteligencia artificial para convertir los recursos limitados o escasos (lineales) en exponenciales.

4. Durante la primera etapa, céntrate en **remover** aquellos **obstáculos** locales para facilitar la experimentación. Puedes también expandir tu idea a un par de equipos más para asegurarte de que vas por el buen camino.

5. **Usa a tus clientes tanto como puedas**; son una enorme red de cerebros que pueden darte valiosa retroalimentación, pensar soluciones y ayudarte a detectar carencias en tu estrategia.

6. Cuando **expandas los nuevos procesos**, marcos de trabajo o cualquier otra solución al resto de la empresa, focalízate en los **problemas de alta prioridad**. Comienza removiendo los bloqueos que restringen a la organización competir o adaptarse mejor a los mercados.

7. Céntrate al final en acelerar aquellas áreas de la empresa que hagan posible **desarrollar las capacidades para que tu iniciativa sea sustentable** en el largo plazo. Ello puede incluir cambios en las infraestructuras o empleo de una tecnología en particular para acelerar el conocimiento.

Una buena estrategia de cambio necesita también que comprendas la forma en que las personas actúan ante el cambio. Por ello que el próximo capítulo te enseñará técnicas claves de cambio relacionados con neurociencia, psicología y patrones organizacionales.

Lo que has aprendido

☑ Cómo crear una visión de cambio poderosa.

☑ Las características del sentido de urgencia y aprendizaje.

☑ Técnicas para crear una visión de cambio de forma colaborativa.

☑ El rol del patrocinador y el equipo de transformación.

☑ Las diferentes formas de compromiso en los empleados.

☑ Diferentes tipos de estrategias para implementar un cambio.

1. ¿Qué tipos de mensajes deberías incluir en tu visión de cambio para hacerla poderosa?

_____

_____

_____

2. ¿Cuáles son algunas responsabilidades del patrocinador de una iniciativa de cambio?

_____

_____

_____

3. ¿Cómo se puede crear el sentido de urgencia?

_____

_____

_____

4. ¿Cuáles son algunas de las tareas que debería hacer un equipo de transformación?

_____

_____

_____

Preparando tu mente para el cambio

CAPÍTULO 4

Somos lo que practicamos una y otra vez. La excelencia no es entonces un acto único, sino que es un hábito.

Will Durant, Filósofo (basada en Aristóteles)

Felicitaciones, has establecido un nuevo marco de trabajo en tu compañía y ahora todo se centra en liderar con conceptos, prácticas y procesos innovadores. Tu organización comienza a tomar decisiones basadas en valor de negocio, todo el mundo está alineado con los principios y nuevos hábitos, y la mayor parte de las iniciativas parecen ir bien encaminadas. Repentina e inexplicablemente, se comienza a perder tracción. Decides hablar con los miembros de los equipos, pues crees que se debe a falta de conocimiento o comprensión de los ingredientes necesarios de una empresa exponencial.

Para tu sorpresa, ellos efectivamente conocen sobre el *aceleramiento exponencial de los resultados*, dominan técnicas para analizar problemas complejos, son casi expertos en las formas de pensamiento o marcos de trabajo (Agile, Scrum, Lean, eXtreme Programming, etc.) y tienen el apoyo de la gerencia. También saben que transformar la compañía ha dejado de ser opcional y es ahora un requerimiento imperativo de negocio, y que deberán cambiar tantas veces sea necesario. Pero la tracción de las iniciativas sigue a la baja y te preguntas qué podría andar mal.

Déjame darte un ejemplo. Recuerdo un alto cargo de una compañía que ayudé algún tiempo atrás, quien decía: *"La lógica siempre prevalece y las personas modificarán su opinión si se les muestra evidencia y una buena razón para hacerlo".* Esta creencia daba como resultado reuniones con sillas vacías debido a que sus empleados estaban ausentes y atareados tratando de apagar un "fuego" de último minuto.

Es que no es posible emprender un plan exitoso para alterar las formas en que las personas trabajan o piensan si no tienes en cuenta que nuestros cerebros no están construidos para aceptar fácilmente el cambio, o incluso la información contradictoria.

Un lunes por la mañana me dirigía a realizar un seminario en un evento de Agilidad en Austria. A serte honesto, siempre me ha disgustado levantarme muy temprano, y suelo no prestar mucha atención a lo que me rodea hasta pasadas algunas horas. Recuerdo que el avión iba lleno y había mucho bullicio. Comenzaba a concentrarme en el material de mi presentación, cuando escuché unas voces y un tema que me parecía interesante.

A mi lado, cuatro personas discutían fervientemente sobre derechos humanos, Trump, la situación en Europa y en Cataluña. Cada uno tenía su punto de vista muy marcado y bien formado, y se apoyaba en información que parecía realista y concreta. La conversación no tardó en derivarse hacia otras geografías, como Corea del Norte y Estados Unidos; luego al 11S, la teoría conspirativa de las torres gemelas y los explosivos supuestamente introducidos por el gobierno en sus garajes, hasta llegar al tema de que el hombre nunca había llegado a la luna.

Al principio, la conversación parecía tener un hilo racional, pero poco a poco fue fluyendo en una dirección diferente. Comenzaron a argumentar que en las fotos donde aparecía *Armstrong* no había estrellas, que las ondas que mostraba la bandera no eran factibles porque no había viento, que las sombras de los astronautas no eran reales. Cuantas más pruebas *"científicas"* introducía uno de ellos, más eran los argumentos de los demás para rebatirle. Fue aquí cuando, pese a que no soy excesivamente sociable en las mañanas, decidí realizar una pequeña intervención antes de que llegasen a la parte donde *Walt*

Disney había sido el productor de la filmación, lo que conllevaría al próximo tema (que el cineasta se encontraba congelado en alguna base secreta de los Estados Unidos cercana a *Roswell*).

> *Debes tener cui·a·o ·e no creer en las cosas simplemente porque quieras que sean ciertas. ¡Na·ie pue·e engañarte tan fácilmente como pue·es hacerlo tú mismo!*

Richard Feynman, Físico

Yo contaba con un dato irrebatible... en la luna se encuentra un reflector láser (*Laser Ranging Retro-Reflector* o *LRR*) instalado por el Apolo 11 durante su estancia. Su objetivo principal es reflejar un haz de luz disparado desde la Tierra para poder medir la distancia entre ambos astros. De más está decir que este panel se ha venido utilizando desde hace más de 4 décadas y continúa activo sin ningún inconveniente.

Luego de escucharme atentamente, las personas distaron mucho de estar convencidos y me rebatieron rápidamente con decenas de nuevos argumentos. Ahora se incluía que nadie habría podido filmar a Armstrong ya que las cámaras se hubiesen fundido por la radiación, o que el retraso en las comunicaciones era inferior al que debería haber sido.

¿Cómo era posible que la lógica no prevaleciera y que las personas no cambiaran de opinión al escuchar mis palabras? Y es que no tuve en cuenta que varias encuestas muestran que entre el 6 y el 20% de los americanos, 25% de los británicos y 28% de los rusos creen que el ser humano nunca llegó a la luna. Entonces recordé algo que había visto en las empresas durante años: **los argumentos racionales no son muy eficaces a la hora de alterar las creencias o los comportamientos de las personas.** Tengo algo de experiencia al respecto. Entre otras cosas, ello se debe a que nuestro cerebro racional está equipado con

mecanismos neurológicos evolutivos no demasiado avanzados, que perciben como una amenaza toda información opuesta a las creencias personales.

Utilizamos inicialmente formas de razonamiento aprendidas durante la infancia, y luego las aplicamos para guiar nuestras opiniones durante el resto de la vida. Cuando escuchamos información contradictoria que atenta contra nuestros dogmas, la mente, en vez de aceptarla, se dedica a buscarle fallos o inconsistencias para crear argumentos en contra, en vez de establecer nuevas conexiones cerebrales que permitan desarrollar otras formas de razonamiento. Esto es lo que llamamos **sesgo de confirmación**, y es una forma particular en la que funciona tu cerebro para obtener conclusiones. Esto fue inicialmente demostrado en los años 60 por *Peter Wason*, psicólogo cognitivo de la Universidad de Londres. Déjame contarte de qué se trata.

El sesgo de confirmación es el proceso de realizar una recolección selectiva de evidencia para afirmar una posición en particular. Muchos empleados o grupos tienden a favorecer información que confirme sus ideas preconcebidas o hipótesis, independientemente de su exactitud. En las empresas lo vemos todo el tiempo y de diferentes formas: un equipo que no habla con el cliente pero que toma decisiones sobre lo que podría gustarle o disgustarle del producto, un Product Owner que crea varios perfiles de usuarios y toma decisiones sin retroalimentación cara a cara con los clientes, o la obtiene cada varios meses.

También observamos el sesgo de confirmación en discusiones: alguien que intenta liderar a otras personas empujando la idea de que su proceso, marco de trabajo o cualquier otra cosa es mejor (ej. *Agile vs. Waterfall, SAFe vs. LeSS*, etc.). Pero volviendo a mi historia del avión, imagino que te intrigará saber por qué surgen las teorías conspirativas. Esta explicación podrá ayudarte a comprender cómo liderar mejor una compañía.

Tenemos la necesidad de tratar de crear en nuestra mente una estructura clara cuando observamos el mundo que nos rodea, y a la vez tratamos de confirmar nuestras creencias en todo lo que vemos. Con esto podemos predecir patrones y comportamientos en los demás y saber cómo actuar en el corto y mediano plazo, pero también puede ser una trampa si no somos conscientes de ello. El sesgo de confirmación ayuda a que las personas se sientan más seguras y minimiza la activación del área de tu cerebro que se encarga de detectar amenazas (amígdala cerebral). Y ello puede ser un inconveniente ya que no te permita juzgar imparcialmente la información que tienes delante tuyo. Ten presente que el sesgo de confirmación es la tendencia humana a buscar, favorecer y usar información que confirme sus opiniones preexistentes.

Venciendo el sesgo de confirmación

Sin importar el país, tamaño de la empresa o cultura, siempre hay un factor que condicionaEl sesgo de confirmación evidentemente puede no ser una ventaja en compañías donde hay que tomar decisiones frecuentes como resultado de los cambios constantes de los mercados. Una buena idea para vencer este sesgo es utilizar un tipo diferente de preguntas.

Para que tengas una historia más de mi parte... la gerencia de una organización estaba considerando lanzar un nuevo producto estrella para tratar de mantener su posición de privilegio. Convencieron al resto de la compañía de realizar estudios de mercado para explorar su viabilidad. Unos días más tarde se habían organizado encuestas, grupos focales y análisis competitivos.

Mi percepción fue que la decisión era claramente emocional y que, con el fin de confirmar sus creencias, los responsables ni siquiera sabían que sus puntos de vista y acciones estaban siendo influenciadas fuertemente por sus sentimientos. El equipo de investigación de mercado inició sus tareas empleando preguntas que habían recomendado los gerentes y que estaban sesgadas, y ello trajo como consecuencia que los resultados fuesen los esperados y confirmasen la hipótesis inicial. *¿Cómo podrías entonces minimizar el sesgo de confirmación en tu compañía?*

La forma en la que haces las preguntas y la forma en que mides los resultados tienen parte de la respuesta. Por ejemplo, en lugar de preguntar *¿Crees que _____ es una buena idea para el producto o servicio? ¿Te interesaría?* Puedes solicitar a los consumidores que clasifiquen las características de su servicio ideal, para así descubrir sus preferencias. Otra opción sería que alguien del equipo desempeñe activamente el rol del abogado del diablo, y que otro cubra los puntos de vista que el grupo no suele utilizar. Pero para ello, se necesita saber primero que perspectivas no se emplean frecuentemente o cuales se favorecen más ante una situación particular.

El sesgo de confirmación puede estar presente en cualquier parte de la organización. Por ejemplo, durante un proceso de selección de personal, alguien de Recursos Humanos se sienta con el candidato y le pide que *venda* sus aptitudes a la compañía. Si este encaja, entonces es posible que le hagan algunas preguntas que apunten hacia las respuestas esperadas: *¿Cómo te desempeñas bajo estrés? ¿Me puedes dar un ejemplo?*

Lógicamente se espera que la persona brinde respuestas que apoyen positivamente las preguntas, ya que el trabajo seguramente tenga altos niveles de estrés. En estos casos, para disminuir el sesgo de confirmación, es necesario cambiar las formas de hacer las preguntas. Una de mis técnicas favoritas es utilizar el escenario opuesto: *¿Por qué crees que no eres la persona para este trabajo?, ¿A qué se debería que este producto fallara al salir al mercado?, ¿Qué odias de nuestro servicio?*

Cambiar el enfoque a preguntas más abiertas permite al cerebro razonar de una forma diferente. Las preguntas que comienzan con *cómo* pueden ser, también, una alternativa (*¿Cómo crees que puedes ayudar a nuestra empresa?*).

Ten en cuenta que el sesgo de confirmación es extremadamente difícil de superar, tanto en tu vida personal como profesional. A las personas no les gusta estar equivocadas; nuestras mentes siempre buscarán evidencias para demostrar que el camino que se desea escoger es el correcto, y que cualquiera que no esté acuerdo estará medianamente equivocado.

La neurociencia aplicada al cambio nos ayuda a entender los procesos e influir en los patrones mentales, para permitir a los líderes, agentes de cambio y consultores a tomar mejores decisiones durante una transformación.

Cambio y aprendizaje en empresas tradicionales

En muchas compañías se cree que dar más información ayudará a que las personas hagan mejor su trabajo y tomen mejores decisiones, pero esto es parcialmente cierto. Para empezar, no estamos bien diseñados para adquirir conocimientos que pueda alterar nuestra forma de razonamiento, o los comportamientos asociados. Es todo un reto hacer que un grupo de individuos adquiera nuevos hábitos. Nos encontramos preparados para un mundo de evolución lineal y progresiva, donde un hecho lleva a otro y el descubrimiento de algo no es más que la acumulación de eventos previos. Hemos vivido así por muchas generaciones y es lo que nos han enseñado desde que éramos pequeños. Todos llevamos nuestra mochila de la infancia (lo que aprendimos cuando éramos niños), que impregna esa forma de razonar en nuestras creencias y comportamientos como adultos. A excepción de las situaciones inusuales, como un desastre natural u otro evento con un claro sentido de urgencia que te haga cambiar abruptamente los hábitos, emplearás reglas aprendidas durante la niñez para darle sentido al conjunto de las decisiones que tomas diariamente. Aquellas situaciones que no acompañan tu forma de pensamiento son consideradas por tu cerebro como una amenaza. Pero esa resistencia no la percibes directamente, sino que es subconsciente, y se reflejará en tu parte consciente en forma de argumentos que parecerán coherentes y bien fundamentados. Estarás de acuerdo conmigo si te digo que cuando tratas de liderar un cambio en una organización, la mayor parte de la resistencia y fricción proviene de causas que no puedes explicar en su totalidad. Entonces, se tiende a simplificar el problema e intentar resolverlo como si fuese una situación complicada, aunque en realidad es *compleja*. Las tácticas tradicionales de gestión del cambio de los años '80 se basan más en el entrenamiento de obediencia que en la psicología y la neurociencia. Los líderes prometen bonos y promociones a aquellos que estén de acuerdo con el cambio (la zanahoria) y castigan a quienes no hagan su trabajo u obtengan ciertos resultados no tan deseables (el palo). Los resultados de varias investigaciones realizadas por la consultora *McKinsey* nos muestran que alrededor del 70% de las iniciativas de cambio fracasan. *¿Por qué?*

¿Cómo puedes hacer que sean más exitosas? Pocas veces se evalúa la conexión entre un cambio (o una decisión) en la empresa y cómo los procesos cerebrales producen hábitos saludables. Esto es clave para que comprendas de dónde proviene mucha de la resistencia institucional y las disfuncionalidades que encuentras cada día en los equipos. La neurociencia de cambio ofrece una ventana de posibilidades para que puedas ayudar a las personas a ser más conscientes de sus carencias, tomar mejores decisiones y estar más abiertas a aprender, evolucionar y adquirir hábitos saludables que acompasen los requerimientos de una empresa ágil y moderna.

Las claves del éxito

Sin importar el país, tamaño de la empresa o cultura, siempre hay un factor que condicionará el éxito de tu próxima iniciativa de cambio *¿Puedes imaginarte cuál es?*

Las iniciativas de cambio requieren ciertos ingredientes para que los comportamientos deseados se conviertan en exponenciales; es decir, para que las personas ofrezcan baja resistencia al cambio y estén abiertas a nuevas ideas y tengan actitudes positivas y proactivas al aprendizaje. Pero también para que estén dispuestas a modificar sus formas de pensamiento cuando encuentren información que contradiga sus creencias o modos de razonamiento. En parte de este capítulo y el que viene te explicaré los motivos por los cuales esto es así.

Déjame clarificar la distinción entre *exponencial* y *contagioso*. En una compañía donde el cambio es contagioso, los departamentos cercanos (no involucrados en el cambio) observan a los primeros y adoptan o copian algunas de sus ideas o procesos. Si encontrasen algo interesante o de utilidad, ellos lo adicionarán a su caja de herramientas como una nueva habilidad. Pero ten en cuenta que los mecanismos contagiosos se vuelven muy complejos si los tratas de utilizar para expandir una práctica, técnica o marco de trabajo a todo el resto de la empresa.

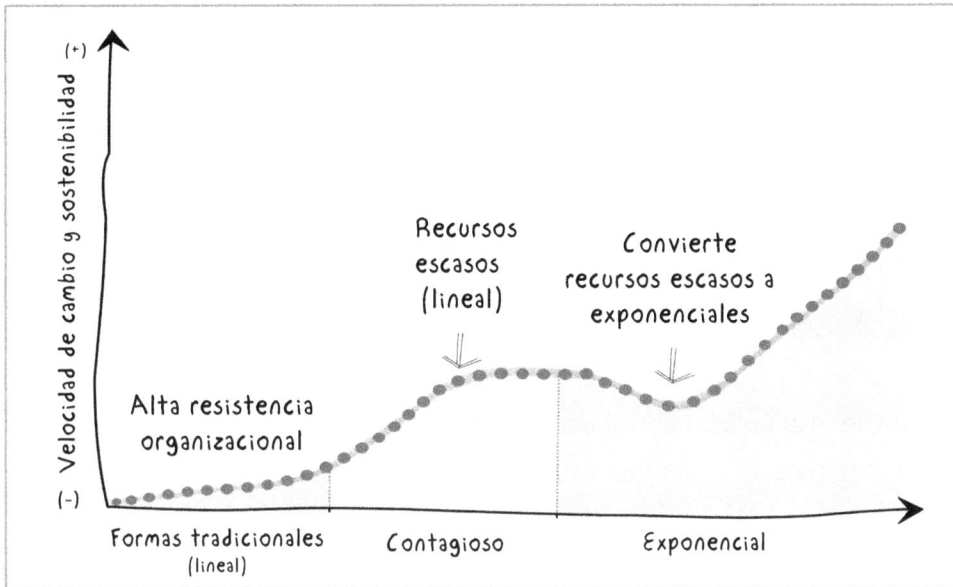

FIGURA 4.1: Diferentes formas ‹e realizar un cambio y su sostenibili‹a‹

En una transformación de negocio donde el **cambio es exponencial**, el resultado es diferente. Aquí, las personas de los departamentos que rodean a quienes están cambiando sentirán que sus formas están caducas. Desearán fervientemente copiar, entender, adueñarse y evolucionar lo que hacen los primeros. Sentirán que no es posible vivir más tiempo de la misma forma, que su mundo ha cambiado y que se ha abierto una puerta que conduce a una mejor forma de vida individual y grupal dentro de la organización. Para lograr esto, el foco debe ser puesto en ayudar a evolucionar a todas las mentes de la organización y no únicamente algunos departamentos de la empresa. Las personas deben poder alcanzar un estado de bienestar continuo pese al cambio constante. Muchas organizaciones comienzan perfeccionando y haciendo más adaptables sus procesos de software (**Agilidad técnica**). La creencia aquí es que esto hará posible construir una empresa más flexible y sensible a las disrupciones del mercado. Pero si bien es una buena estrategia inicial, no es suficiente para aumentar la capacidad de adaptación de la compañía (**Agilidad Empresarial** o Business Agility).

Para poder acelerar el cambio, es indispensable la mejora continua de:

Agilidad técnica – Poder cambiar el software de la forma más rápida, económica y segura posible.

Agilidad estructural – Cambiar las estructuras/procedimientos de la organización efectuando experimentos procurando no afectar la salud de la organización.

Agilidad de resultados – Continuar entregando resultados incluso en tiempos turbulentos, para así responder a las condiciones cambiantes del mercado.

Agilidad social – Las personas, en entornos que cambian rápidamente, son capaces de conectar bien entre sí, con los clientes, o con los socios de negocio, logrando de esta forma un alto rendimiento colectivo.

Agilidad mental – Los individuos son capaces de replantear los retos para encontrar nuevas soluciones, incluso en momentos de alto estrés.

Si el cerebro no es capaz de aceptar las situaciones y realidades emergentes (**Agilidad Mental**), raramente los empleados podrán adaptarse a las nuevas condiciones de mercado. Las personas deben poder buscar cada día (cuando el contexto cambie), hábitos o micro-hábitos más simples e innovadores que permitan conectar mejor entre sí, con los clientes, y con los socios estratégicos (**Agilidad Social**). La empresa, en su totalidad, debe ser capaz de continuar experimentando y entregando resultados, incluso en momentos de alta turbulencia (**Agilidad de resultados**).

FIGURA 4.2: *Diferentes tipos ᵼe agili ⁄ aᵼ, Erich R. Bühler*

Poder inspeccionar y evolucionar los roles y procesos de forma activa y colectiva (**Agilidad Estructural**) es también esencial para apoyar la entrega continua de resultados. Los procesos deben ser apoyados por nuevas tecnologías que permitan minimizar o empoderar aquellos recursos limitados de la organización para convertirlos así en exponenciales.

Las sinergias producidas ayudan a mejorar los flujos de conocimiento e innovación, hacen posible incrementar la agilidad empresarial, y facilitan el cambio de las personas y los productos. Cuando la transformación se convierte en exponencial, las personas están motivadas y son ellas quienes empujan los nuevos pequeños hábitos (microhábitos), quienes desean compartir sus experiencias y tienen sed de aprender más y cambiar. Pero también, encuentran que las prácticas o procesos que utilizan localmente podrán ser expandidos al resto de la empresa, sin restricciones. Y esto es así incluso para el caso que la compañía o el tamaño del equipo crezca abruptamente.

¿Sabías? Un microhábito es una pequeña acción que requiere de un mínimo esfuerzo o motivación para ser completada y que se asocia con un hábito existente. La acumulación de microhábitos puede traer impactos positivos importantes. En general, un microhábito no toma más de un segundo en ser iniciado y 60 segundos en ser completado, y se repite una y otra vez durante el día. Es una técnica fundamental para hacer que un plan de cambio sea exponencial.

El **cambio exponencial** facilita el encontrar soluciones que hagan posible convertir aquellos recursos limitados o formas de trabajo lineales de difícil expansión, en nuevas formas que sean fácilmente escalables. Y ello conllevará a que las personas se sientan cómodas con los cambios constantes. Hay iniciativas dónde se intenta expandir un marco de trabajo al resto de la empresa empleando pensamiento lineal. Ello trae como consecuencia que los procesos no puedan adecuarse a medida que se incrementa el número de quienes los usan. Es entonces necesario que comprendas cómo el cerebro procesa, acepta el cambio y regula o adiciona nuevos hábitos y comportamientos ante sitios donde hay cambios constates.

La ciencia detrás del cambio

En los últimos años, algunas tecnologías de análisis cerebral tales como la electroencefalografía, la magnetoencefalografía y las imágenes de resonancia magnética funcional, nos han permitido rastrear cómo la energía de un pensamiento atraviesa el cerebro, de la misma forma que se puede rastrear la sangre que fluye a través del sistema circulatorio. Podemos también ver distintas áreas iluminadas según los tipos de pensamiento.

Esta base científica nos ayuda a comprender más sobre cómo reaccionamos ante el cambio, y da sustento al nuevo estilo de liderazgo necesario para hacer frente a la era de los resultados exponenciales. Pero también nos acerca un poco más a entender los mecanismos y la forma en que las personas reaccionan mejor ante las transformaciones empresariales.

¿Sabías?

La neuroplasticidad es el *músculo* del cerebro que hace posible mejorar lo que se hace y se piensa mediante la generación de nuevas conexiones neuronales. Se da normalmente como el resultado del aprendizaje, nuevas experiencias o *reframing*. De acuerdo a la teoría hebbiana, las conexiones pueden volverse más fuertes o débiles, dependiendo de la frecuencia con que se lleve adelante el proceso de pensamiento.

La neurociencia de cambio y la comprensión de cómo procesamos las ideas y tomamos decisiones es vital para crear una nueva forma de gestionar la organización, más simple y mucho más flexible. Es necesario que puedas identificar técnicas y enseñar a las personas cómo adquirir hábitos que ayuden a establecer nuevas conexiones cerebrales, reconectar las conductas existentes de manera distinta y desarrollar conocimientos en un entorno que sea percibido como seguro y positivo. Es lo que llamamos **neuroplasticidad**, y se define como el arte de adquirir nuevas conexiones neuronales que den como resultado nuevos hábitos y comportamientos.

La neuroplasticidad ayuda a las personas, ineludiblemente, a evolucionar y razonar de forma diferente. Hay evidencia que nos indica que trabajar en compañías donde las tareas desafían a los individuos y son hechas colaborativamente, ayuda a mantener la neuroplasticidad de los empleados.

Los agentes de cambio, consultores, *coaches* o líderes deben centrarse en la creación de oportunidades para que la gente aumente su neuroplasticidad. Así, las personas estarán más motivadas a aprender y buscar activamente cómo evolucionar la forma en que interactúan y razonan.

Tu plan de cambio (lo que incluye su estrategia, entrenamiento, implementación, etc.) debe tener desafíos, hacer que se tomen riesgos e incluso incomodar a las personas, para que finalmente sean capaces de tener éxito con esas experiencias. Analizar las situaciones desde varios puntos de vista ayuda a crear nuevas conexiones neuronales; por eso la toma de decisiones colaborativas también incentiva la neuroplasticidad.

Los proyectos piloto son un ejemplo de ello, ya que hacen posible a los empleados experimentar nuevas emociones, ideas, procesos, valores o principios en un espacio controlado y seguro.

El poder de las emociones en las decisiones

Durante una transformación de empresa, es habitual que el cerebro de alguno de los empleados que te rodean crea que el nuevo plan presentado por la gerencia pone en riesgo su puesto de trabajo y prestigio en la compañía. Este proceso de pensamiento hará que toda la información que evalúe en las semanas posteriores sea catalogada negativamente. *¡Y todo esto sin que ella misma lo sepa!*

Tu cerebro tiene las emociones conectadas al mismo canal por el que fluye la información de toma de decisiones (*sistema límbico*). En otras palabras, **tus pensamientos y acciones se colorean o sesgan por las emociones que sientes**. Este fenómeno tan particular hace que algunas cosas que observes se vean mejor de lo que realmente son, o que las veas como verdaderamente miserables.

La capacidad de tener una postura casi instantánea en una situación particular ha sido un elemento fundamental para la supervivencia evolutiva. Primero reaccionamos a una situación, y luego la analizamos. Esa primera reacción colorea automáticamente y, sin que lo sepas, influencia la forma en que procesarás la información que venga a continuación. Está claro que tal procedimiento puede ser de utilidad si te encuentras en la puerta de una caverna y descubres repentinamente que hay un oso enfrente de ti, pero no es una ventaja si debes reaccionar pacientemente a una situación de estrés en la empresa.

Déjame ponerte un ejemplo. Te encuentras en una sala de reuniones, entra el gerente de la organización y te explica un problema delicado. Antes de que las ideas se hagan conscientes en tu mente, tu cerebro ya habrá tomado una postura inicial basada en tus emociones. Y esto también es cierto en el diseño de productos. Un cliente preferirá una característica funcional de un producto que cree una mayor carga emocional, que otra que contenga menos emociones.

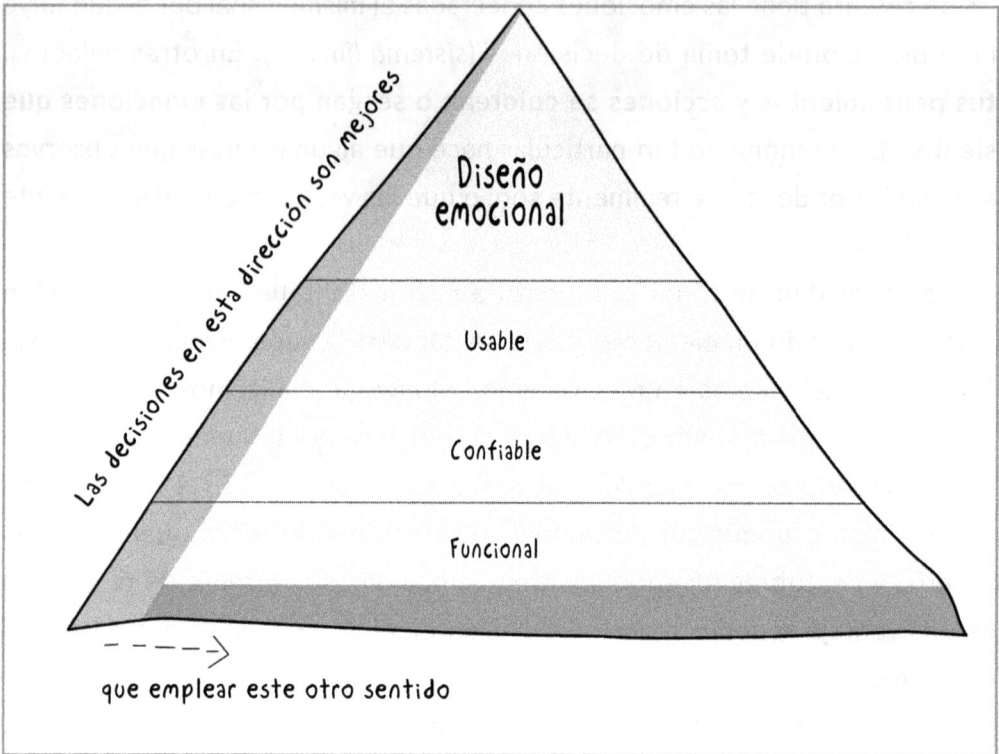

Diseño
emocional

Usable

Confiable

Funcional

Las decisiones en esta dirección son mejores

- - - - →
que emplear este otro sentido

FIGURA 4.3: *Emociones en incremento mínimo ⋅e pro⋅ucto (Minimum Pro⋅uct Increment). Fuente:*
Aarron Walter

Queda claro, entonces, que la **lógica solamente entra en juego si la emoción se lo permite**; y debes tomar esto en cuenta a la hora de liderar una estrategia de cambio. Por eso, cuando una iniciativa tiene un propósito claro y las personas se divierten desde el comienzo, ese estado positivo hará que todos estén felices y empujen en la misma dirección. Y todo esto ocurrirá incluso antes de que sean capaces de reflexionar sobre las ideas.

Involucrar a los empleados en las decisiones, que se puedan auto-organizar en torno a sus tareas, y tener conversaciones claras sobre sus preocupaciones, expectativas y desafíos es un factor importante. Y aquí, nuevamente, la forma en que haces las preguntas iniciales influirá en todo lo demás: *¿Cuál es el desafío personal que tú ves en este plan/iniciativa/etc.?*

Esto no solamente permite hablar sobre las dificultades de la organización, sino que también ayuda a conectar las emociones con la iniciativa y poner las mentes en un estado receptivo.

Investigaciones realizadas por la consultora Gallup y otros, nos han confirmado que existe una relación clara entre las emociones y el compromiso adoptado por los empleados en un proyecto, pero también entre los niveles de cooperación y su resistencia. Es entonces que **necesitas incluir en tu estrategia de cambio las estructuras necesarias para apoyar el papel de las emociones**, y que estas se puedan asociar claramente con las metas y objetivos.

Neurociencia aplicada al cambio

Veinte años atrás no se hablaba mucho de empresas digitales, no había roles especializados en transformaciones *Agile*, ni decenas de conferencias sobre el tema. Debido a que yo, en el año 1990, pasaba diariamente largas horas delante de un computador escribiendo el primer libro sobre Microsoft Visual Basic .NET en español, pensé que sería buena idea aprender algo diferente y aumentar mi movilidad diaria. Así fue que durante varias mañanas de ese verano tomé clases de windsurf.

Esta nueva actividad me permitía emprender un desafío y pensar en otras cosas no relacionadas con el desarrollo de software.

Cada día, antes de salir al mar, nos reuníamos en la playa con el entrenador y repasábamos la teoría acerca del protocolo necesario, así como las acciones indispensables en caso de emergencia. Por suerte, el Río de la Plata no ofrece mayores corrientes marinas; eso lo hace accesible a novatos como yo. En mi segundo día, ya sabía cómo armar la vela y hacer diferentes nudos para ajustar las partes de la embarcación. El tercer día nos metimos al agua e hicimos las primeras prácticas. El instructor me enseñó cómo subir mi torso a la tabla y mantenerlo allí durante algunos segundos.

Para un principiante como yo era realmente difícil, pues las olas movían la embarcación en distintas direcciones, dificultándome mantener el equilibrio. Pero apenas unos días más tarde, todo me parecía mucho más sencillo, y se sentía como una recompensa a mi esfuerzo.

Algo que me llamaba poderosamente la atención era la sensación de cansancio mental extremo que experimentaba al finalizar cada sesión. Al emprender una nueva actividad, la parte del cerebro que está detrás de tu frente (**corteza prefrontal**) necesita realizar un esfuerzo considerable para comprender y aprender lo que estás haciendo. Pero esta misma corteza prefrontal es también la sección más avanzada de tu cabeza, que procesa ideas y te permite obtener conclusiones elaboradas.

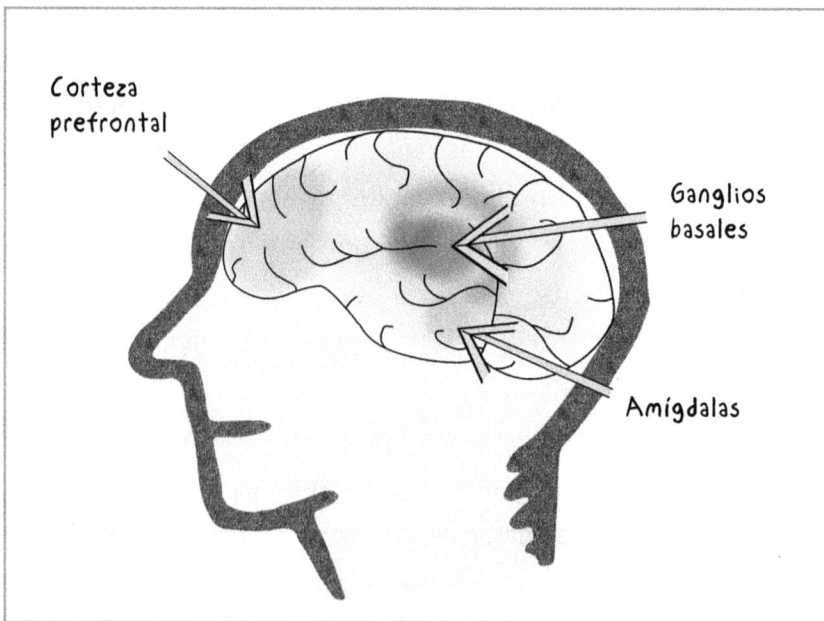

FIGURA 4.4: El cerebro humano

Sin importar si se trata de algo tan intangible como un proceso nuevo en tu empresa, un lenguaje de programación, una técnica de programación o una actividad física, la corteza prefrontal consumirá una enorme cantidad de oxígeno cuando se enfrente a ese desafío. Por eso te sentiste muy cansado los primeros días de tu nuevo trabajo, o cuando tuviste que modificar la rutina de tus tareas. Así que es importante que entiendas que, durante un período de cambio, las personas tendrán mucho más desgaste y, en algunas ocasiones, su motivación bajará debido al cansancio.

Mi progreso por ese entonces iba a pasos agigantados, me parecía sencillo pararme sobre la tabla y hasta conversar con mi instructor mientras realizaba las maniobras. Practicaba la misma acción una y otra vez, y eso llevaba a que las conexiones neuronales comenzasen a hacerse cada vez más fuertes y que empezasen a *recordar* con facilidad cómo emparejarse con otras y obtener el resultado correcto. En estas situaciones, se activa el **hardware de tu cerebro** llamado **ganglio basal**, que es el encargado de almacenar la experiencia como si fuese un disco rígido. El ganglio basal se encuentra en la parte central de tu cerebro y se caracteriza por consumir muy poca energía. Como consecuencia, una vez automatizadas las tareas, te sientes más aliviado y las puedes llevar acabo casi sin pensar.

Pero mi gran desafío comenzó cuando tuve que aprender a ponerme de pie sobre la tabla, mantener el equilibrio y colocar la vela en la dirección correcta. Debo admitir que en algunas ocasiones tenía pensamientos recurrentes y bastante irracionales que me decían que no podría lograrlo; y es que siempre parece haber alguien internamente criticando cuando tratas de hacer algo nuevo y diferente.

Sucede algo similar en los sentimientos de las personas al inicio de una iniciativa de cambio en la empresa. De alguna forma, parece que nuestro cerebro se opone y genera mucha resistencia a los nuevos hábitos, así como miedo al fracaso.

Comprendiendo la resistencia inicial

Cuando afrontas un desafío, un cambio grande o debes hacer algo nuevo, la corteza prefrontal utiliza niveles de oxígeno muy altos. Cuando esto ocurre, la amígdala cerebral se activa casi automáticamente (no debes confundirla con las que se sitúan en tu garganta).

La amígdala cerebral se compone en realidad dos estructuras pequeñas del tamaño de una almendra y se consideran cruciales en la detección de amenazas; suelen llamarlas los *detectores de humo* del cuerpo. Llenan tu cerebro con químicos cuando estás en modo de protección o intimidación, ayudándote a resguardarte inmediatamente de las amenazas percibidas.

En casos más severos, también pueden crear una reacción física visible que te prepara para una acción muscular violenta: tu corazón comienza a latir más rápido, tu rostro cambia de color y tu respiración se acelera.

Pero en todos los casos, estas estructuras del cerebro son cruciales para sobrevivir en entornos donde la información proviene de varios sitios al mismo tiempo, y donde las situaciones cambian regularmente. No obstante, la amígdala puede tomar el control del cerebro e insertar pensamientos y emociones negativas para intentar sabotear tu plan y hacerte volver a tu círculo de comodidad. Eso le sucede a la mayor parte de las personas afectadas por un plan de cambio cuando este implica modificar ampliamente la forma de trabajo o posición/rango en la empresa.

Como líder, no puedes dejar que emociones como el estrés, el miedo o la ira controlen tu comportamiento. Aunque lleva tiempo perfeccionarlo, existen formas de controlar tus emociones negativas y guiar las respuestas.

Will Yakowicz, Periodista

De acuerdo con un estudio realizado por un equipo internacional de científicos liderado por el doctor *Antonio Gil-Nagel* (Madrid, 2016), la amígdala requiere menos de 100 milisegundos para activarse, pero hace falta más tiempo (algunas investigaciones hablan de 250 milisegundos) para que los pensamientos se hagan conscientes. Debido a esto, la información que manejas cuando comienzas a reflexionar sobre las ideas ha sido ya filtrada por la amígdala, y tienes la balanza inclinada en una dirección.

En los sitios de trabajo que exigen a la amígdala estar constantemente alertas, las personas suelen centrarse más en seguir a rajatabla los procesos y rutinas utilizadas durante años, y menos en las mejoras o innovaciones. El inconveniente más severo de esto es la desconexión temporal de tu cerebro *pensante* (corteza prefrontal), que es quien te ayuda a razonar, aprender y solucionar problemas con creatividad.

Imagínate que estás en una reunión crucial donde de repente alguna situación aumenta el nivel de estrés y de golpe... ¡boom..! *¡Se activa agresivamente tu amígdala!*

Inmediatamente cambia tu percepción de la realidad, se interrumpe el aprendizaje y tu razonamiento vuelve a procesos de tiempos más arcaicos.

Escribe en una hoja (individualmente o en equipo) tres cosas que te hayan salido bien durante el día y por las que estás agradecido. La investigación nos muestra que esta práctica es una de las mejores maneras de aumentar el optimismo y la felicidad porque, al hacer conscientes las áreas positivas, ayuda a disminuir la activación de la amígdala.

La amígdala también se activa cuando las personas o equipos tienen metas o tareas excesivamente grandes para su capacidad real o fechas imposibles de cumplir. Esto paraliza a las personas y hace que se reduzca la probabilidad de que alcancen sus objetivos. La solución más poderosa es sencilla: implica asegurarse de que sean los propios empleados quienes elijan sus tareas de acuerdo a la percepción de su propia capacidad de trabajo. Puedes emplear técnicas *Kanban* para equilibrar la carga de trabajo y crear una pila de tareas (*Backlog*) para que las personas se autoorganicen en torno a sus labores.

Se ha visto que la actividad de la amígdala decrece también cuando se emplean ciclos de trabajo cortos (días o semanas), debido a que disminuye la incertidumbre. En este caso, el marco de trabajo de Scrum es notable, siempre y cuando no se *arrastren* actividades no finalizadas de un ciclo de trabajo a otro.

Durante un cambio o transformación de empresa, presta atención a aquellas situaciones donde creas que la amígdala ha tomado el control o influenciado las decisiones. Es aquí cuando debes enseñar a las personas a volver a usar su cerebro pensante, en vez de ser víctimas de sus emociones.

Inicialmente, puedes ayudar a que las personas se focalicen en la respiración, tomar una pausa y prestar atención al tipo de pensamientos que les vienen a la cabeza. En situaciones similares, suelo emplear las siguientes preguntas para ayudar a las personas a tener, nuevamente, el control de la situación:

▸ ¿Hay alguna evidencia que demuestre que estos pensamientos negativos son ciertos?

▸ ¿Cuál es la evidencia que tengo que hace que estos pensamientos o preocupaciones sean relevantes?

▸ ¿Hay algo que pueda demostrar que esas ideas podrían ser falsas?

Si la situación de estrés se produce durante una reunión, puedes sugerir una pausa y luego tratar de hacer este tipo de preguntas a los asistentes, lo que ayudará a focalizar los hechos concretos (en vez de que sean pensamientos cargados de emociones) y poco a poco se activará su corteza prefrontal, nuestro cerebro "pensante". Ten en cuenta que cuantas más pruebas positivas puedas recoger al responder las preguntas, más fácil será combatir los pensamientos negativos desencadenados por la amígdala.

Las técnicas de *reframing* que verás en el capítulo 5 son también una excelente alternativa para aumentar la tolerancia hacia situaciones nuevas o diferentes.

El efecto de las emociones en la memoria

Las memorias no son información estática almacenada y posteriormente recuperada por tu cerebro, sino que son pensamientos recreados y altamente influidos por tu forma de pensar. Tus recuerdos son obtenidos de acuerdo a tus formas de razonamiento actuales; e interpretarás el pasado de manera diferente a medida que esas maneras de razonar cambien o evolucionen. A veces ocurre que **en empresas donde los equipos han adquirido nuevas formas de pensamiento, se cambia la interpretación de los hechos pasados**.

Sin embargo, los recuerdos también son afectados por el estado emocional. Es decir, si los individuos atraviesan un buen momento, tenderán a ver sus historias pasadas como experiencias más positivas y placenteras. Y estos serán almacenados en los ganglios basales.

Hay que tomar en cuenta, no obstante, que si los eventos pasados tienen un alto contenido emocional negativo (discusiones, conflicto, etc.), serán almacenados por la amígdala. Aquí, los recuerdos son guardados en muy *baja definición*, lo que conduce a que cualquier escenario del presente con cierto parecido a una situación emocional del pasado impulsa reacciones análogas a las sentidas anteriormente, físicas o mentales.

Y aquí tengo una buena historia para contarte. Me encontraba caminando por la campiña inglesa con un par de amigos, y uno de ellos tuvo una reacción de pánico mientras avanzábamos por un pequeño camino al costado de un lago. Era notorio que su ritmo cardíaco había subido y que estaba en situación de alerta. Unos segundos más tarde, volvió a la normalidad y nos dimos cuenta de que se había tratado simplemente de un susto. Su amígdala se había activado al confundir una rama con una serpiente, lo que había traído a su mente las mismas reacciones de cuando se enfrentó a una cobra en África.

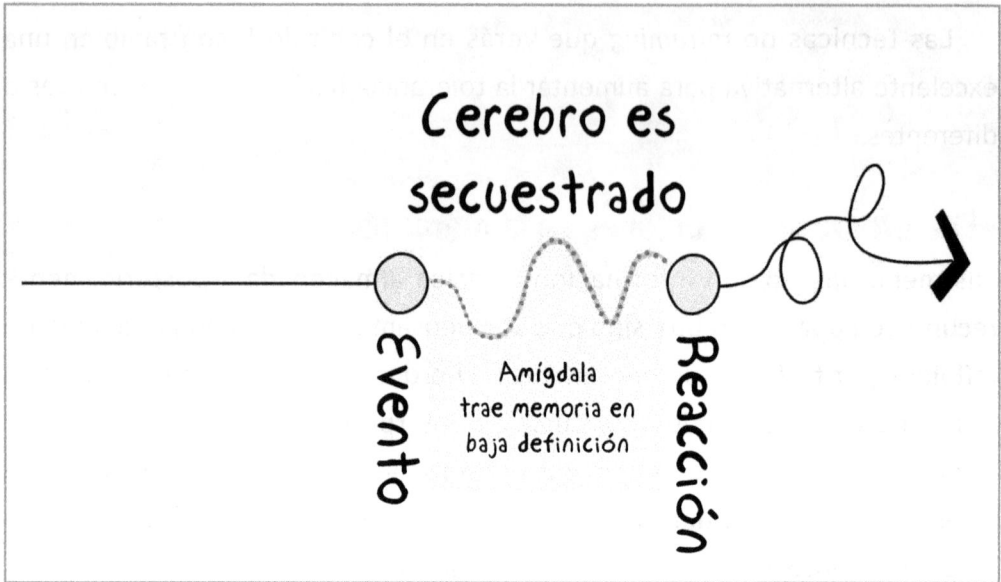

FIGURA 4.5: Amígdala y su secuestro de decisiones debido a las emociones

Quizás alguna vez intentaste brindar retroalimentación a una persona de un equipo y te respondió agresivamente. Puede haber ocurrido porque su memoria de baja definición creyó que se estaba enfrentando a la misma situación cuando, años atrás, los gerentes criticaban y humillaban a los empleados en público, en vez de realmente quererles dar retroalimentación positiva. Déjame darte otro ejemplo. Intentaste liderar la implementación de una nueva metodología, y semanas después, encontraste que se había perdido gran parte de la tracción. Quizás la amígdala trajo instintivamente recuerdos de cuando, en el pasado, se aplicaba una nueva forma de trabajo para presionar o controlar más a los empleados, y ahora ellos posiblemente confunden ese sentimiento con el nuevo marco de trabajo que se está tratando de implementar.

Para poder superar estos problemas es necesario que se creen experiencias positivas y se traigan los pensamientos negativos para hablar de ellos explícitamente, con total honestidad y libertad. Esto ayuda a que poco a poco las personas de la empresa puedan comprender conscientemente la nueva realidad y grupalmente establezcan estrategias para detectar aquellos momentos en que el *detector de humo* se activa de forma errónea.

Habrás podido ver que muchas compañías emplean el marco de trabajo de Scrum, lo que incluye las reuniones de retrospectiva. Estas son cruciales ya que hacen posible desarrollar formas conscientes que ayudan a las personas a establecer tácticas grupales para enfrentar, en el presente, las experiencias negativas del pasado. Sin embargo, he visto organizaciones donde se denomina *retrospectiva* a una reunión de *mejora de procesos*, pero estas son totalmente diferentes. La mejora de procesos se focaliza en el futuro en vez de en examinar el pasado, tiene menor impacto en la forma en que las personas razonan, o su manera de enfrentar la realidad cuando están en situaciones de alto estrés que activan su amígdala cerebral.

Para que una **reunión de retrospectiva** sea efectiva, es necesario que los participantes no solamente puedan centrarse en la mejora de procesos, sino que desafíen activamente aquellos postulados que se dan por verdaderos en la empresa, así como las formas de interacción de las personas. Esto incluye reflexionar sobre:

▸ El contenido emocional de lo sucedido en las últimas semanas de trabajo
▸ Las interacciones humanas dentro del propio el equipo, con otras personas, con otros grupos o con el cliente.
▸ La forma en que se pueden mejorar los procesos o herramientas, y cómo hacer que las personas se sientan más seguras.
▸ Las premisas sobre los problemas y cómo cuestionarlas.
▸ Aquellas áreas que debido a la exponencialidad de los mercados o el crecimiento de la empresa puedan hacer que el equipo se sienta inseguro.

Como resultado, debe obtenerse uno o dos puntos de acción para el equipo, así como retroalimentación para los demás grupos; fundamentalmente, áreas de mejora de la empresa que puedan ser medidas, y se les pueda hacer seguimiento para apreciar su avance.

Recuerda que las reuniones de retrospectiva son un hábito necesario para que una organización pueda adaptarse a las condiciones de cambio exponencial de los mercados. De lo contrario, la mejora se producirá solamente de forma aislada, lo que dificultará la adaptación y el crecimiento de la compañía.

Las amenazas simbólicas

Las amenazas simbólicas son eventos que pueden producir mucha ansiedad, como reuniones con otros departamentos o cargos más altos, tener que hablar en público, la necesidad de incorporar nuevos hábitos o marcos de trabajo, modificaciones en la organización, o incluso la necesidad de trabajar con personas que no conoces bien. Las amígdalas no solamente se activan como recuerdos en baja resolución o peligros físicos, sino que también con este tipo de amenazas.

Los humanos somos particularmente sensibles a las alteraciones en nuestros roles o reputación. Los escenarios de cambio de rango son una de las amenazas más agresivas que un individuo puede confrontar y donde la activación de la amígdala es realmente desproporcionada.

Las situaciones de estatus no favorables se producen cuando las personas sienten implícita o explícitamente que perderán o disminuirán su posición dentro de la organización. También cuando piensan que otros tendrán más oportunidades o privilegios que ellos, o cuando creen que los demás podrán contar con más acceso a información o personas clave. Esto causará que los niveles de cortisol (hormona que juega un papel importante en ayudar al cuerpo a responder al estrés) aumenten rápidamente, lo que anulará bruscamente el cerebro *pensante* (corteza prefrontal) y hará más difícil tomar decisiones racionales.

Cuando se implementan las formas de pensamiento Agile o marco de trabajo de Scrum, es habitual que se aplanen las jerarquías de la organización. Aquí los equipos comienzan a autoorganizarse en torno a sus metas y labores, y eso hace que los jefes cumplan un rol diferente. Normalmente, los gerentes pasarán de controlar a ser líderes que están al servicio de esos grupos (líderes sirvientes). Esta variación de su papel provoca una caída inconsciente de su percepción de rango dentro de la organización, lo que activa agresivamente la respuesta de la amígdala. El resultado es un incremento en la resistencia y menor flexibilidad al cambio.

Por ello, tu plan debe incluir las estructuras formales e informales para que las personas comprendan que no se reducirá su rango en la empresa, y apoyarse con planes de acción y comunicación acordes. Pero al ser este un tema muy sensible, para mantener a raya los mecanismos de defensa del cerebro, es necesario que reiteres el mensaje una y otra vez, de formas diferentes.

Ten en cuenta que cualquier cambio planificado debe ser muy prudente con las modificaciones en la posición o estatus de los empleados. Está claro que es difícil abordar estos problemas cuando realizas una transformación importante en una organización grande, ya que se involucra gran número de personas. Sin embargo, en cierta medida la información pública inicial debe ser, al menos, sensible en cómo el cambio podría afectar el rango de los individuos.

Una buena idea es también involucrar a quienes podrían sentir una pérdida de estatus en la definición de su nuevo rol, para que participen durante la evaluación de impacto y ayuden a definir una estrategia que pueda hacerles mantener su sentido de seguridad y prestigio del rol.

Los efectos del consejo no solicitado

Todos tenemos una persona que le agrada dar consejos, incluso si estos no son solicitados: *¿Te puedo dar un consejo o sugerencia?* Es también una actitud común y bien intencionada en muchas compañías, y se ve como una pregunta inocente.

Las organizaciones más tradicionales muchas veces encauzan los consejos a través de canales formales, mientras que en las más modernas se realizan informalmente y frente a otras personas. No es extraño que las opiniones vengan desde todas las esquinas de la empresa y con diferentes sabores. Nos sentamos junto a clientes para crear productos de excelencia y dejamos que nos aconsejen cómo hacerlo mejor, propiciamos que los demás equipos nos digan cómo perfeccionar las interacciones y nos reunimos a analizar cómo podríamos haber actuado de forma más efectiva en el ciclo de trabajo anterior.

Debes tener en cuenta que cuando brindas una opinión o consejo directo sin que la otra persona lo haya solicitado, este será probablemente interpretado por el cerebro inconsciente de la otra persona como que tú tienes un rango superior o más conocimiento en la materia, y que estás **dictando** una solución.

Está claro que dar consejos a otros se siente fantástico, pero la neurociencia nos dice que un consejo no solicitado es considerado como la segunda gran amenaza para la amígdala. Y no te estoy diciendo que no des consejos, sino que debes tener en cuenta cuál es el objetivo perseguido y cómo lo comunicas. En muchas ocasiones es preferible que emplees preguntas que guíen a la otra persona hacia la conclusión o que la lleven a hacer, finalmente, la pregunta que lo guíe hacia un camino diferente.

Una buena idea es que la retroalimentación tenga reglas claras; una forma de hacerlo es mediante el *juego de la perfección* de *Jim McCarthy*. Se trata de un ejercicio retrospectivo que ayuda a activar las áreas correctas del cerebro que potencian un resultado positivo con la retroalimentación obtenida. El juego de la perfección tiene tres preguntas que deben hacerse oralmente unas personas a las otras:

Califica el producto/servicio/interacción conmigo/plan de cambio /etc. en una escala de 1-10

Lo que me gustó de _____ es ...

Si no fue perfecto para mí, lo que haría de esto un 10 perfecto sería...

Deben formarse en grupos de dos, cara a cara, sentados o de pie, y cada persona calificar el valor que recibieron de una situación, interacción o servicio de la persona que tienen en frente, en una escala de 1 a 10 (siendo 1 no tan bueno y 10 excelente). Cuando no haya nada que piensen que se pueda mejorar, deben indicar un 10. Si creen que se podría duplicar el resultado, entonces se indicará 5.

El responder la próxima pregunta (*Lo que me gustó de...*) hace que las personas se focalicen en las cualidades y fortalezas que subyacen en el valor entregado, y ello sitúa al cerebro en una actitud más abierta. Esto ayuda a descubrir habilidades personales, interacciones o cualquier otra cosa que la persona realiza positivamente y que puede ser empleada por los demás para su mejora continua.

La última pregunta (*Si no fue perfecto...*) hace que los empleados se centren en aquellas acciones o comportamientos que se podrían agregar o mejorar para aumentar el valor de lo entregado. Recuerda que, en todos los casos, **pensar en cómo darás la retroalimentación es más importante que la forma en que la otra persona la recibirá.**

¡Prueba! esto.

Utiliza el juego de la perfección para descubrir fortalezas y estimular el pensamiento positivo y creativo empleando la retroalimentación obtenida. Es común que las primeras ocasiones los individuos no se sientan del todo cómodos, pero eso también ayudará a fomentar nuevas experiencias.

Aunque la técnica es sencilla, estimula el pensamiento creativo, hace posible que el posicionamiento inicial subconsciente sea positivo y permite mejorar la calidad de las conversaciones; todo gracias a que los individuos deben no solamente realizar una calificación, sino también proactivamente dar sugerencias cuando la valoración sea baja.

He realizado este juego con gerentes y altos cargos de organizaciones, y pese a que pueden sentirse incómodos al comienzo, siempre ha brindado beneficios a las partes y encaminado una mejora continua. Ten en cuenta que solo deberías utilizar este juego si las personas se sienten seguras en su ambiente de trabajo.

Pequeños cambios, gran impacto: microhábitos

Imagínate que debes facilitar la mejora de los procesos de un departamento que requiere de alta innovación. Los has visitado por unos días y has apreciado que sus desafíos cambian casi a diario debido a las constantes alteraciones de mercado. El impacto de esa variabilidad no es gratis; hace que la motivación fluctúe de formas desproporcionadas: durante algunas semanas las personas adoran sus tareas, mientras que otras se sienten realmente frustradas.

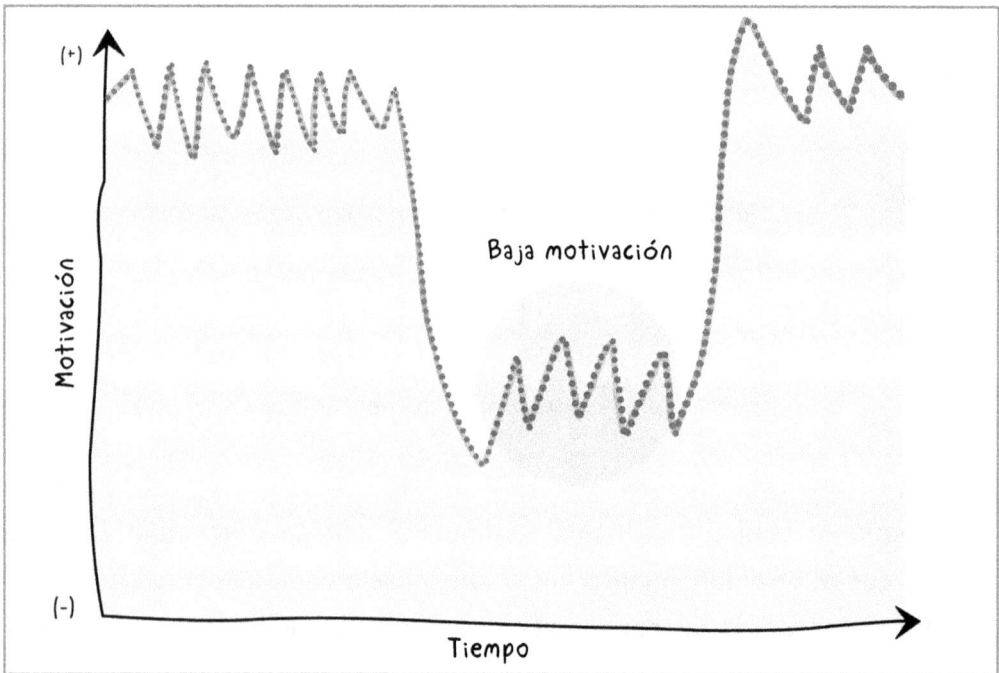

FIGURA 4.6: Fluctuación de niveles de motivación

Está claro que durante los picos altos de motivación será más fácil llevar adelante cambios o cualquier tarea que implique modificaciones estructurales importantes. Y durante los periodos bajos será un reto incluso hacer alteraciones pequeñas en los procesos. Debes tener claro que si los empleados se encuentran mayoritariamente en niveles bajos de motivación, hacer cambios estructurales tales como implementar una nueva metodología o marco de trabajo (Scrum u otro) es una idea no tan buena, que podría causar la rápida pérdida de tracción de tu plan, incremento del conflicto o una mayor resistencia. Aquí te muestro algunas ideas para que los participantes se sientan motivados:

- Involucrar a los individuos en la toma de cualquier decisión que pueda impactar sus procesos o interacciones, o el producto/servicio con el cual trabajan
- Tener ciclos de trabajo cortos que les permitan apreciar el impacto de sus labores en los clientes u otras áreas de la compañía.
- Proponer metas pequeñas, que puedan ser alcanzadas en días o semanas
- Que las personas elijan la carga laboral según su propia capacidad y puedan sentirse responsables de lo que hacen.
- Reflexionar sobre qué se podría haber hecho mejor y el impacto que las interacciones personales podrían haber tenido sobre ello.
- Contar con un grupo facilitador, que apoye y se encargue de remover obstáculos.
- Que exista una clara visión de cambio y/o de producto.
- Usar software para automatizar los procesos difíciles o dónde las habilidades sean escasas.

También debe saber que disminuir la multitarea y contar con un conjunto de labores pequeñas priorizadas por valor de negocio (*Backlog*) ayudará a que las personas mantengan alta su motivación. Si se trata de equipos de software, el hecho de que existan pruebas unitarias que verifiquen constante y automáticamente la calidad del producto (*Automated Tests*) podría traer mayor estabilidad emocional al grupo y, con ello, una ganancia sustancial de tracción positiva durante un plan de cambio.

Existe también una relación directa entre el valor de negocio (*business value*) entregado al cliente y la forma en que se establecen ciertos hábitos dentro de la organización. Esa relación la conocemos tras varios años de observación de las costumbres y pequeños hábitos (o microhábitos) de los empleados, su correlación con el entorno de trabajo y el éxito en las metas. Recuerda que te mostré en el capítulo 2 una definición inicial de valor de negocio que te podría ayudar a establecer hábitos saludables en tu empresa.

Los cimientos de un microhábito

Parece increíble, pero la mitad de las acciones que se realizan en la empresa, aunque parecen decisiones razonadas, en realidad son pequeños hábitos realizados de forma subconsciente. Es por ello que requieren de muy poca motivación y constituyen una técnica ideal para equipos donde la motivación fluctúa o es muy baja.

Cuando una persona empieza a aprender una nueva tarea o actividad en la compañía, se activa la corteza prefrontal de su cerebro. A medida que la nueva tarea se controla y se hace con mayor fluidez, la experiencia se comienza a mover hacia los ganglios basales (*disco rígido*), que son los encargados de automatizar la labor. Es aquí cuando el cerebro deja de sentir esa actividad como un pensamiento razonado y lo considera una reacción (o hábito) que se inicia como consecuencia de un estímulo en particular; es lo que permite que la tarea se realice reiteradamente con mínimo esfuerzo.

Me imagino que piensas que es muy difícil que las personas de tu organización alteren la forma de hacer sus labores o seguir procesos, pues los han hecho así durante muchos años. Debes tener en cuenta que muchos hábitos dentro de la empresa son un conjunto enorme de microhábitos y, por lo tanto, son comportamientos automáticos (y no decisiones razonadas, como podrías pensar inicialmente).

¿Sabías? La implementación de microhábitos puede ser una técnica a usar con éxito en sitios donde la motivación es realmente baja y otras técnicas de transformación podrían fallar.

Imagínate que tienes la intención de hacer deporte para mejorar tu salud... pero no eres un gran fan de la actividad física. Necesitarás mucha motivación para ir a una clase de una hora en el gimnasio; sin embargo requerirás de menos voluntad para bajar las escaleras cada vez que vayas a hacer las compras. Esto es así debido a que la segunda opción necesita menor esfuerzo de tu parte; además es algo que ya sabes hacer (habilidad) y cuentas con un estímulo claro que iniciará esa acción (salir de tu casa e ir a comprar). Pero un microhábito funciona debido a algo llamado **impulso conductual** o ciclo virtuoso. Cuando hacemos un cambio muy pequeño y positivo, este nos motiva a hacer otros pequeños cambios también positivos. Y la suma de todos crea un cambio importante.

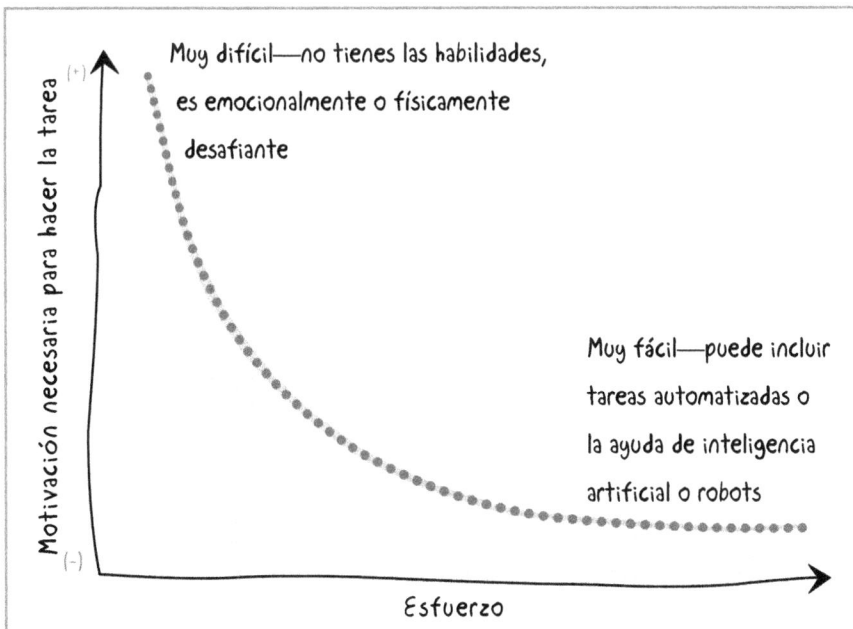

FIGURA 4.7: Motivación y esfuerzo necesario para hacer una tarea

A la izquierda del gráfico se sitúan las acciones que necesitarán más motivación, y a la derecha se ubican las que pueden realizarse casi automáticamente. Está claro que a medida que la motivación aumenta, las personas toman desafíos más grandes. Por el contrario, cuando la motivación disminuye (derecha), el nivel de los retos debe ser menor.

Las habilidades que tiene cada persona también impactan las tareas que podrá realizar. Si te pido que recorras diez metros en bicicleta para alcanzar un objetivo, pero no has aprendido a mantener el equilibrio, te será imposible concluir la acción y ello te frustrará, aunque te encuentres realmente motivado (parte superior del gráfico). A su vez, una tarea requerirá menor esfuerzo para iniciarse si parte de esta es automatizada (por una máquina o aplicación informática), y finalmente la persona obtendrá la misma recompensa positiva que si lo hiciese manualmente.

Entonces, es importante que conozcas el grado de motivación que tienen las personas receptoras del plan cambio; de lo contrario podrías utilizar las herramientas incorrectas. Si la motivación es alta, será una buena oportunidad para llevar adelante modificaciones más complejas. En estos casos podrías alterar ciertos procesos o comportamientos claves para lograr un máximo cambio en las conductas, adicionar un nuevo marco de trabajo o transformar los valores o principios de la organización. Esto claramente te permitiría obtener un impacto significativo en el futuro cercano (próximas semanas o meses).

Déjame ponerte un ejemplo. Los integrantes de un equipo que ayudé durante un período de alta motivación llegaron a la conclusión de que deseaban trabajar en parejas para aumentar el conocimiento compartido. Además, querían comenzar a usar herramientas disruptivas y sofisticadas para mejorar la calidad del producto y el servicio. Esas decisiones establecieron los cimientos para los meses venideros, y tuvieron gran impacto en los procesos, interacciones y demás hábitos de trabajo.

Pero si la motivación es baja, entonces tendrás que pensar en cuáles son los microhábitos que te permitirán reducir las barreras (remoción de bloqueos, incremento de habilidades, etc.) para que se puedan alcanzar comportamientos cruciales en alguna etapa posterior. En definitiva, pequeños cambios que pavimenten el camino futuro para ese cambio mayor.

En una empresa facilité este experimento: ninguna reunión podía durar más de 15 minutos. Como resultado, se favoreció que las personas conectaran informalmente (microhábito) y que la información fluyese con mayor velocidad dentro de la organización.

Identificando e instaurando nuevos comportamientos

En una ocasión, en un banco de inversiones, ayudé a un grupo que era constantemente interrumpido con solicitudes de otros departamentos. Tal situación se debía a que no existía una prioridad clara de negocio (valor de negocio). Durante años, los individuos de ese equipo habían tenido que hacer un esfuerzo adicional para concentrarse en sus tareas. Como resultado, tenían una autoestima consistentemente baja, un producto de menor calidad y una alta multitarea (entre otros).

Cuando enfrentaban una labor compleja que requería máxima concentración, trabajaban en parejas. Y se generaba mayor frustración cuando eran interrumpidos. Resolvieron que cada vez que hubiese dos personas sentadas delante de un computador, pondrían en el escritorio una señal roja visible. Por supuesto, comunicaron a los demás que no debían interrumpirlos cuando la señal estuviera presente.

Este detalle no solamente aumentó la motivación de los empleados y la calidad del producto, sino que también disminuyó la cantidad de multitarea que realizaban, y el cansancio al final del día. Aumentó la autoestima y la confianza en futuros trabajos y enseñó a las personas la importancia de tener reglas para mantener un flujo de trabajo constante, y demostró la efectividad de mantener el foco en una única tarea.

Sin saberlo, habían enlazado una conducta existente con un nuevo microhábito: cada vez que se sentaban en parejas (estímulo específico), se hacía visible la señal roja (microhábito), lo que daba como resultado el no ser interrumpidos y poder focalizarse en la tarea (recompensa).

¿Sabías?

Un momento crucial es un punto exacto (en el tiempo) donde se tiene un estímulo que podría iniciar un hábito diferente.

Habían llevado adelante las cuatro partes de la fórmula para identificar el momento crucial:

1. **Identificar el momento crucial** o estímulo que iniciaba el hábito que quieres cambiar y enlazarlo con uno nuevo.
2. **Conocer la rutina o comportamiento que se realizaba antes** y cuál es el nuevo hábito.
3. Tener presente el **beneficio asociado de hacer el viejo y nuevo comportamiento**
4. *¡Y CELEBRAR que has integrado un hábito más sano!*

Puedes ver que se asocia un momento crucial para desencadenar un nuevo hábito. El cerebro es capaz de crear nuevas conexiones neuronales a medida que algo totalmente nuevo se concluye con éxito. Llamamos a esto impulso conductual. Aquí es de vital importancia que exista una recompensa interna que ayude a integrar los nuevos microhábitos como una rutina sustentable.

En algunos casos cuando yo adiciono un nuevo hábito saludable a mi vida, suelo aplaudir, repetir una frase de aliento (*¡Buen trabajo, Erich!*) y hasta darme una palmadita en el hombro como una manera de celebrar los pequeños éxitos y hacer que se fijen más fácilmente como rutina. Cuanto más a menudo se repitan los nuevos hábitos, más cómoda se sentirá la gente (¡y su amígdala!). La repetición hace que las nuevas redes neuronales se conecten cada vez más fuertemente (puedes leer más sobre ello buscando en la web "*teoría Hebbiana*"), y que se establezcan vínculos entre estas nuevas conexiones y otras áreas del cerebro relacionadas con la creatividad y la toma pensante de decisiones.

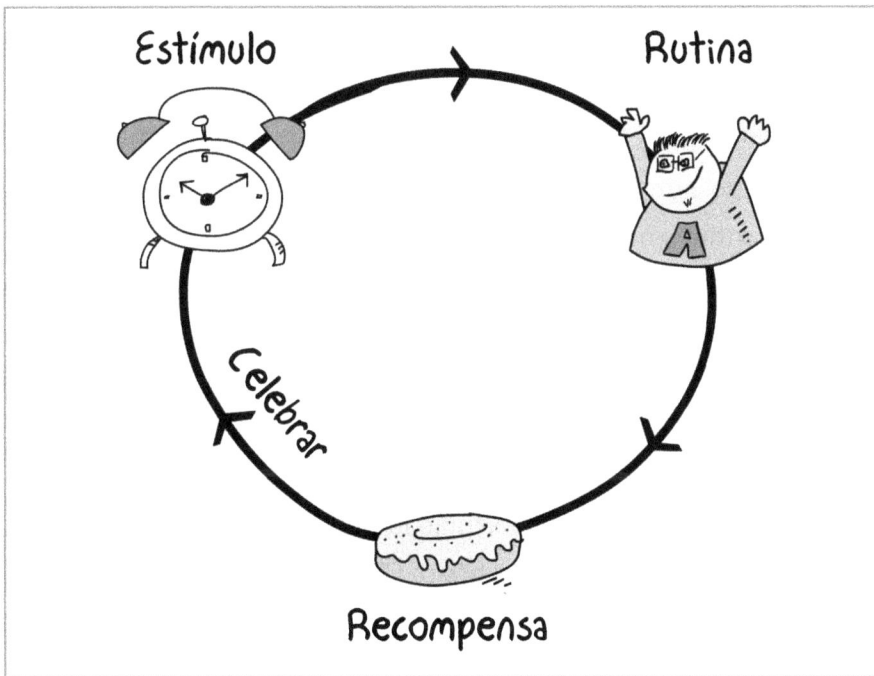

FIGURA 4.8: Bucle ɾe microhábitos

Debes prestar atención a la existencia, también, de *ciclos viciosos* donde los hábitos negativos se refuerzan a sí mismos. Tal es el caso (entre otros) de compañías donde las personas no se sienten seguras o existe un control excesivo. Si te focalizas en hacer pequeños cambios positivos, el impulso conductual ayudará a progresar hacia objetivos claros y a limitar los efectos de los pasos en falso.

> *Si quieres que la gente confíe en ti, que sienta una conexión real con tu cultura, primero tienes que confiar en ellos. Al demostrar esa confianza, los demás confiarán en ti.*

Ross Shott, Experto en rendimiento humano

Tendrás que enseñar a todos a comprometerse con nuevos hábitos saludables, lo que implica comenzar a creer en esas personas. Si nadie hubiese confiado en el equipo del sistema de señal roja visible en el banco de inversiones porque tenían bajo rendimiento, esos individuos no hubiesen podido incluir rutinas positivas en sus labores diarias.

Si quieres que los empleados confíen en ti, que sientan una conexión real con la cultura de la empresa, la visión de cambio o el producto, deberás primero confiar en ellos y asegurarte que puedan probar, fallar, ajustar y probar nuevamente sus nuevos hábitos. Para que todo esto ocurra, debes ayudarles a reconocer el momento crucial: ese instante en que podrían ir en una dirección u otra. Si lo desconocen, se les escapará la oportunidad de comenzar a cambiar su mundo. *Charles Duhigg*, autor de *El Poder del hábito* (The Power of Habit), nos indica que, para aislar un momento crucial, se requiere reconocer seis áreas:

Lugar – Lugar exacto en el que se produce el estímulo que produce la acción/comportamiento no deseado.

Momento – Momento en que esto ocurre.

Estado emocional – Cómo se siente la persona o grupo un momento antes de iniciar el viejo hábito.

Personas involucradas – Quiénes son normalmente los individuos que están involucrados (al cambiar los individuos se podría iniciar otro momento crucial diferente).

Comportamiento que se ritualiza – El comportamiento o hábito que se tiene exactamente antes y después de realizar la rutina a cambiar.

Recompensa – Cuál es la recompensa implícita o explícita que obtienen las personas inmediatamente después de hacer la acción.

Cuanto más específico seas identificando un microhábito, mejor será el resultado obtenido. Mi recomendación es que anotes en papel su lugar, momento (hora), estado emocional, las personas involucradas, la acción que se ritualiza y la recompensa. Quizás necesites varios intentos para identificar esto con claridad. Tendrás también que construir el nuevo hábito y asegurarte de que esté fuertemente asociado al estímulo inicial. Recuerda que si la primera vez el cambio no funciona como esperabas, debes estar dispuesto a probar algo diferente, que sea pequeño y que tenga una recompensa clara.

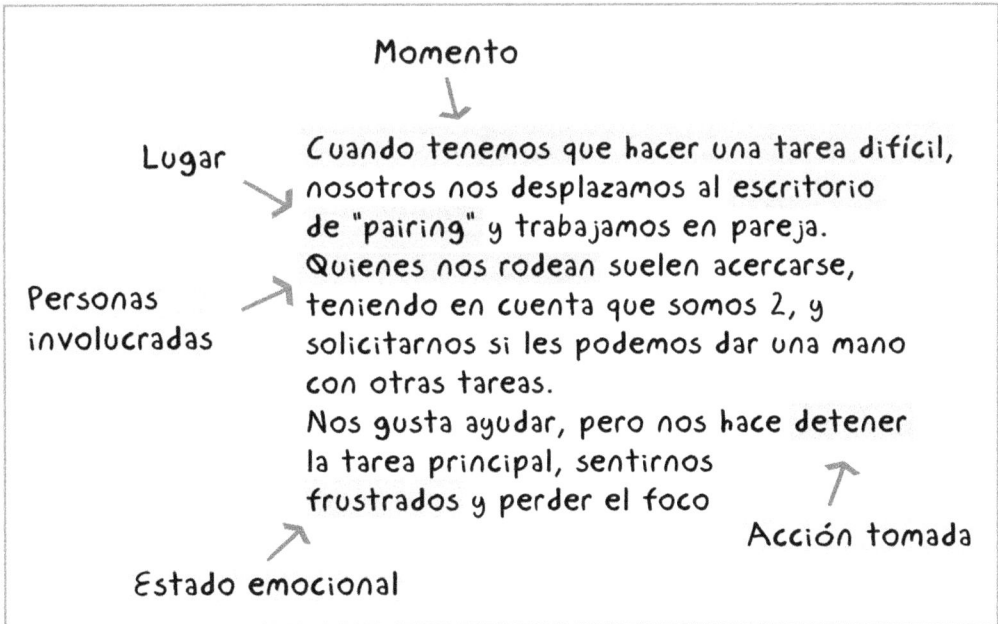

FIGURA 4.9: Identificando un momento crucial

Está claro que ningún plan de cambio es bueno si no se sabe cómo lidiar con los impedimentos que podrían aparecer al intentarlo. Y aquí es importante que sepas que en algunos casos necesitarás de tiempo y apoyo externo para fijar los nuevos microhábitos. La **presión social** es importante. Si muchos adoptan una acción, la probabilidad de que otros lo hagan será más alta. Por eso es una buena idea asegurarte de que quienes hayan incorporado el microhábito saludable estén físicamente cerca de quienes necesitan adquirirlo.

En algunas ocasiones incluso tendrás que cambiar el diseño físico de la oficina. No es mala idea poner barreras físicas para dificultar los hábitos no deseados y facilitar los deseados: te lo pensarás varias veces si para ir a la máquina de refrescos tienes que subir cuatro plantas por la escalera.

¡Prueba esto!

En las culturas asiáticas, las personas prefieren tomar decisiones en grupo, y pueden sentirse intimidadas al tomarlas individualmente. Es posible, entonces, construir un conjunto de microhábitos, para que la toma de decisiones de forma particular no resulte amenazadora.

Recuerda que la técnica de microhábitos puede ser generalmente empleada con cualquier otra estrategia de cambio en tu organización y es fundamental para crear una organización notable.

Cuándo utilizar cada técnica

Has aprendido, entre este capítulo y el anterior, cinco técnicas que puedes emplear para comenzar a transformar tu empresa. Si bien al final del día usarás una mezcla de todas ellas, existen situaciones específicas donde utilizar una en particular te será de mayor utilidad.

Estas son las opciones:

▶ Estrategia de arriba hacia abajo

▶ Cambio de lo local a lo global

▶ Hábitos (o cambio en procesos)

▶ Poco a poco (Orgánico)

▶ Microhábitos

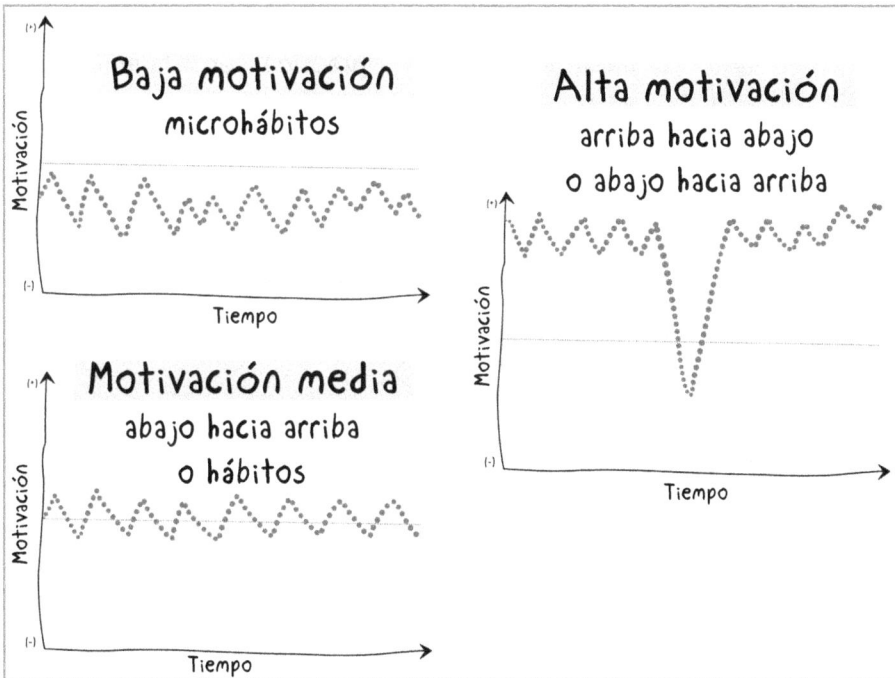

FIGURA 4.10: Motivación y posible técnica ·e cambio a utilizar

La técnica *orgánica* puede ser empleada con personas o equipos con cualquier nivel de motivación. Debido a que ya conoces cómo funciona la motivación y su impacto sobre la velocidad de adopción del cambio, es una buena idea que comiences a relacionar estos con las diferentes estrategias.

Nivel de motivación	Posible estrategia a utilizar	Ejemplo
Motivación alta	De arriba hacia abajo De abajo hacia arriba + Orgánico	Ejecutivos o gerencia comienzan una transformación de negocio (arriba hacia arriba) o se comienza el cambio desde los equipos (abajo hacia arriba), por ejemplo, implementado el marco de trabajo de Scrum.
Motivación media	Abajo hacia arriba, hábitos + Orgánico	Hábitos significa una nueva práctica, como la adición de un proceso de *integración continua* en equipos de software.
Motivación baja	Microhábitos + Orgánico	Sistema de señalización de semáforo para indicar que están ocupados.

Tabla 4.1: Estrategia y motivación

Esto no quiere decir que no emplees otras estrategias si los niveles de motivación son diferentes, sino que prestes más atención cuando ello ocurra.

Una transformación individual para lograr una transformación colectiva

Como profesional de Recursos Humanos he sido parte de muchas transformaciones organizacionales en distintos países y culturas. Este capítulo me ha ayudado a reflexionar sobre mis propios cambios y ciertos microhábitos que utilizo cada día.

Claudia Patricia Salas

Consultora Agile y en Recursos Humanos

Siempre creo que:

▷ No hay una realidad absoluta: vivimos en mundos interpretativos.

▷ No vemos las cosas como son, vemos las cosas como somos: cada quien interpreta su realidad según sus esquemas mentales. Nuestros juicios, creencias, emociones y biología influyen en lo que vemos, escuchamos y sentimos.

▷ Las personas tenemos tres grandes dimensiones: el lenguaje (mente), cuerpo y emociones, que interactúan íntegramente.

▷ El lenguaje juega un papel fundamental en la definición de nuestros comportamientos: crea realidades.

Según mi criterio, internalizar e integrar estas ideas es trascendental para cualquier líder de empresa o consultor de cambio. Asimismo, es básico contar con nuevas estructuras mentales (*reframing*) si se desea apoyar una transformación de empresa.

Asumir estos paradigmas me ha hecho desarrollar microhábitos que aplico en mi día a día, cuando escucho y observo a las personas. En primer lugar, me cuido de los sesgos de confirmación. Creo que vemos lo que queremos ver y escuchamos lo que queremos escuchar. Estas percepciones se convierten en actitudes y conductas que pueden impactar en los demás.

Recuerdo que hace unos años contraté a un profesional para un cargo técnico. Era brillante y excelente desarrollador, pero siempre tenía alguna queja. A mi parecer, él expresaba sus críticas muy agresivamente. Con el paso del tiempo, lo categoricé como *conflictivo* e inconscientemente empecé a tratarlo como tal: respondía tardíamente sus llamadas y correos, mi estilo de conversación se volvía también más directo y, cuando me hablaba, yo siempre esperaba escuchar una queja. Con el tiempo, este tipo de actitudes detonaron y empeoraron su lado más problemático: *mis sesgos causaron consecuencias reales*.

Como puedes ver, cuando trabajas con personas te expones constantemente a sesgos de confirmación y prejuicios.

Cuando empecé a trabajar en el área de selección de personal, al leer los primeros CV y hacer mis primeras entrevistas, inconscientemente emitía muchos prejuicios. Veía un CV y lo categorizaba como *poco estable, simpático,* etc. O, si el candidato estaba en otros procesos, pensaba: "*Debe ser muy bueno, por algo otros también lo contactan*".

Lo cierto es que eran prejuicios emitidos en cuestión de segundos, sin ningún tipo de argumento racional ni evidencia.

Para combatir esto, desarrollé un microhábito que aplico cada día; cuando recibo un CV y lo valoro globalmente en pocos segundos (estímulo), en vez de categorizarlo y rechazarlo o aceptarlo automáticamente, lo coloco *en espera* (momento crucial). Luego de unos minutos lo leo nuevamente; esta vez con detalle, con más apertura mental y flexibilidad. Incluso me digo a mí misma "*¡Cuidado!*". Repito el proceso varias veces y finalmente contacto al candidato para escuchar *su* historia.

Ten en cuenta que los prejuicios operan en nuestras mentes mucho más de lo que quisiéramos admitir públicamente. Los pensamientos incontrolables casi siempre se activan al recibir un estímulo. En los segundos posteriores viene el momento crucial de hacerse consciente del prejuicio, y es cuando se pueden redireccionar las decisiones.

Otro evento común, cuando trabajamos con personas, son las discusiones. Un microhábito que tengo es que, cuando escucho una opinión con la que estoy en desacuerdo, inmediatamente hago una respiración. Luego de una pausa, agrego la frase *"Yo opino que..."*, y digo... *"desde tu punto de vista..."*. Esto claramente ayuda a evitar discusiones y conflictos innecesarios, ya que se delimita que hay distintos puntos de vista (¡y genera más neuroplasticidad!).

Con el paso del tiempo, no solo me he vuelto mucho más empática y flexible con los demás. También he cambiado la forma en que me hablo a mí misma: tengo mi propio diálogo mental y he cambiado las palabras que me repito para transformar mi manera de pensar. Así, además de asumir nuevos paradigmas y conceptos, he desarrollado el microhábito de hablarme positivamente, incluso ante los retos más simples.

Cambiar tu diálogo interno amplía tus posibilidades y genera un abanico de oportunidades. Y es que, para transformar una organización, primero debes comenzar por transformarte a ti mismo/a.

Lo que has aprendido

☑ La relación entre la lógica y las creencias.

☑ El sesgo de confirmación.

☑ El efecto de las emociones.

☑ La resistencia inicial al cambio y el funcionamiento del cerebro.

☑ Qué son y como emplear los microhábitos.

☑ Qué estrategia de cambio usar dependiendo de los niveles de motivación.

1. ¿Dónde puedes ver en tu empresa el sesgo de confirmación y qué acciones podrías emprender para cambiar esas situaciones?

_____

_____

_____

2. ¿Qué técnica puedes emplear para obtener retroalimentación positiva?

_____

_____

_____

3. ¿Qué necesitas para identificar un microhábito?

_____

_____

_____

4. ¿Podrías identificar al menos dos microhábitos que pudieran iniciar nuevos comportamientos positivos en tu empresa?

_____

_____

_____

Cinco patrones para que el cambio se vuelva contagioso

CAPÍTULO 5

Los buenos líderes hacen que las personas se sientan que están en el corazón de las cosas, no en la periferia.

Warren Bennis, Consultor organizacional

Durante los últimos años hemos venido utilizando las formas de pensamiento Lean y Agile, el marco de trabajo de Scrum y las herramientas de gestión visual (tableros de tareas, Kanban, etc.) para empoderar la organización y que sea más flexibles y pueda ofrecer mejores soluciones a sus clientes.

Además, hemos conocido cuales son las actitudes claves para motivar a las personas a llevar adelante iniciativas de cambio. *Daniel Pink*, autor de *Drive* y *A Whole New Mind* entre otros, ha acertado al decir que, para que un individuo se encuentre motivado, se requieren de tres atributos intrínsecos en la cultura y labores de cada día:

Autonomía - El deseo de poderse autoorganizar y dirigir.
Maestría - Apetito por obtener más o mejores habilidades.
Propósito - El deseo de hacer algo que tenga sentido y relevancia.

Estoy de acuerdo en que lo anterior es la base sólida para que las personas se sientan felices y enamoradas de lo que hacen; no obstante, por sí solo no provoca que el cambio se haga contagioso. He visto equipos extremadamente motivados, pero sin las aptitudes necesarias para que el cambio se vuelva contagioso hacia otros equipos.

Para originar estas aptitudes, no solamente deben mirar hacia adentro (el equipo), sino también hacia afuera (las interacciones con los otros equipos). Esto requiere inicialmente que los grupos que pertenecen a la misma *red de valor* tengan metas compartidas y un entendimiento también compartido del problema a resolver.

¿Sabías?

La red de valor representa la serie de actividades (procesos, personas, recursos, etc.) que utiliza un equipo de personas para crear soluciones que proporcionan el flujo continuo de valor a un cliente.

Está claro que los objetivos comunes ayudan a aumentar la colaboración entre equipos, pero no necesariamente instauran hábitos saludables entre quienes rodean al grupo que está cambiando.

Para convertir la organización en un lugar notable, necesita germinar una semilla diferente, que haga posible evolucionar las maneras de razonar de las personas, sus formas de resolver conflictos, cómo se adueñan de las labores, sus puntos de vista, las diferentes expectativas y otras actitudes.

A esto lo llamo *CREEP* (arrastrarse en inglés), y es un conjunto de cinco áreas donde suelo centrarme semanas antes de iniciar cualquier cambio, y luego de que la empresa haya comprendido las necesidades de sus empleados (ver página 100).

FIGURA 5.1: Focalizán•ose en las cinco áreas (CREEP) antes •e comenzar tu viaje

Centrarse en estas áreas facilita que el plan posterior se vuelva contagioso desde las etapas de despegar (*lift-off*) y ayuda a preparar a la organización para el incremento de los 5 tipos de agilidad (página 143):

C Conflict resolution (**Resolución de conflicto**)

R Reframing mindset (**Replanteamiento activo**)

E Exponential strategy (**Estrategia exponencial**)

E Expectations & alignment (**Expectativas y alineamiento**)

P Psychological ownership (**Apropiamiento psicológico**)

Pueden emplearse en cualquier orden, dependiendo de la situación, o incorporarse a hábitos ya existentes en la organización. Incluso en casos de iniciativas ya emprendidas, podrás comenzar a revisar estas áreas para darles mayor adaptabilidad y/o velocidad a la compañía.

Resolución de conflicto

No importa cómo definas la cultura de tu lugar de trabajo; es innegable que las dinámicas de relaciones interpersonales juegan un rol primordial en cómo se cumplirán los objetivos y qué tan exitoso será el plan de transformación empresarial.

Es casi un inevitable que el número de conflictos en la compañía aumenta durante períodos de cambio y, sobre todo, en situaciones donde las alteraciones son exponenciales. Aquí se crean nuevos roles, se adicionan tecnologías, se cambian las formas de interactuar y de hacer el trabajo, las métricas, etc. Todo esto puede incrementar la incertidumbre y el conflicto.

No es raro que te encuentres con líderes de organizaciones que te digan que uno de sus mayores desafíos es solucionar los conflictos que se dan cada día como resultado de situaciones inesperadas. En muchas ocasiones, y sin quererlo, ellos evitan esas conversaciones, pues creen no tener las habilidades para hacerles frente, no quieren herir los sentimientos de las personas, o no están seguros de que puedan emplear las formas tradicionales para resolver un problema de la nueva organización. He visto compañías invertir más tiempo en tratar de solucionar este tipo de situaciones que en apoyar la innovación, crear mayor valor de negocio para el cliente o buscar que las áreas que aún trabajan de forma lineal pasen a ser exponenciales.

Permíteme dejarte algo claro... **las organizaciones que no sepan gestionar el conflicto de una forma positiva difícilmente podrán acelerar su cambio.** Entonces, es necesario que cuentes con conocimiento específico para construir cimientos sólidos, donde tales situaciones puedan ser empleadas positivamente para pavimentar la tan deseada mejora continua.

En el primer capítulo te mostré el marco de resolución de conflictos de Runde y Flanagan para que pudieses evaluar dónde se encuentra tu compañía en términos de conflicto. Pero aquí te presento un tipo específico de comportamiento que veo frecuentemente y que puede poner freno a tu plan si no sabes gestionarlo correctamente.

En 1968, el Dr. *Stephen B. Karpman* desarrolló el **triángulo del drama** (víctima, acosador, rescatador), y si bien de esto hace más de 40 años, pienso que sigue siendo tan relevante y nuevo para muchos agentes de cambio como lo fue en su momento. El triángulo del drama se compone de tres roles que aparecen cuando surge un problema, y crea conductas totalmente disfuncionales.

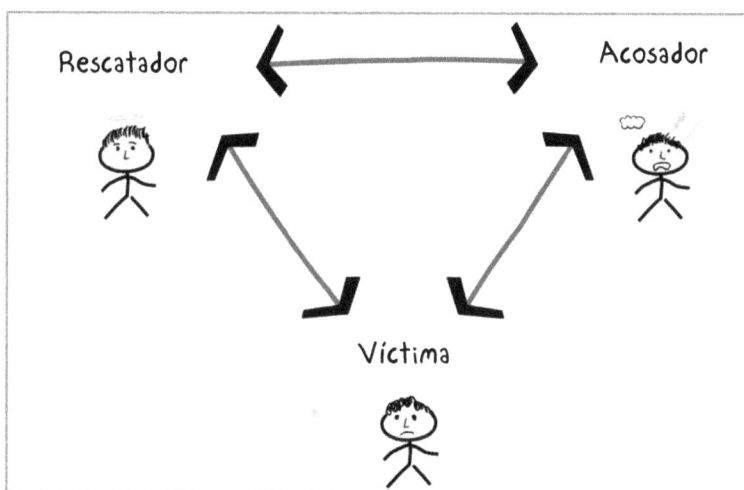

FIGURA 5.2: *Triángulo del drama del Dr. Karpman*

Víctima - La persona o equipo que se siente victimizado, oprimido, impotente, desesperanzado, avergonzado y parece ser incapaz de tomar decisiones por sí mismo (*¡Definitivamente nos despiden!, ¡Hicimos lo mejor posible, pero no pudimos más!*). En realidad, no es una víctima real, sino que se siente y actúa como si lo fuera.

Acosador - Es la persona controladora, crítica, opresiva, enojada, autoritaria, rígida y superior, y quien culpa a los demás de lo que ha pasado. El acosador insiste: *Es todo culpa de esta persona o equipo... ¡No hay gente que pueda hacer bien su trabajo en esta empresa!*

Rescatador – Es la persona que sistemáticamente se lanza a ayudar la víctima, y siempre *apaga los incendios.* Lo hace con buenas intenciones o porque cree que su solución o forma de pensamiento es mejor que la de los demás. *¡Yo los ayudaré a resolver esto!, ¡Conozco la mejor solución, sentémonos y hagámoslo juntos así pueden terminar el trabajo en tiempo!*

Ten en cuenta que con solo dos personas se puede dar este tipo de relación, pero también, que un individuo puede cambiar de rol dependiendo de la situación que se enfrenta.

En mis primeros años como consultor Agile en Inglaterra, fui contratado por una empresa digital de oferta de empleo que deseaba adoptar el marco de trabajo de Scrum. Allí el grupo tenía comúnmente el problema de que siempre aceptaba más carga de trabajo de la que permitía su capacidad real (víctima). Esto era producto de la presión y de que deseaban demostrar que podían ser mejores que en el pasado.

Durante el ciclo de trabajo de dos semanas, el propietario del Product Owner (acosador) solía hacer pequeños requerimientos adicionales, pero al final del ciclo criticaba en público y fuertemente a los desarrolladores (víctimas) por no haber cumplido el compromiso asumido. Y siempre, una misma persona externa al grupo (un ex jefe), les ofrecía ayuda (rescatador).

Este último (gerente anterior) normalmente se sentaba largas horas con los desarrolladores y, debido que había sido su jefe unos años atrás, solía realizar constantes comentarios sobre la baja calidad del código, o lo que debería haberse hecho de forma diferente (nuevo acosador). El ciclo se repetía una y otra vez, lo que generaba una relación de pérdida para todos. Pude apreciar que las acciones de los participantes comenzaban a **polarizarse** y se volvían cada vez más tensas, resultando en pérdida de motivación y resentimiento.

He visto organizaciones que, cuando crecen, también expanden inadvertidamente este tipo de relacionamiento; la disfuncionalidad se vuelve parte de la cultura y hace que el esfuerzo necesario para eliminarlo sea mucho mayor.

Está claro que el triángulo del drama es un patrón tóxico donde todos tratan de manipular, y no permite que el cambio se contagie ni que la empresa pueda adaptarse tan rápidamente como se espera.

Liderando las situaciones de conflicto

Es crucial que tú y los demás líderes conozcan formas efectivas de romper ese tipo de dinámicas, lo que claramente implica asumir responsabilidades por la situación. El primer paso es comprender su funcionamiento y reflexionar acerca de en qué casos del día a día tú terminas siendo parte del triángulo. Preguntarte lo siguiente puede ayudarte:

1. ¿Qué orientación adopto yo en la dinámica?
2. ¿Qué acción puedo tomar para liderar la salida del triángulo?
3. ¿Qué habilidades, recursos o entrenamiento creo que me faltarían para hacer frente a estas situaciones?

Déjame ponerte un ejemplo. Luego de una sesión de *coaching* en una compañía, los empleados se pusieron de acuerdo en tener siempre en sus bolsillos tres cartas (víctima, acosador y rescatador). Si sus conversaciones derivaban en un triángulo dramático, exhibían la más adecuada al rol asumido. Esto los hizo ser conscientes de las dinámicas y que pudiesen cambiar los hábitos por vínculos más saludables.

En otra empresa que ayudé realizamos un juego donde recreábamos una situación reciente y luego cambiábamos los roles de cada miembro. Cada participante podía observar, desde un ángulo diferente, lo que estaba pasando. Después empleábamos la dinámica de empoderamiento (*The Empowerment Dynamic* - TED) para establecer una nueva forma de comunicación entre los participantes. TED emplea una perspectiva diferente para romper con las dinámicas del triángulo del drama.

¿Sabías?

TED fue creado por David Emerald y se centra en balancear la forma en que se relacionan las personas, cómo aprenden y cómo asumen sus responsabilidades. Aquí se fomentan tres roles: *creador*, *desafiador* y *coach*. El creador es quien aprovecha su estado de motivación para desarrollar un producto o servicio que las personas amen. El desafiador se centra en brindar el aprendizaje y la visión, y desafiar al creador con ideas que se puedan volver realidad. Finalmente, el *coach* entiende cómo realizar preguntas poderosas para que el creador comprenda la visión, y para que el desafiador no entre en la trampa del triángulo del drama.

También puedes emplear una solución diferente cambiando pequeños hábitos (microhábitos). Por ejemplo, en otra empresa que ayudé, los arquitectos de software tenían como costumbre rescatar semanalmente a los miembros de los equipos Scrum cuando enfrentaban tareas difíciles: se sentaban en los puestos de trabajo de los desarrolladores del producto y hacían las labores que se consideraban arduas. Evidentemente esto solucionaba el inconveniente en el corto plazo, pero reducía drásticamente el aprendizaje y el compromiso compartido a mediano y largo plazo. Sugerí una sola regla que cambiaría para siempre los hábitos de su forma de relacionarse: *solo los miembros de los equipos de desarrollo podían tocar el teclado.*

Los arquitectos tuvieron que sentarse con los desarrolladores y explicarles qué hacer y cómo, pero eran los programadores quienes hacían las tareas.

¡Prueba esto!

¿Crees que el ambiente de trabajo es extremadamente conflictivo? Puede deberse a una persona **psicopática** tóxica. En un entorno tóxico, el cambio no puede volverse contagioso o exponencial. Una habilidad crucial para cualquier agente de cambio es identificar a las personas psicopáticas y utilizar técnicas adicionales a las aquí descritas. Aprende qué hacer aquí: *Innova1st.com/50N*

En los casos de arriba existen otras técnicas que podrían ayudar a resolver el conflicto, como crear normas de trabajo explícitas que den forma a hábitos saludables, o establecer principios y microhábitos nuevos y más sanos. Te recomiendo evaluar cada situación y que les preguntes a los equipos cuál opción consideran más adecuada.

Reframing

En los últimos años hemos usado diferentes técnicas, desde la lluvia de ideas (*Brainstorming*) hasta *Design Thinking* para crear nuevas oportunidades y productos innovadores. Estas son de utilidad innegable ya que ayudan a contar con más ideas para establecer soluciones basadas en la innovación y la creatividad.

Ambas técnicas, que datan de los años 50, tienen objetivos diferentes: Brainstorming se centra en proporcionar nuevas soluciones de forma colaborativa, tratando de enfocarse inicialmente en la cantidad de información y en utilizar la creatividad tanto como sea posible. Design Thinking, por su parte, es un enfoque iterativo para la resolución de problemas que busca intencionalmente incluir personas con diferentes perspectivas, conocimientos, habilidades y experiencias para solucionar un problema.

Cuando Design Thinking se emplea en la empresa, generalmente se pone a los consumidores en el centro de la escena, convirtiéndolos en cocreadores de un producto.

¿Recuerdas el ejemplo del primer capítulo sobre carruajes y coches, donde las personas empleaban nuevas ideas y conceptos, pero seguían usando formas de razonamiento antiguas para analizar y resolver problemas?

Desde mi punto de vista, esto es lo que podría ocurrir con estas dos técnicas. Si bien ambas son de mucha utilidad, no tienen como objetivo alterar radicalmente las formas de razonamiento que las personas han empleado por años. Personalmente creo que no se centran en adicionar nuevas estructuras mentales, muchas de las cuales podrían ser opuestas a los valores y principios que tienen las personas.

Si tu objetivo es que quienes te rodean razonen de forma diferente, Brainstorming y Design Thinking pueden ser técnicas a utilizar inicialmente, pero es reframing la que te ayudará a dar ese gran paso.

¿Sabías?

En las técnicas de Design Thinking, las personas emplean estructuras mentales conocidas para resolver un problema. Reframing, sin embargo, obliga a los individuos a usar diferentes formas de razonamiento para resolver el problema, muchas de los cuales podrían no existir previamente en la empresa. Ambas técnicas se complementan y pueden ser empleadas en conjunto para acelerar el cambio.

Déjame centrarme por un segundo en cómo funciona tu mente cuando tratas de resolver un problema. Cuando actúas en una situación o necesitas tomar una decisión, es habitual que, inicialmente, tu cerebro actúe según reglas que aprendiste durante la niñez, más otras integradas en etapas más tardías. Con ellas, tu mente fabrica un relato que da sentido a un conjunto de conjeturas que inclinan la balanza para que vayas por un camino u otro. Es común que las personas utilicen cada día más o menos las mismas formas de razonamiento (o modelos mentales) para resolver un problema. Es aquí donde las técnicas de reframing (o replanteamiento activo) son de vital importancia. **Cuando las personas emplean otros puntos de vista, ellas también llegan a conclusiones diferentes.**

Reframing no se centra en obtener más información, sino en *reiniciar* la mente con otro *sistema operativo* que haga posible razonar desde perspectivas diversas. Como resultado, se *reescribirán* distintas alternativas sobre la tendencia que normalmente tienen los individuos.

Desde el punto de vista de la neurociencia, el reframing aumenta la neuroplasticidad ya que las neuronas pueden conectar de forma diferente. Hay estudios de imágenes que muestran que las regiones cerebrales asociadas al aprendizaje y la adaptación se activan durante este nuevo proceso. Reframing no solamente cambia la percepción de la realidad, sino que impacta directamente en cómo las personas evocan sus memorias: nuevas formas de razonamiento harán una interpretación diferente de los recuerdos, lo que cambiará los comportamientos y decisiones del presente. En definitiva, alterando completamente el marco de la escena, utilizando otro lente o moviendo la cámara a un ángulo distinto, se reemplazan las historias antiguas por nuevas.

Con esto se logra razonar como si fueras un cliente al que no le gusta del todo la marca, como el gerente de la competencia, como el equipo que no entiende lo que se hace, o como alguien que está pensando en adquirir tu servicio. Pero, en todo caso, con una perspectiva que no existe entre las personas que intentan buscar la solución, ni en quienes les rodean.

Todos serán capaces de usar *lentes* alternativas diciendo *Lo veré de esta forma... Ahora lo observaré desde este otro ángulo que desafía mis principios... Luego me pasaré a una nueva lente y describiré lo que veo y siento...*, y así sucesivamente.

Cambiar la percepción de la realidad tiene importantes efectos positivos en lo personal (emocionalmente), en lo social (cómo la persona conecta con las demás) y en la cultura de la empresa. Los beneficios de *reframing* son:

- ▷ **Internamente**, ayuda a regular las emociones porque disminuye la activación de la amígdala.
- ▷ **Socialmente** ayuda a redefinir las formas de interactuar y colaborar con los demás.
- ▷ **En la empresa**, disminuye la resistencia al cambio.

En algunos casos se emplea un número pequeño de puntos de vista, por ejemplo, dos o tres. Por ejemplo: *Pongámonos en los zapatos del cliente y tratemos de pensar como él*. Aunque la mente temporalmente cambiará a la otra cara de la moneda, podría conservar los valores o principios originales al evaluar la situación. Ello no solamente limita el aprendizaje, sino que restringe la neuroplasticidad y adaptabilidad de las personas; es lo que se llama **efecto moneda**. Las técnicas de reframing requieren un número alto de perspectivas adicionales durante una única sesión para tratar de que no se produzca este sesgo cognitivo.

La sesión de reframing te permite adoptar varios puntos de vista, aunque ofrezcan aspectos que podrían desafiar tus creencias, haciendo posible reinterpretar el significado de eventos y situaciones diferente. Adicionalmente, permite regular las reacciones automáticas frente a experiencias emocionalmente cargadas. En breve te mostraré algunos ejemplos de cómo puedes emplearlo en tu día a día.

> *Debi·amente entrena·o, el ser humano pue·e llegar a ser el mejor amigo ·el perro.*

Corey Ford, Guionista (¡Un buen ejemplo de reframing!)

Sé por experiencia que las empresas tienen la tendencia de emplear las mismas formas de razonamiento. Es allí donde el reframing tiene un impacto crucial, pues hace posible incrementar la adaptación, crear nuevas experiencias y que todos puedan comprender distintos puntos de vista, incluso si son contrarios a los propios.

Los clientes con quienes trabajo normalmente adoran las técnicas de reframing, pues al aplicarlas, las personas comienzan a darse cuenta de que pensar empleando diferentes formas de razonamiento importa y mucho.

Sé que un gran número de agentes de cambio, coaches o consultores luchan durante meses, y hasta años, para tratar de que algunos gerentes comprendan la importancia de la forma de pensamiento (mindset) Agile o Lean. Y en muchas ocasiones, cuando los gerentes parecen haberla entendido, vuelven a sus viejos hábitos si existe un poco de presión. La causa de este retroceso es que no se establecen conexiones neuronales sostenibles, ni se da el aprendizaje necesario para que los comportamientos cambien de forma sustentable.

Te presentaré dos técnicas de reframing. La primera y más sencilla te será de utilidad cuando las personas estén expuestas a un evento de alta carga emocional, como puede ser el cambio organizacional abrupto. La segunda técnica, llamada de posición perceptiva, requiere de mayor preparación, pero hará posible que las personas sean capaces de adicionar nuevos puntos de vista cuando las perspectivas de un problema estén francamente sesgadas. Para esta, te mostraré una práctica especialmente diseñada para ser empleada en la empresa.

La técnica de Robinson Crusoe

Imagínate que trabajas en la caja de una gasolinera y una mañana como cualquier otra, cuando te dispones atender a los primeros clientes, ingresa una persona armada, se acerca a ti y te exige que le des todo el dinero. A continuación, hace lo mismo con cada uno de los clientes y abandona el negocio rápidamente, sin dejar heridos. Tú pasas semanas y meses preso de una situación mental que condicionará todas tus decisiones futuras.

Muchos han sufrido circunstancias similares, y padecido durante años, e incluso un gran número de afectados habrá optado por cambiar de profesión debido a eso. Aquí, el marco de pensamiento es generalmente:

ROBO = AMENAZA = EMOCIONES DE ANSIEDAD Y ENOJO

Aunque no lo creas, el cambio organizacional puede ser tan agresivo para el cerebro como la historia que te acabo de contar. Ambos podrían llevar a resultados no muy positivos que condicionarán actitudes, pensamientos, memorias y las decisiones futuras. Revisitar el evento con una perspectiva distinta evidentemente no cambiará los hechos, pero hará posible relacionarlo con otras emociones, y tener obtener diferentes conclusiones.

No estoy diciendo que el día a día de la empresa se parezca a la historia del ladrón en la gasolinera, pero sí que muchas situaciones tienen una carga emocional similar, y generan reacciones de miedo y frustración. En estos casos, la técnica de Robinson Crusoe te ofrece un buen punto de partida para establecer hábitos y emociones saludables.

¡Prueba esto.

Emplea la técnica de Robinson Crusoe en situaciones que resulten difíciles de enfrentar o cuando se requiera adicionar puntos de vista porque las opciones estén sesgadas.

Cómo emplear la técnica de Robinson Crusoe:

La idea aquí es que los participantes escriban al menos 15 o 20 líneas cortas que describan la situación conflictiva o escenario que están viviendo en la compañía. Por ejemplo, el caso anterior sería algo así:

- Un robo es un evento desagradable.
- El robo me hizo sentir indefenso.
- El evento ha sido el más desagradable que he tenido en los últimos 12 años.
- El recordar la situación me enoja y pone ansioso.
- La situación me hizo sentir inútil.

Una vez escritas, deben adicionar un *pero* al final de cada frase y escribir algo positivo desde el punto de vista personal. Los primeros minutos lo encontrarán difícil ya que requiere cambiar el foco, pero verás que poco a poco serán capaces de completar cada una de las frases.

Un robo es un evento desagradable **PERO** *es también la oportunidad para que otra persona, tan ambiciosa como yo, pueda tener una mejor vida.*

El robo me hizo sentir indefenso **PERO** *me ayudó a ver que el apoyo de mis compañeros de trabajo es realmente sincero.*

El evento ha sido el más desagradable de mis últimos 12 años **PERO** *la probabilidad de que ello vuelva a suceder es realmente baja. ¡Me podría haber pasado en cualquier parte!*

Recordar la situación me enoja y pone ansioso **PERO** *también me ayuda a replantearme las prioridades de la vida y prestar más atención a lo que realmente importa.*

La situación me hizo sentir inútil **PERO** *me enseñó a mantener la calma en contextos emocionales de alto estrés.*

La primera afirmación de la lista es realmente disruptiva ya que realiza una conexión entre los valores del participante y quien realizó el robo. Como puedes ver, incluso las experiencias más difíciles establecen la semilla de algo mucho más valioso. Todas ellas redirigen la atención hacia un nuevo punto de vista, lo que permite que el cerebro comience a transitar nuevas emociones y conexiones neuronales.

La técnica de Robinson Crusoe no solamente la puedes emplear con grupos, sino también durante sesiones de *coaching*, o incluso contigo mismo. Es fácil y puede ser usada con relativa facilidad.

Empleando la técnica de posición perceptiva

El segundo tipo de reframing requiere más preparación, pero es de mucha utilidad para establecer las bases de un cambio contagioso. Aquí las personas podrán usar distintas perspectivas cuando un problema parezca no tener solución aparente.

Déjame contarte una historia clásica que ilustra muy bien el coste potencial de solucionar una situación cambiando las formas de razonamiento. Se dice que había un edificio de oficinas de varios pisos, en Nueva York, donde los ocupantes se quejaban constantemente del servicio de los ascensores. Los tiempos de espera en las horas pico eran excesivamente largos, y por eso varios inquilinos amenazaban con terminar sus contratos de arrendamiento y mudarse a un edificio cercano.

Fue entonces cuando la gerencia autorizó un estudio urgente para determinar la mejor solución al problema. El análisis reveló que debido a la antigüedad del inmueble y la tecnología disponible, ninguna solución de ingeniería podría justificarse económicamente. Los ingenieros dijeron a los jefes que tendrían que convivir con ese problema durante los años venideros. El gerente, desesperado, convocó una reunión del personal a la que asistió un joven recientemente graduado en psicología, y que contaba con una lente diferente.

Al brindar ideas, el nuevo integrante no se centraba en la velocidad de los ascensores (como todos los demás en la reunión, incluso los clientes), sino en el hecho que los usuarios se aburrían como consecuencia de la espera. El joven sugirió instalar espejos en las áreas de abordaje de los ascensores, y también dentro de los mismos, para que los usuarios se pudiesen entretener. La empresa tomó esa sugerencia, que tuvo un coste relativamente bajo. Las quejas se detuvieron y el problema se solucionó; ahora ya sabes por qué hasta el día de hoy los ascensores utilizan espejos.

Este es un caso de reframing que se dio naturalmente porque alguien en la sala tenía una perspectiva completamente diferente.

¡Prueba esto!

Emplea la técnica de posición perceptiva para incentivar a que las personas puedan enfrentarse a los distintos problemas y ser capaces de resolverlos empleando perspectivas adicionales. Esto los ayudará a incrementar su Agilidad Mental.

Para una sesión de reframing necesitarás un grupo pequeño (de dos a ocho personas), contar con al menos dos horas y asegurarte de que las personas tienen espacio para moverse. Antes de la reunión, debes crear entre diez y veinte frases que representen perspectivas. Aquí puedes ver algunos ejemplos:

▶ Alguien que desea obtener beneficios positivos de esta situación

▶ Un miembro de un equipo de una empresa proveedora

▶ Un empresario totalmente exitoso que habla siempre de forma muy directa

▶ El capitán de un barco

▶ El gerente general de la competencia

▶ Alguien que busca que la empresa sea realmente estable

▶ Un empleado que trabajará un mes más y luego se jubilará

▶ Un niño

▶ Un individuo a quien le gusta dar consejos

▶ Alguien que quiere aprender más sobre cómo resolver la situación

▶ Una persona que solamente se preocupa por lo que gane en el corto plazo

▶ Un individuo que está buscando reforzar su situación actual

▶ Un escalador de montañas peligrosas

▶ Alguien que desea beneficiarse de la situación

▶ Una persona que desea reafirmar los valores de la compañía

▶ Un humorista que quiere reescribir el problema de forma graciosa

▶ Alguien que vive en una realidad paralela donde la situación no existe y desea conocer qué se está perdiendo

▶ Un escritor de libros de suspense o poesía

▶ Un viajero del tiempo que trabaja en la empresa en el 2030 y quiere enseñarnos su aprendizaje

▶ Una persona extremadamente tradicional

▶ Un carácter de ficción como Superman, el pato Donald o Cenicienta

▷ Alguien que habla solamente en forma de metáforas

▷ El Principito (lo esencial es invisible a los ojos)

Reúne al equipo en la sala y escribe, en no más de seis líneas, la mayor cantidad de información posible sobre el problema. Por ejemplo:

"7 de los 20 equipos de software que tenemos en la empresa pertenecen a un socio estratégico de negocio. Cada uno de los 13 equipos tiene roles específicos y algunos de ellos escasean. Varios de los roles del socio de negocio son necesarios ocasionalmente en los equipos pertenecientes a la empresa. El socio de negocio no permite que las personas de sus equipos se presten a los grupos de la empresa. La organización desea, en los próximos 6 meses, contar con equipos propios que puedan acceder a todos los conocimientos necesarios, pero a su vez, que se mantenga la velocidad actual de entrega."

Brinda una tarjeta a cada participante con las preguntas clave (ver abajo). Dales algunos minutos para que puedan reflexionar y conversar empleando sus puntos de vista personales.

PREGUNTAS CLAVE PARA AYUDAR A PENSAR

1. ¿Cuál es mi punto de vista de la situación _____?
2. ¿Cuáles son mis valores?
3. La situación me hace sentir estas tres emociones positivas...
4. ¿Cuál es la mejora/progreso que necesito para alcanzar esta situación? Piensa la pregunta en términos de progreso...
   ▷ Funcional (lo que hago)
   ▷ Emocional (lo que siento)
   ▷ Social (cómo interactúo)

5. Si sigo pensando y sintiendo de esta forma... ¿qué realidad personal se creará con esta situación? Si el escenario no se ha convertido en una realidad todavía, ¿me gustaría que se hiciese realidad?

6. ¿Qué cosas preguntarías si estuvieses empleando el punto de vista seleccionado?

Ahora entrega una de las perspectivas creadas anteriormente (diferente para cada participante) y bríndales cinco a ocho minutos para que la analicen y descubran individualmente los valores y puntos de vista del personaje, y comiencen a sentirse, tanto como puedan, como esa persona.

Podrán escribir conceptos, bosquejos, esquemas o lo que les parezca adecuado para expresar sus pensamientos con la nueva perspectiva. Una vez finalizado el tiempo, solicita a las personas que se introduzcan formalmente en el personaje. Deben adoptar los valores y el punto de vista de ese personaje. Pueden moverse e imitar las acciones y tonos de voz del personaje, pero en ningún caso humillarlo o ser sarcásticos.

Los participantes tendrán quince a veinte minutos para discutir el problema desde esa perspectiva, ver los beneficios y ofrecer soluciones. Opcionalmente puedes brindar cinco a diez minutos adicionales para reflexionar sobre lo positivo de ese nuevo punto de vista, pero recuerda que el objetivo es probar tantos puntos de vista como sea posible. A medida que se obtengan distintas perspectivas, captura la **matemática social** de la dinámica; unas seis o siete palabras que resuman la esencia de la forma de pensamiento analizada. Por ejemplo:

(PERSPECTIVA) El gerente general de la competencia: Los empleados de tu empresa son unos vagos; nunca tendrán equipos multifuncionales como nosotros.

(PERSPECTIVA) Un empresario exitoso que habla siempre de forma muy directa: No hay liderazgo en la empresa y eso hará imposible cambiar los contratos con los proveedores.

(PERSPECTIVA) Alguien que desea obtener beneficios positivos de esta situación: Mi forma de pensamiento ayuda a la empresa; ascender en la compañía es lo que debería priorizarse.

Puedes hacer preguntas, pedir opiniones, plantear situaciones y todo lo que consideres necesario para que el grupo practique con la nueva perspectiva. Ten en cuenta que deben tener tiempo para probar al menos ocho perspectivas por participante (*¡cuantas más, mejor!*), y quizás necesites más tiempo u otras sesiones.

La última parte de la reunión requerirá al menos de quince minutos. Solicitarás a cada participante que preste atención a las notas de la matemática social que has tomado. Luego que elija cada uno dos perspectivas que considere que no tenía presentes al comienzo de la reunión y que le podrían ser de utilidad para sus labores diarias. Los participantes podrían comprometerse a emplear esos puntos de vista durante las semanas venideras, e incluso brindar esa perspectiva a futuras reuniones y emplearla en la toma de decisiones.

En ambos casos conviene hacer algunas sesiones en el futuro para conocer el progreso ganado por los participantes, y cómo les ha ayudado emplear diferentes puntos de vista. Recuerda que el objetivo del proceso de reframing es poner en pausa el cableado neuronal que normalmente se emplea, y lentamente redirigir la atención a un punto de vista que establezca nuevas formas de pensamiento, razonamiento, nuevas interacciones y valores.

Si encuentras mucha resistencia, comienza con un grupo pequeño de personas afines a probar cosas nuevas que puedan mejorar el grupo. Finalmente, puedes cambiar la técnica, adaptándola como creas más conveniente, pero recuerda que cuantos más puntos de vista puedan practicar las personas, mejor será el resultado.

Estrategia exponencial

Las compañías digitales requieren un ADN que les ayude a adaptarse correctamente si el negocio pasa de crecer 10% al año a hacerlo 10^2. Ello implica no solamente expandir los procesos, sino también la tecnología y la cultura de la organización. En estos casos es de gran ayuda usar herramientas informáticas, pero también contar con nuevas formas de trabajo, aprendizaje, interacción con los clientes, métricas y un nuevo estilo de liderazgo.

> *No es suficiente recibir apoyo, sin importar qué tan necesario sea este. Es fundamental saber cómo recibir ese apoyo y garantizar que su resultado sea exponencial.*

Kay Rala Xanana Gusmão, Ex-presidente de Timor Oriental

Las técnicas de reframing que aprendiste permiten que las personas puedan cambiar más fácilmente sus perspectivas, lo que evidentemente aumenta la adaptación. Pero cuando se quiere expandir un recurso limitado se requiere de habilidades específicas, que permitan volver exponencial ese recurso, habilidad, técnica o forma de trabajo.

Primero, piensa en la forma en que empoderas a las personas. Si te ven como un jefe empujando el cambio, no vas por buen camino. Si tus productos se vuelven exponenciales, no podrás hacerte cargo tú solo de ese incremento en el número de requerimientos. Pensar en contratar más gerentes o líderes podría no ser una solución viable si se crece de forma desmesurada. Por ello, es importante que que los equipos se auto-organicen en sus labores y que perciban al líder como el impulsor de la visión de cambio que el patrocinador (Sponsor) ha propuesto, y también como un mentor que enseña buenas prácticas para ayudar a convertir los métodos lineales de entrega en hábitos exponenciales.

En las etapas tempranas de la iniciativa de cambio, debes clarificar cuál es tu nuevo rol como líder, así como el de las demás personas afectadas. Puedes reunirte con ellas y conversar sobre sus expectativas, desafíos, oportunidades, derechos y obligaciones en un entorno exponencial.

¡Prueba! esto.

Reúne a todos los equipos en una sala y fórmalos en pares. Pídeles que escriban cuáles creen que son sus derechos, obligaciones y expectativas durante la iniciativa de cambio por venir. Luego, haz que cada par comparta y converse sobre sus similitudes y diferencias entre lo escrito por cada equipo. Esta dinámica puede ayudar a que las personas mejoren su alineamiento con el resto de la organización y expectativas de cara a las responsabilidades de un entorno que cambia constantemente.

No necesitan las personas un detalle exhaustivo de cada rol, sino que ellos tengan claro cuál será el valor diferencial que aportarán durante el cambio y cómo se apoyará una estrategia exponencial. Esto puede incluir de antemano tareas que comiencen a involucrar la automatización de procesos, inteligencia artificial, Big Data y adaptar cómo son las relaciones con los empleados y clientes.

También es necesario que refuerces el propósito recurrente la visión de *¿por qué hacemos esto?*, pues es frecuente que las personas en una empresa donde hay cambios constantes pierdan el entendimiento del impacto que se está tratando de lograr. Conocer *por qué* se están haciendo las cosas, conectarlo con el propósito y reafirmarlo de forma recurrente ayuda a que los individuos y grupos que hacen el trabajo puedan tomar mejores decisiones y actuar más asertivamente ante situaciones imprevistas.

Déjame ponerte un ejemplo. Hace algún tiempo visité los equipos de desarrollo de una empresa líder en turismo. Comprendían perfectamente sus roles y desde hace meses venían empleando el marco de trabajo de Scrum. Sus integrantes entendían la visión de cambio, los objetivos y la dirección hacia donde se dirigían sus productos. Pese a su buen funcionamiento, tenían una restricción importante que bloqueaba el crecimiento de la organización; radicaba en una gran dependencia entre las aplicaciones *front-end* y los respectivos servicios *back-end*. Los gerentes trataban constantemente de gestionarlas y remover esas dependencias, pero las tareas se tornaban cada día más tortuosas.

La exponencialidad había hecho que los cambios fuesen cada vez más frecuentes, y el problema se exacerbaba debido a que distintas partes de un mismo producto podían ser desarrolladas por grupos diferentes de individuos. Si un equipo *front-end* necesitaba un servicio *back-end* para alimentar su aplicación y este no estaba disponible, debían esperar hasta que el servicio fuese hecho público por sus *dueños*, incluso si el equipo *front-end* contaba con disponibilidad y habilidades para implementar el servicio *back-end*.

Allí facilité varias sesiones de *coaching* para que, desde una perspectiva diferente, pudiesen crear un conjunto de valores y principios explícitos para sus interacciones. Esto se basó en emplear perspectivas diferentes que ayudasen a establecer nuevas normas que rigiesen la forma en que llevasen adelante sus interacciones cuando se enfrentasen a situaciones que bloqueasen el crecimiento exponencial.

Se adquirieron nuevas responsabilidades sociales (captura de la inteligencia colectiva, alerta al autor original del componente sobre el cambio, etc.), lo que se derivó en acciones o hábitos más sanos (testing automatizado, DevOps, verificación de los nuevos componentes con miembros de otros equipos, etc.) a ser tomados en cuenta cuando se tenía un problema.

Gracias a estas nuevas formas de trabajo, los equipos comenzaron a disponer de más tiempo para atender las áreas con recursos acotados (como la arquitectura de software) o de otros conocimientos específicos con mucha demanda, así como también para centrarse en aquellas nuevas metas que se iban descubriendo debido a las características del crecimiento exponencial. Se automatizaron procesos rutinarios, dejando atrás los métodos lineales de entrega de producto. Los procesos se volvieron exponenciales y empezaron a evolucionar diariamente.

Estos cambios rápidamente liberaron a los gerentes y empleados, disminuyó la complejidad de los procesos y fue mucho más sencillo multiplicar el valor de negocio entregado, aumentando así la motivación de todos. En pocas semanas, los equipos comenzaron a emplear comunidades de práctica donde las personas aprendían de la experiencia y esparcían el conocimiento al resto de la organización.

¿Sabías?

Puedes conocer más sobre los beneficios de las comunidades de práctica en el documento de Etienne Wenger, *Communities of practice and social learning systems* en: *Innova1st.com/50A*

Una de las decisiones que tuvo mayor impacto fue adicionar métricas en tiempo real, lo que cambió rotundamente el relacionamiento con el cliente, ya que se podía observar diariamente tendencias como la satisfacción de los usuarios (*Net Promoter Score, NPS*), porcentaje de retención y monetización.

Pero ser exponencial también implica *aprovecharse de toda red de mentes* al alcance de la empresa. Puedes emplear a los clientes no solamente para obtener retroalimentación, sino también para que ayuden a pensar a la organización. Esta es una de las características necesarias de una compañía exponencial: *usar cualquier red de mentes que esté disponible para resolver problemas.*

Este tipo de estrategia puede implementarse moviendo hacia los clientes o hacia otras redes ciertos procesos de la organización. Algunas vías son la gamificación, los torneos u otras dinámicas que atraigan el potencial de esas mentes como un cerebro externo que ayude a brindar soluciones a los problemas de la empresa. En definitiva, toda empresa exponencial requiere al menos mejorar en las siguientes áreas:

▷ Que los empleados actúen como activistas de un movimiento social liderado por una visión de cambio y producto, que se puedan autoorganizar para definir pautas claras de interacción. Así se creará una red de personas e inteligencias que produzca un aceleramiento del conocimiento compartido y la evolución rápida de los mejores procesos, metodologías, arquitecturas, etc.

▷ Reafirmar constantemente por qué se está haciendo el trabajo, el impacto que se desea lograr y conectarlo con el propósito y metas del negocio.

▷ Utilizar ciclos cortos de trabajo y experimentación, y fomentar el aprendizaje rápido.

▷ Emplear tecnologías relacionadas con la nube para simplificar las arquitecturas de software existentes (Amazon AWS cloud, Google cloud Platform, Windows Azure, etc.).

▷ Automatizar los procesos que actualmente requieren crecimiento lineal para que pasen a ser exponenciales.

▷ Aprovechar cualquier red de mentes existente para que actúe como un cerebro externo de la organización en la resolución de problemas.

▷ Adaptar los planes según las métricas en tiempo real o información provista por inteligencia artificial y Big Data.

Debes tener en cuenta que los ciclos de trabajo y experimentación en una empresa exponencial pueden volverse cada vez más pequeños. De acuerdo a *Ericcsson Research*, la próxima versión de redes de datos para teléfonos móviles será capaz de utilizar velocidades de hasta cinco gigabytes por segundo, y será posible que la información recogida diariamente y su posterior análisis con inteligencia artificial determine en tiempo real cómo mejorar el producto, las características a remover o los defectos a corregir. El resultado se traducirá en nuevas tareas de análisis, desarrollo, e implementación que serán resueltas por los equipos en cuestión de horas o minutos. Ya no hablaremos de ciclos de trabajo de semanas o días, sino que de horas o minutos.

Un ejemplo claro de exponencialidad es Amazon, donde los robots se vienen empleando en sus almacenes desde hace años. La empresa sabía que sería imposible crecer linealmente en ciertas áreas, pero también que automatizar sus actividades estratégicas más importantes (los datos y el almacenamiento en la nube) podría proveer información crucial más rápidamente a sus clientes, para que ellos pudiesen tomar mejores decisiones y con mayor velocidad.

En definitiva, una estategia exponencial debería tener el propósito de aumentar la flexibilidad y agilidad de todo el negocio (Business Agility) y no solo algunas áreas.

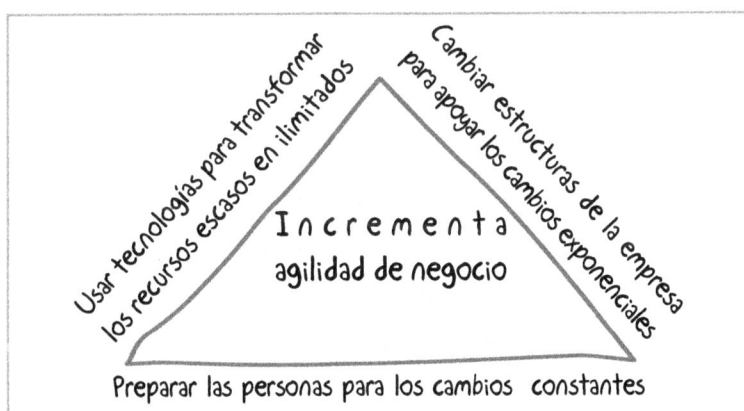

FIGURA 5.3: *Tres áreas a considerar para aumentar la agilidad de todo el negocio*

Para aumentar la agilidad del negocio, es necesario modificar las estructuras organizativas para así tener un mejor ecosistema, cambiar las tecnologías utilizadas para apoyar la innovación y las oportunidades emergentes, ayudar a los empleados a adquirir nuevas habilidades para hacer frente a los cambios constantes y modificar la forma en que se gestionan los recursos limitados. Como consultor de cambio, esto requiere que ayudes a toda la organización a alterar los procesos, evolucionar la cultura, cambiar la gobernanza, descubrir nuevas formas de liderazgo, etc.

Expectativas y alineamiento

La alineación de las expectativas de la red de valor o la organización es la base del éxito estratégico cuando se trata de un cambio. Este es uno de los secretos para que la transformación sea sustentable y el cambio se torne contagioso. Se requiere una inversión inicial de tiempo y esfuerzo para facilitar el alineamiento de las metas y prioridades compartidas; es decir que todos deben estar en la misma página y viajar en la misma dirección y a la misma velocidad.

Las personas también deben asegurarse de que las formas de trabajo existentes puedan funcionar bien con los nuevos valores y principios; que no se generen conflictos. Se trata de que la maquinaria de la organización tenga una única prioridad que haga posible producir el máximo valor de negocio para el cliente, así como adaptarse rápidamente.

Muchas empresas tienen expectativas dispares debido a que los empleados no comprenden correctamente la visión de la compañía o la estrategia de cambio, las prioridades del valor de negocio a entregar, o las habilidades o capacidad requeridas.

Debes tener en cuenta en que todos los miembros de los equipos se alineen fuertemente con las visiones de producto y de cambio, los valores, principios, metas y definición de valor de negocio para adquirir hábitos saludables.

Cuando las situaciones cambian constantemente, es fácil perder de vista el propósito de por qué estamos haciendo algo, entonces se crea una alineación pobre que da como resultado que las personas no puedan tomar buenas decisiones sobre el coste o el alcance de su producto.

Si aumenta la carga de trabajo y se da a todo la misma importancia, las personas estarán tan ocupadas que no tendrán el tiempo ni la motivación para mantener el foco en la prioridad más alta o en la mejora continua. Y esto puede llevar a una enorme frustración.

Muchas compañías necesitan aprender que no pueden tenerlo todo y, como mínimo, deben decidir por dónde empezar y qué abandonar. Se deben identificar colaborativamente aquellos departamentos a cambiar primero, en qué zonas hay mayor conocimiento y predisposición a hacerlo y qué partes de producción lineal (con recursos, procesos o técnicas limitadas en número) podrán transformarse en exponenciales.

Aquí podría ser una buena idea que el cambio se implemente de forma incremental, usando alguna de las técnicas explicadas en el capítulo 3. Puedes también hacer uso de una pila de cambio (*Change backlog*), como hace el marco de trabajo de Scrum. Aquí, es una excelente alternativa gestionar correctamente esta pila, por ejemplo, con definición clara de valor de negocio y técnicas de refinamiento de la pila.

> *En ausencia de información sobre el valor que algo provee, por supuesto que el sistema optimizará otras cosas. ¿Por qué debería sorprenderle esto a alguien?*

Joshua J. Arnold, Consultor Agile

Las formas de pensamiento Agile (*Agile mindset*) centra esa alineación en mejorar constantemente los procesos y en mantener a los empleados focalizados en deleitar al cliente. Esto último puede apoyarse teniendo en cuenta las cuatro áreas de la figura 5.4 (siguiente página).

Incrementar las ventas a clientes existentes o nuevos. Deleitarlos o crear una disrupción para aumentar la cuota de mercado.

Mejoras e innovación incremental para mantener los ingresos y participación en mercados actuales.

Salud Organizacional

Aumentar ingresos

Proteger ingresos

Salud organizacional es seguridad psicológica más creación de valor de negocio sustentable y a perpetuidad

Reducir costos

Evitar costos

Costos que incurres actualmente y que se pueden reducir. Mayor eficiencia o márgen.

Mejoras para sostener la base de costos actuales. Costos en los que no se está incurriendo actualmente pero que se podría incurrir en el futuro cercano.

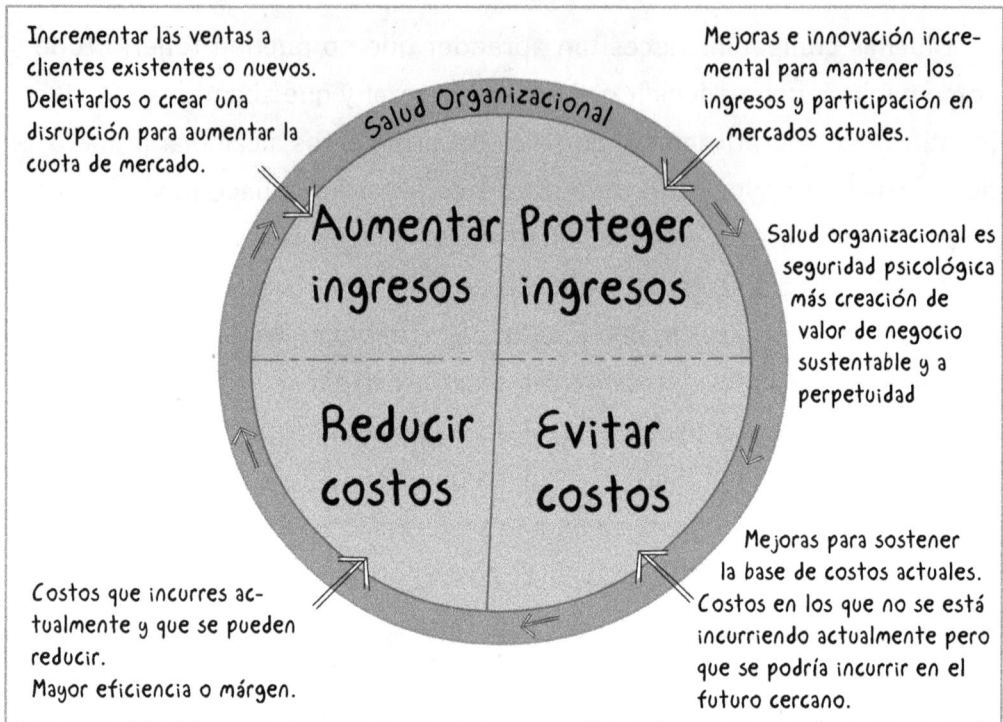

FIGURA 5.4: Funcionalidades/acciones aquí deberían mantener o aumentar la salud organizacional

Clarificar qué significa valor de negocio permite validar ideas y alinear las expectativas. Ten en cuenta que una definición de valor de negocio está generalmente asociada a un portafolio específico. La administración de portafolios de negocio es un problema particularmente difícil de resolver ya que varios productos compiten inicialmente por la capacidad de la organización. La solución de este problema requiere un enfoque claro sobre qué es el valor de negocio y un acuerdo explícito sobre la manera de trabajar juntos.

Posteriormente pueden considerarse nuevos elementos en la ecuación, tales como el nivel de satisfacción del cliente, el impacto de las áreas exponenciales o aquellas con recursos escasos, o el peso de la innovación (entre otros).

Una vez que hayas adoptado una definición de valor de negocio, deberás asegurarte de que es comprendida por todos los involucrados, pues será la base que permitirá crear un buen alineamiento.

¿Sabías?

¿Escuchaste alguna vez del sesgo de la visión asimétrica (*illusion of asymmetric insight*)? Este es un sesgo cognitivo de la forma en que tu cerebro procesa la información y el conocimiento. Te hace creer que conoces mejor a los demás de lo que ellos te conocen a ti. Como resultado, crees saber cuáles son sus expectativas y tomas decisiones basadas en esa posición, lo que puede traer malentendidos y pérdida de alineación en el mediano plazo. Haciendo las expectativas explícitas puede ayudar a superar este sesgo.

Es de mucha ayuda visualizar y analizar la red de valor y su evolución, no solamente para alinear las expectativas, sino también para comprender que cualquier actividad en la empresa debe mejorarse. Para alcanzar este objetivo, las técnicas de mapa del flujo de valor (*Value Stream Mapping*) del pensamiento Lean (*Lean mindset*) son de gran ayuda. Value Stream Mapping es una técnica gráfica que permite visualizar los procesos y entender el flujo de trabajo, información y recursos necesarios para que un producto o servicio sea creado. Es esencial que las metas sean claras y que estén conectadas a una visión poderosa de cambio o producto.

¿Sabías?

¿Quieres saber más sobre el mapa del *flujo de valor* y *mapa de Wardley?* Este último es una herramienta avanzada para graficar un flujo de valor y su evolución. Lee más en: *Innova1st.com/51B*

Pero es necesario alinear mucho más que a los equipos y productos para que la organización en su totalidad pueda reaccionar más fácilmente ante las nuevas situaciones, adaptarse, y crear una mayor innovación. Los procesos de toda la empresa deberían seguir los 4 principios de la figura 5.5 (siguiente página).

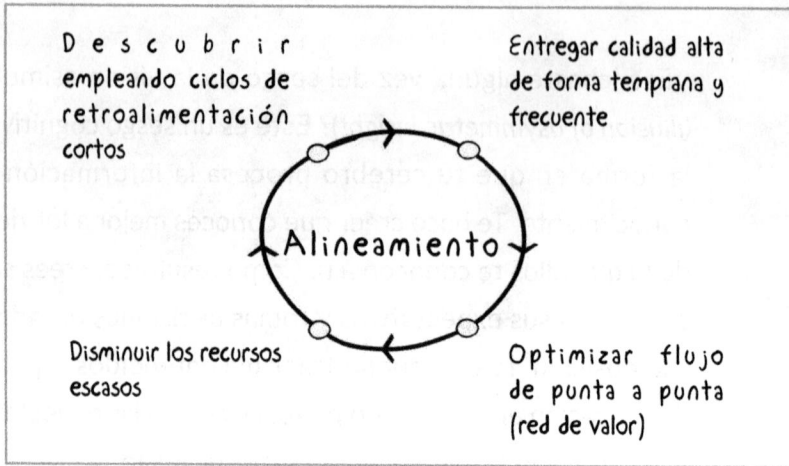

FIGURA 5.5: Principios para alinear procesos ∘e la empresa

Estas son algunas recomendaciones para lograr un alineamiento más efectivo en entornos con alta variabilidad:

1. Asegúrate de contar con una visión poderosa y metas que sean compartidas por los equipos de la misma red de valor.

2. Reafirma constantemente el propósito del cambio (*¿Por qué estamos haciendo esto?*).

3. Cuenta con una definición clara y compartida de valor de negocio.

4. Facilita que las personas se sientan cómodas verbalizando y compartiendo sus expectativas.

5. Utiliza metas que sean *SMART*: *Specific* (específicas), *Measurable* (medibles), *Action-oriented* (conectadas con una acción), *Realistic* (realistas) y *Timely* (oportunas).

6. Involucra a personas que puedan influir positivamente en el éxito de la iniciativa.

7. Emplea ciclos de trabajo muy cortos (similares al Sprint de tiempo fijo empleado por el marco de trabajo de Scrum), aprende, reflexiona y mejora continuamente.

Apropiamiento psicológico

Si eres piloto de Fórmula 1, durante tus primeras carreras te verás a ti mismo como alguien que conduce un coche de alto rendimiento. Al pasar las semanas, tu esfuerzo y el tiempo invertido harán que aflore en ti un sentimiento de propiedad sobre el vehículo. Sin que lo sepas, tu mente se está adueñando del coche, de las metas, de la estrategia y de todo lo que pueda influir en tu futuro... aunque el vehículo no te pertenezca y esté claro que eres simplemente un empleado de la marca.

Esto es lo que los psicólogos denominan apropiamiento psicológico (*Psychological ownership*). Se da porque los individuos invierten tiempo, esfuerzo, contribuyen de forma creativa, toman decisiones y aprenden de lo que hacen.

¿Sabías?

Si tienes curiosidad acerca de experimentos relacionados con el fenómeno del apropiamiento psicológico en empresas, puedes leer la siguiente investigación de *Journal of organizational behaviour* en Innova1st.com/52C

Si eres gerente, probablemente te adueñarás psicológicamente de las etapas del proyecto, de sus éxitos e impacto. Pero también te sentirás fuertemente responsable y esperarás que los demás tengan los mismos niveles de compromiso. Hasta 2001 nadie había pensado que existía una relación entre el apropiamiento psicológico y lo exitosa que podría ser una compañía. A partir de entonces, varios investigadores comenzaron a realizar estudios en las compañías tradicionales. No obstante, quiero dar un paso más y conectar el concepto con las empresas Agile, digitales y exponenciales.

Un desarrollador de software, por ejemplo, podría adueñarse de ciertas líneas de código de una aplicación, o módulos de los cuales se sienta orgulloso, o quizás de una infraestructura de software que haya desarrollado, de un proceso que haya creado o incluso de una herramienta. Este patrón psicológico puede darse incluso en los casos donde la empresa establezca claramente que el trabajo producido dentro del horario laboral es de su propiedad.

Evidentemente, este apropiamiento es una ventaja sustancial para la empresa, pues hace posible que las personas se sientan orgullosas y avancen en sus carreras creando productos de excelencia, porque:

- Aumenta el compromiso de las personas con su trabajo.
- Ayuda a tener mayor motivación.
- Incrementa la autoestima y satisfacción de los empleados.
- Ayuda a crear productos y servicios de mayor calidad.
- Hace que quienes se involucren en un proyecto deseen continuar en él.
- Incrementa el deseo de participar en el proceso de toma de decisiones.
- Hace que los grupos puedan encontrar mejores metas y soluciones.
- Incrementa el conocimiento compartido.
- Disminuye la rotación del personal.

Ya sabemos que el apropiamiento psicológico es una de las claves para cualquier organización, pues produce varios efectos positivos a mediano y largo plazo. También ayuda a contagiar los efectos del cambio. En varias organizaciones más tradicionales, muchas veces se emplean prácticas de gestión que disminuyen considerablemente el apropiamiento psicológico. Ello es debido a que implementan un estilo de gestión y control excesivo (*command and control*) que hace que los empleados tengan que pedir permiso o se necesiten aprobaciones para llevar adelante sus tareas. *¿Alguna vez consideraste estos factores en una iniciativa de cambio?*

En estos casos, muchas personas procurarán no involucrarse, ni a intentar una mejora continua de los procesos; más bien tenderán a hacer su trabajo y volver a casa tan pronto finalicen su horario laboral.

El marco de trabajo de Scrum, por ejemplo, impulsa que las personas se puedan autoorganizar para decidir, ellas mismas, qué tareas podrán llevar adelante, según la capacidad que tengan disponible, y cómo lo harán. Su impacto es positivo debido a que incrementa el apropiamiento psicológico como consecuencia de que los individuos puedan elegir su propio futuro. *¿Cómo puedes incentivar apropiamiento psicológico positivo?*

Los resultados de un estudio realizado acerca de la cultura de apropiamiento en empresas (*Ownership Culture Survey, OCS*), los empleados consideraron que la equidad (*fairness*) era el factor más importante dentro de la compañía para que se aumentase de forma positiva ese patrón. *Equidad* significa que todos puedan ser tratados de forma justa, con reglas sensatas, y que no exista trato preferencial hacia personas específicas.

¿Sabías?

Puedes encontrar el estudio sobre el apropiamiento en la cultura de la empresa aquí: *Innova1st.com/53D*

En el mismo estudio, el segundo factor más importante resultó el sentido de comunidad (vínculo con sus compañeros y demás personas), y el tercero, la posibilidad de *participar activamente*, opinar y ser incluidos en las decisiones. *¿Tienes generalmente en cuenta estos factores en tu plan de cambio?*

Si no tienes estos valores en la empresa (equidad, comunidad y participación), es buena idea incluirlos en tu visión de cambio.

Un buen ejemplo es lo que me sucedió hace unos años atrás. En una empresa financiera que cotizaba en la bolsa de valores se quejaban de que los procesos para poner un producto en el mercado eran extremadamente largos y complejos. La principal causa era el tema legal, ya que toda aplicación debía cumplir largos procesos de auditoría que incluía cumplimentar cientos de pasos y formularios antes de poder hacer pública una nueva versión.

La respuesta necesitó que los jefes confiaran en los empleados y empoderar a los auditores y equipos de software para que encontraran sus propias soluciones. Se rompieron varias reglas y puntos de vista utilizados por años, que parecían inamovibles. Ese rompimiento no solo aumentó la motivación; también ayudó a generar soluciones innovadoras y que las personas se sintiesen más comprometidos con sus labores.

Los auditores y equipos empezaron a trabajar codo a codo en el desarrollo del producto, en vez de esperar el final del ciclo para realizar la auditoría. Esta simplificación permitió reducir de dos semanas a dos días el tiempo necesario para liberar una nueva versión.

Apropiamiento psicológico en la era de las empresas digitales y Agile

Algunos veranos atrás visité a un cliente que estaba en problemas con su transformación digital. Había gastado millones de dólares en planes de formación, adecuación de sus oficinas y hasta en el rediseño de su imagen corporativa. Era julio y ni siquiera habían podido cumplir con las metas pactadas en enero. Por algún motivo aún inexplicable, la resistencia institucional al cambio era enorme.

Los gerentes estaban atónitos; llegaron a pensar que se trataba del perfil de personas que estaban contratando. Su punto de vista a esa altura era que todos eran unos inútiles. Revisaron la totalidad del proceso de reclutamiento e hicieron varios ajustes. Los equipos pasaron a encargarse de las entrevistas de selección de los candidatos, y ello llevó a que implementaran un nuevo protocolo para determinar si los postulantes encajaban con el perfil necesario. Pese a ello, la iniciativa de cambio seguía moviéndose a un ritmo desacelerado.

Tratando de mejorar la situación, decidieron trasladar a seis empleados que trabajan de forma remota a las oficinas centrales. El resultado tampoco ayudó, aunque sí contribuyó a que se formase un mejor ambiente de trabajo debido a que los empleados locales y las personas que antes estaban de forma remota se llevaban muy bien.

Un día, hablando con las personas encargadas del diseño de un componente crucial de un producto de software de uso interno, descubrí algo realmente impactante: todos los equipos de esa área se sentían orgullosos del módulo que habían implementado años atrás... *¡Y el plan de cambio proponía desecharlo!*

Por esa razón, y sin saberlo, habían estado saboteando el plan de transformación de la empresa: habían creado decenas de bloqueos en distintas partes de la organización que frenaban indirectamente el plan de transformación. Como puedes ver, el apropiamiento psicológico puede ser un dolor de cabeza si las personas deben crear soluciones de excelencia de las cuales sentirse orgullosas, pero también desecharlas en cuestión de meses o semanas. *¿Cómo te sentirías si te dijesen que se van a deshacer de todos los trabajos que has realizado en los últimos años?*

En las empresas Agile se intenta que se cree mayor valor de negocio para los clientes y con un mayor compromiso, pero no se enseña a las personas a deshacerse de sus creaciones. Toda empresa que requiera de alto compromiso, labores de excelencia y que proporcione productos para mercados de cambio exponencial, pondrá el cambio en riesgo si no sabe cómo gestionar tales situaciones.

Hay algo interesante y relacionado a esto en el estudio de OCS: indica que **los gerentes y mandos medios tienden a no darle demasiada importancia al apropiamiento psicológico**. Como resultado, no se desarrollan situaciones y estrategias para que las personas se desprendan de sus creaciones. Hacerlo requiere formas sistemáticas y seguras para que los empleados puedan conectar su parte emocional con la pérdida, y que todo ello se haga con transparencia.

Ten en cuenta que las personas dan a sus pertenencias el doble de su valor, así que lo nuevo debe representar más del doble que lo que se deja atrás... Y por ello es realmente difícil deshacerse de un teléfono móvil, una casa, un proyecto en el que has trabajado, tu posición en la compañía, etc.

Una práctica que puedes emplear es la de realizar sesiones específicas que hagan visible el problema. Puedes emplear juegos y dinámicas para que las personas lo descubran y elaboren un plan de desprendimiento con una actitud positiva. A mí me gusta la idea de efectuar celebraciones donde se dé la bienvenida a un nuevo plan de cambio o producto, pero también que se elogie explícitamente lo que se deja atrás y se congratule a las personas que fueron parte de ello.

¿Puedes ver comportamientos relacionados con el apropiamiento psicológico en tu organización?

CREEP. Las cinco áreas a tener en cuenta

Muchas de lo que has aprendido en este capítulo lo encontrarás en mayor o menor medida en tu compañía. En algunos casos necesitarás simplemente amplificarlas los buenos hábitos, mientras que en otros tendrás que enseñar las diferentes opciones y asegurarte que las personas se adueñen de estas.

Ten en cuenta que los patrones organizacionales y las actitudes psicológicas clave suelen tener una característica en común, y es que pasan desapercibidas si no se conocen. Es como cuando acaba de nacer tu hijo y comienzas a ver que todas las publicidades de la TV y carteles en la vía pública hablan ahora de productos para bebés. En realidad, no es que esa publicidad no estuviese allí, sino que ahora tienes el conocimiento para observarla.

Déjame contarte algo relacionado con esto; se llama el *fenómeno de Baader-Meinhof* (o la ilusión de frecuencia). Esta ilusión de frecuencia se debe a que tu cerebro se ve entusiasmado por haber aprendido algo nuevo y produce una atención selectiva. Él dirá inconscientemente *¡Guau, esto es increíble! Voy a buscarlo sin realmente pensar en ello*. Y entonces lo encuentras en todos lados: **tu mente produce un sesgo de confirmación y se convence a sí misma de ello**, aunque solo lo veas una o dos veces. Por eso, cuando aprendes un nuevo patrón psicológico u organizacional, dices *¡ajá!* y empiezas a ver en forma diferente mucho de lo que te rodea, y hasta llegas a nuevas conclusiones sobre acciones de tu pasado.

Este es un truco que puedes hacer en tu compañía para que quienes te rodean puedan ver las mismas cosas que tú... enséñales aquellos patrones que consideres que tendrán un impacto positivo en ellos y sus relaciones, para que puedan comenzar a ver, también, estos patrones.

Mi recomendación personal es que, meses antes de iniciar tu plan de cambio, te centres en analizar y balancear cada una de las áreas que aprendiste y observes el impacto que tienen sobre los individuos y los equipos. Esto te será útil para que todos cuenten con bases sólidas para que el cambio pueda tornarse contagioso.

Lo que has aprendido

- ☑ La forma en que el conflicto puede producirse y cómo encontrar soluciones.
- ☑ Cómo hacer que las personas puedan incorporar diferentes puntos de vista (reframing).
- ☑ La técnica de Robinson Crusoe y de posición perceptiva.
- ☑ Los efectos de lo exponencial y cómo prepararse para ello.
- ☑ La forma en que las expectativas de los equipos pueden apoyar un cambio.
- ☑ Cómo el apropiamiento psicológico afecta la entrega de valor de negocio al cliente.

1. ¿Puedes encontrar el triángulo del drama en alguna parte de tu organización? ¿Qué estrategia podrías utilizar?

---

2. ¿Qué cosas podrías hacer durante una reunión para que las personas pudiesen pensar una situación desde diferentes puntos de vista?

---

3. ¿Cuáles son los efectos del apropiamiento psicológico y cómo puedes disminuirlo?

---

4. ¿Cuál es la relación de este capítulo con los cinco tipos de agilidad mencionados en el capítulo 4 (técnica, estructural, resultados, social y mental)?

Preparando al equipo de transformación

CAPÍTULO 6

Definitivamente eres una persona distinta en diferentes etapas de tu vida.

Ben Harper, Músico

En algún momento tu compañía decidirá cambiar de estrategia; ello repercutirá, sin lugar a dudas, en cómo las personas harán el trabajo e interactuarán con otros, así como en la forma en que se expandirán los procesos de la organización (escalamiento).

Verás que el cambio se origina comúnmente por alguno de los siguientes motivos:

▸ Situaciones de mercado desafiantes.
▸ Querer brindar más valor al cliente.
▸ Deseo de ganar un nuevo mercado.
▸ Necesidad de incrementar los ingresos.
▸ Deseo de proteger la base de clientes existente.
▸ Posibilidad de evitar costes adicionales.
▸ Fusión o adquisición por otra compañía.

En el capítulo anterior aprendiste varios patrones (*CREEP*) que todos en la empresa deberían conocer meses antes de despegar una iniciativa de cambio y/o nuevo producto. Este conocimiento impulsa la instauración de hábitos saludables y la mejora organizacional continua. El resultado de comprender esos cinco patrones es desarrollar las habilidades necesarias para:

1. **Medir los niveles de conflicto** existentes y contar con técnicas que faciliten la resolución de problemas en momentos de alto estrés o incertidumbre.
2. **Utilizar activamente**, al analizar una situación, **puntos de vista de diferentes** personas con distintas motivaciones y valores (*reframing*).
3. **Reconocer el impacto de lo exponencial en el negocio** y las características necesarias para aprender rápidamente en estos entornos.
4. Que los líderes y demás personas puedan **aprovechar las redes de mentes externas**, la automatización de procesos, la inteligencia artificial, las herramientas en la nube, y Big Data para acelerar los resultados.
5. Comprender el **apropiamiento psicológico** y usar estrategias para que las personas se enamoren de lo que hacen, pero también que sepan desprenderse de cosas de las que se sientan orgullosas.
6. Colectivamente, **alinear las expectativas** y que las metas estén conectadas con una visión poderosa y un propósito claro.
7. **Mejorar** factores relacionados con **las formas en que las personas hacen el trabajo**. Esto puede incluir reducir gradualmente los lotes de trabajo pendiente, que los empleados puedan autoorganizarse en torno a sus metas, que las tareas y las prioridades sean claras y visibles (*Backlog*), etc.

Este capítulo tiene un enfoque diferente; seré un poco más prescriptivo y te mostraré prácticas y pasos a seguir para que puedas comenzar a transformar tu empresa.

Estoy seguro de que muchos de los que te rodean estarán motivados y emocionados ante la posibilidad de comenzar con una nueva estrategia y un nuevo plan de cambio en el futuro cercano. Con certeza, algunos necesiten saber si realmente será factible embarcarse en la nueva iniciativa. Para evaluar si es viable, las compañías más tradicionales emplean estudios de factibilidad previos a un plan de cambio. Allí se involucra un número de personas por semanas (o incluso meses) para conocer los riesgos, la inversión económica inicial y otros aspectos necesarios para decidir si seguir adelante o abortar el plan. Sin embargo, en la empresa exponencial es imprescindible contar con técnicas que hagan posible invertir el menor tiempo y esfuerzo posible en estar listos para los cambios constantes del mercado.

Tu organización seguramente cuenta con productos complejos que llegan a los clientes por diferentes canales. Como resultado, existen distintas experiencias de usuarios y ciclos de vida. La consecuencia real para ti es que departamentos que no conectaban entre sí, ahora necesitarán colaborar fuertemente para establecer formas de trabajo y de negocio más efectivas que produzcan resultados innovadores y sustentables. Ello implica cambiar drásticamente las interacciones y hábitos, y que tengas que enseñar y facilitar técnicas para hacer posible que todos trabajen codo a codo.

El marco de trabajo de Scrum, las formas de pensamiento Lean y Agile han contribuido en gran medida a que esto sea posible. Si miras a tu alrededor, seguramente encontrarás muchas prácticas que provienen de ellos. Pero ninguna dice cómo comenzar una iniciativa de cambio, o los requisitos mínimos para que sean exitosas. Entonces, es buena idea conocer algunas técnicas efectivas para empezar una transformación destacable.

Estableciendo un alineamiento inicial

Para que el cambio sea sustentable tendrás que involucrar equipos y personas con habilidades, historias personales y grupales, intereses y puntos de vista diferentes. Para lograr el mayor impacto posible, todos ellos deben alinearse y poder autoorganizarse en torno a sus objetivos y labores.

Normalmente se requiere preparar sesiones colaborativas durante las etapas de despegue de la iniciativa (*lift-off*), que faciliten que los individuos conozcan no solamente prácticas efectivas para adaptarse más rápidamente, sino algunas técnicas para conectar y colaborar mejor.

El marco de trabajo de Scrum y las formas de pensamiento Agile sugieren colaboración alta durante el desarrollo de un producto de software. En general se emplean ciclos de trabajo muy cortos para disminuir los riesgos e incertidumbre. Es habitual que, al comienzo de una iniciativa Agile, los consultores especializados en cambio de negocio recomienden las siguientes tres etapas:

Factibilidad, propósito y contexto de la iniciativa
Se realiza una evaluación inicial de la factibilidad del plan para conocer si tiene sentido a nivel estratégico, económico, de impacto, o de aprendizaje. Para saber si el cambio y/o producto es viable se analiza el *porqué* de la oportunidad, el propósito, las expectativas y se centra el foco en crear un alineamiento de alto nivel inicial entre ejecutivos, clientes, partes interesadas y otros. A diferencia de las empresas tradicionales, donde esta etapa se lleva adelante solamente al comienzo del plan o una vez al año, en las empresas exponenciales se ejecuta una y otra vez en diferentes niveles de la organización y de distintas formas.

Despegue de la iniciativa
Su propósito es preparar a los equipos para el arranque del plan de cambio y/o producto. En algunas empresas se le llama *incepción*

(*inception*), y se compone de sesiones grupales de una a tres semanas. Esta etapa involucra a clientes, partes interesadas, agentes de cambio, desarrolladores y todos quienes necesitan conocer cómo lograr un mayor impacto positivo con el mínimo esfuerzo posible. Se enfoca en establecer el contexto e interacciones necesarias entre las personas y equipos para descubrir *qué* se necesitará hacer. En algunos casos, el despegue de una iniciativa es también utilizado para reiniciar (*reset*) equipos ya existentes, con el fin de que adquieran nuevos hábitos.

Planificación, estimación, priorización e implementación
Finalmente se prioriza y planifica *cómo* se hará el trabajo y *qué* cosas se espera terminar en los próximos días o semanas. En general, se comienza a trabajar tan pronto como se pueda, estableciendo un alcance inicial y compromiso grupal con respecto a la calidad y los resultados esperados mediante un incremento mínimo de producto (*Minimum Product Increment*).

En Scrum, SAFe, Scrum at Scale, o LeSS, se efectúan sesiones de planificación de producto (*Product Planning*) cada varias semanas, mientras que se realizan reuniones de planificación de iteraciones de trabajo (Sprint planning) al comenzar cada uno de estos pequeños ciclos de 1 o 2 semanas.

En la empresa exponencial, la factibilidad de una iniciativa puede ser desafiada por la información provista por Big Data, inteligencia artificial o cualquier persona de la organización, sin importar su rango. Aquí es común llevar adelante las etapas de forma no secuencial y en diferentes niveles de la empresa, y es posible cambiar de rumbo rápidamente, o cancelar un plan cuando deje de ser relevante.

Esta característica permite obtener retroalimentación constante, crear entendimientos y propósito compartido para que las personas se mantengan alineadas y puedan cambiar de dirección, con confianza, en momentos de alta incertidumbre.

Como podrás recordar del capítulo 1, las condiciones de lo exponencial hacen que no puedas ver más allá de la esquina. Esperar a contar con toda la información para dar el primer paso es contraproducente. Es necesario, entonces, que todos en la organización puedan pasar a la acción incluso si no se tiene la información completa. Son estos comportamientos los que ofrecerán las mayores diferencias de funcionamiento con respecto a las empresas tradicionales.

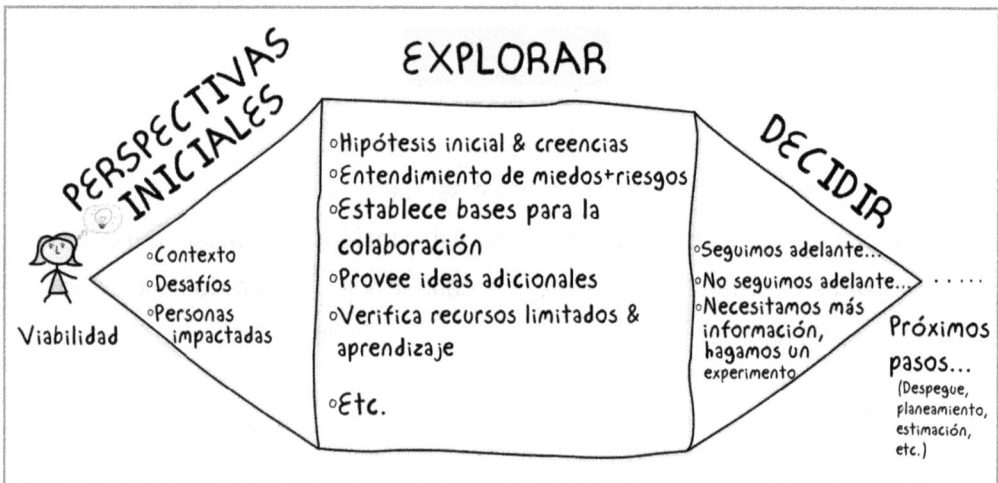

FIGURA 6.1: Primeras fases ᵢe una iniciativa

En la empresa exponencial, el resultado de una evaluación de factibilidad ya no es un resultado binario (si/no), sino que se compone de tres posibles respuestas:

1. **Sí, seguiremos** adelante con la iniciativa... pasemos a la **acción**.
2. **No seguiremos** adelante con la iniciativa (aprendimos algo y nos dedicaremos a otra cosa).
3. No contamos con la información necesaria, o no nos sentimos seguros... pasemos a la acción (**necesitaremos llevar adelante un experimento corto**).

Mientras las primeras dos opciones son habituales en organizaciones tradicionales, la tercera abre el camino a formas de trabajo empíricas que aceleran el aprendizaje, permiten una inversión gradual, y hacen posible tomar mejores decisiones.

Por ejemplo, en una empresa tradicional se asigna dinero a la iniciativa antes de realizar el primer punto.

Cuando se emplea este enfoque de arriba hacia abajo, los ejecutivos y la gerencia generalmente crean y negocian el presupuesto necesario para los próximos meses. Durante este proceso, las negociaciones van de la mano con las técnicas tradicionales de asignación de dinero, donde la inversión es más o menos rígida. Pero dichas técnicas contradicen el hecho de que el mundo está cambiando rápidamente y que la mayor parte del conocimiento necesario para resolver los nuevos desafíos generalmente no se encuentra en las jerarquías superiores de la organización.

En lugar de tratar de calcular un presupuesto fijo para los próximos meses, las empresas exponenciales deben basar sus presupuestos en los resultados de ciclos de trabajo/experimentos cortos que se liberan con frecuencia al cliente. El éxito de las iniciativas se puede prever mediante el resultado de estos pequeños ciclos de trabajo, y se elimina así la necesidad de planificar y crear un presupuesto por adelantado.

Que los equipos utilicen iteraciones cortas y mejoren constantemente sus procesos para reaccionar más rápidamente a las necesidades de los clientes, ayuda a presupuestar las iniciativas ajustando los objetivos estratégicos a la realidad.

Esto, claramente, funciona bien si los grupos son estables, la gente está motivada y no se piensa en los clientes como una noción abstracta de una *empresa* a la cual se sirve, sino que se les brinda total transparencia y se integran a cada paso que se dé.

Este es, entonces, uno de los conceptos importantes en las empresas exponenciales: **se asigna un presupuesto a una iniciativa reflejando las**

nuevas formas de trabajo. Es por ello que la tercera opción es crucial: **Experimentación**.

La instauración de hábitos de experimentación ayuda a llevar adelante experimentos cortos que facilitan pasar a la acción con pequeños pasos cuando se tiene un mínimo de información. Esto permite a la empresa asignar poco a poco la inversión mientras se descubre el problema a resolver, y que las personas gestionen mejor los efectos de la incertidumbre.

Estas son algunas recomendaciones que pueden ayudarte a crear un marco de trabajo sencillo para financiar las iniciativas en tu empresa:

- No inviertas en un proyecto, sino en la red de valor.
- Asegúrate de que los clientes y los equipos establezcan sus expectativas iniciales en conjunto y que haya transparencia en sus limitaciones/obstáculos.
- Asegúrate de que se establezca un proceso claro para refinar el presupuesto y que ese proceso sea conocido por todos los integrantes de la red de valor.
- Prioriza los trabajos o experimentos de forma colaborativa.
- Utiliza el presupuesto como medio para crear mejores productos.

Al tomar las recomendaciones anteriores, te aseguras que las personas en la organización desarrollen hábitos más saludables.

Alimentándose de la experimentación constante

Habrás visto que es necesario hacer experimentos cortos (actividades de poca duración que ayudan a obtener retroalimentación del cliente), pero en muchas ocasiones quienes te rodean tendrán ideas dispares sobre cuál debe ser el objetivo de estos. Las diferentes expectativas aquí pueden causar pérdida de alineamiento y conflictos de intereses.

Si haces explícita la meta principal de ese experimento, ayudarás a que todos se alineen y que sea mucho más fácil crear las métricas adecuadas, así como también validar los resultados, negociar o encontrar rutas alternativas. Un experimento corto puede tener varios posibles objetivos, tales como:

1. Generar un **beneficio económico** para cliente.
2. Adquirir **aprendizaje**, pero no generar un beneficio económico directo para el cliente.
3. Adquirir **aprendizaje** y generar un **beneficio económico** para el cliente.
4. **Remover un bloqueo** en la organización sin un beneficio económico directo para el cliente.
5. **Remover un bloqueo** en la organización con un **beneficio económico** para el cliente y **aprendizaje**.

Es conveniente que ayudes a que las partes clarifiquen las metas; de lo contrario se podrían establecer barreras invisibles que obstaculicen los objetivos comunes y hagan más difícil la colaboración mutua.

Recuerdo a un cliente financiero que me contrató para que explicara a sus equipos cómo dar pequeños pasos, en vez de hacer trabajos realmente extensos. La gerencia me indicó que bajo ningún concepto debía emplear la palabra *experimento*, pues podría ser tomada por los participantes como una expresión muy arriesgada (se trataba de una organización muy tradicional). Así, para que todos se sintiesen más cómodos con la situación, nos pusimos de acuerdo en usar el término *prueba* (*trial*).

Durante el seminario, me centré en explicar algunas prácticas y las razones positivas de realizar pequeñas pruebas. En determinado momento de la reunión, uno de los participantes me interrumpió y dijo: *¡Tengo una idea! ¿Qué tal si utilizamos la palabra* experimento *en vez de prueba? ... parece más adecuada.*

Los equipos ya venían empleando este tipo de prácticas, pero la gerencia no solamente no lo sabía, sino que ambas partes tenían una idea diferente sobre el objetivo de estas.

Fue una buena oportunidad para explicar los posibles resultados de los que te hablé anteriormente y que todos comenzaran a mejorar su alineamiento.

Lean Startup y la validación constate

Las técnicas de *Lean Startup* son muy convenientes para avanzar poco a poco en una dirección, validando suposiciones o hipótesis mediante pequeños experimentos. En lugar de llevar adelante planes complejos basados en cientos de supuestos, *Lean Startup* te ayuda a emplear un ciclo rápido centrado en *crear-medir-aprender*, que permite obtener retroalimentación constante para conocer si ha llegado el momento de hacer un giro drástico o continuar la trayectoria actual.

¿Sabías?

Puedes conocer más sobre Lean Startup en *theLeanstartup.com*

Ten siempre presente que cuando alguien crea un experimento, puede verse altamente influenciado por sus emociones, lo que podría resultar en que se valide información para favorecer o confirmar un punto de vista en particular, y no para asegurar que no es posible ir en otras direcciones.

En el capítulo 4 aprendiste sobre el sesgo de confirmación. Puedes ir atrás ahora mismo para ver cómo las estrategias allí explicadas podrían ayudar a todos a ar ese patrón mental.

Utilizando un equipo de transformación

Idealmente, la totalidad de los empleados deberían encargarse de facilitar el cambio, pero es común contar inicialmente con un grupo de personas asignadas específicamente a apoyar la transformación de una empresa (equipo de transformación).

Las modificaciones de los procesos, formas de pensamiento, interacciones, valores y principios, y más, son actividades de gran magnitud y requieren habilidades específicas que ayuden a remover obstáculos para dar los primeros pasos hacia el cambio.

Debes tener en cuenta que un equipo de transformación no solamente remueve bloqueos, sino que enseña sobre nuevos conceptos y prácticas, ayuda a descubrir valores y principios y facilita instaurar situaciones donde las personas puedan dar lo mejor de sí, entre otras cosas.

Este equipo tiene que facilitar diferentes técnicas (cambio de abajo hacia arriba, marcos de trabajo, microhábitos, etc.) y enseñar distintas formas de medir el impacto y hacer visible el avance. Pero una de las habilidades más importantes es ser capaz de identificar claramente los niveles de motivación, y sugerir en cada caso las estrategias y técnicas más adecuadas para que la empresa esté preparada para el cambio. Al final del día querrás que sean los empleados quienes se adueñen de las ideas y las mejoren regularmente, y que no seas tú la única persona impulsando la iniciativa.

Ten en cuenta que un equipo de transformación no es estático; que debería tener entre sus objetivos desaparecer gradualmente cuando las personas cuenten con el conocimiento necesario para realizar el cambio por sí mismas.

Al comienzo quizás seas solamente tú quien ayude al patrocinador, algunos líderes y a unos pocos miembros de la empresa a crear un borrador de la visión de cambio y/o producto. Pero luego todos deben plantearse quiénes deberían ser parte de ese equipo de transformación. La idea es que el equipo de transformación se vaya convirtiendo en grupos cada vez más pequeños, hasta que se pueda prescindir de ellos.

En mi experiencia, un equipo de transformación requiere:

▶ Que las interacciones entre sus miembros sean muy informales, que no exista jerarquía dentro del grupo y que haya normas explícitas que establezcan los hábitos saludables a utilizar cada día.

▶ Que existan personas con experiencia en diferentes ramas, y que tengan poder dentro de la empresa para remover rápidamente bloqueos de gran magnitud.

▶ Que utilicen internamente las prácticas que ellos mismos facilitan hacia los demás, y que tengan curiosidad de aprender de los demás.

▶ Que tengan pasión por lo que hacen y que deseen hacer uso de distintos puntos de vista (reframing).

▶ Que puedan funcionar como equipo incluso en situaciones que pongan a prueba sus valores personales.

▶ Que cuenten con metas claras y que se sientan cómodos trabajando en pares (dos personas).

¿Sabías?

El capítulo 8 te mostrará dos marcos de cambio: ELSA y DeLTA. El primero te servirá para impulsar un cambio cuando el patrocinador apoye activamente la iniciativa. El segundo te será útil para acelerar la transformación cuando todavía no tengas apoyo explícito de los líderes de la organización.

La conformación de un equipo de transformación debería realizarse semanas antes del inicio del plan de cambio. Es recomendable que un líder ejecutivo o patrocinador sea también parte del grupo, o que al menos exprese públicamente su apoyo. Esto facilitará la remoción inicial de obstáculos y fomentará la curiosidad de los demás ejecutivos y cargos altos de la compañía sobre la iniciativa de transformación.

Sé que no hay una solución única que se adecue a todas las situaciones, pero en mi experiencia, el grupo de personas núcleo debería constar de entre tres y cinco individuos por cada 100 que necesiten cambiar, y deben tener 100% de disponibilidad (al menos al comienzo). Si algunos de los miembros son externos a la compañía (como un Agile coach contratado para la misión), deben mantenerse enfocados en propagar el conocimiento al resto del equipo en vez de hacerse cargo de la iniciativa de cambio.

Integrando a miembros casuales, embajadores y observadores

Algunas empresas tienen otro concepto de cuáles son las tareas de un equipo de transformación. En las compañías más tradicionales, estos se componen de gente seleccionada por la gerencia con el objetivo de coordinar las labores de otros equipos y asegurarse de que los pasos establecidos en el mapa de ruta (*roadmap*) original se completen.

Pero en mi experiencia, la estructura de un equipo de transformación es algo diferente a la que acabo de describir. Los miembros del equipo de transformación deben poder autoorganizarse en torno a objetivos de cambio, a sus necesidades de aprendizaje y desarrollo de habilidades, y a las técnicas necesarias para obtener mayor impacto en los equipos que deberán cambiar. Todo esto ayuda a los líderes a delegar las decisiones, libera a la gerencia de coordinar dichas tareas y permite a la organización adaptarse en menos tiempo.

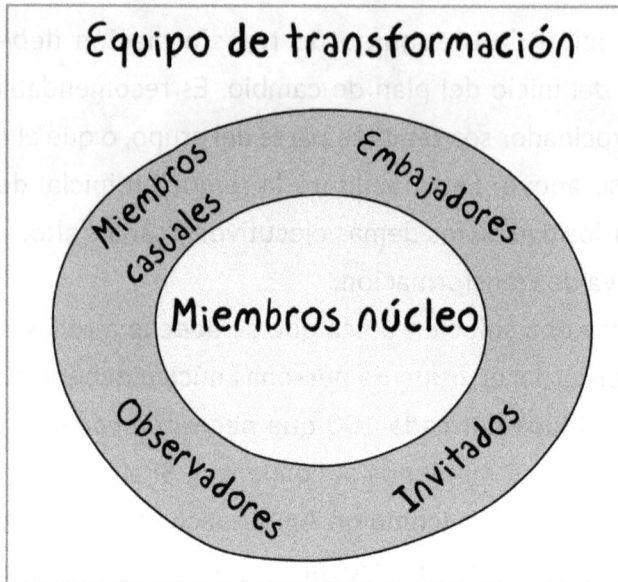

FIGURA 6.2: Estructura ıe equipo ıe transformación

Un equipo de transformación tiene miembros núcleo, pero también requiere de un alto número de colaboradores (equipo extendido), quienes aportan diferentes habilidades que pueden variar según el momento.

Los miembros núcleo son, generalmente, individuos que tienen experiencia en la transformación de empresas o que pueden dedicar la mayor parte de su energía en apoyar o promover la iniciativa. También ayudan activamente a quienes están involucrados en el proceso de cambio. El grupo núcleo suele reunirse habitualmente varias veces al día para revisar y adaptar su estrategia. Por su parte, el equipo extendido se compone de:

▶ Miembros casuales
▶ Embajadores
▶ Observadores
▶ Invitados

Los **miembros casuales**, son aquellos individuos con buenas intenciones, que desean ayudar, pero que tienen poca disponibilidad de tiempo o no quieren comprometerse con la iniciativa en su totalidad debido a que necesitan concentrarse en otras tareas no relacionadas. Estarán dispuestos a ayudarte informalmente, y querrán aprender más sobre cómo realizar un cambio.

En algunos casos, los miembros o participantes casuales apoyarán la iniciativa con seminarios puntuales, o incluso proveerán nombres de personas o contactos con habilidades específicas. Te darán una mano en las etapas iniciales para poner un poco de orden, y estarán agradecidos de que se reconozca públicamente su apoyo. Contar con ellos permite además que otros empleados copien su actitud y colaboren con la iniciativa.

El segundo tipo son los **embajadores**. Son personas de confianza y respetadas dentro de la empresa, que pertenecen a equipos que necesitan cambiar. Su objetivo es distribuir información o replicar las sesiones de aprendizaje en los grupos a los que pertenecen. Ayudan a mantener un flujo constante de información en períodos de alta incertidumbre, así como a aclarar posibles malentendidos. También facilitan escalar la iniciativa de cambio en caso de que la empresa crezca en cuestión de semanas.

Los embajadores normalmente están contentos con aprender, y se sentirán felices de ser miembros anexos al equipo de transformación. Apreciarán mucho que los invites a cualquier seminario o curso donde se enseñen nuevas técnicas o formas de trabajo, y disfrutarán de trabajar en pares con los miembros principales. No es extraño que algunos de ellos pasen a integrar el equipo núcleo en algún momento del plan.

También podrías contar con **observadores**, individuos que realmente desean aprender y/o apoyar la iniciativa, pero que por motivos jerárquicos, políticos o de carga de trabajo no pueden comprometerse con el equipo. Los observadores suelen contribuir *detrás de escena* con su opinión o sugerir personas que podrían ayudar con la iniciativa. En ocasiones, los observadores son altos ejecutivos que desean aprender más sobre el plan, pero que por algún motivo poderoso prefieren verse pasivos ante los ojos de la organización.

Muchas veces recibirás **invitados** del resto de la empresa que querrán conocer más sobre lo que se está haciendo. Vendrán buscando nuevas ideas que puedan replicar al resto de la compañía o simplemente contar con nuevas formas de trabajo que se puedan aplicar en iniciativas venideras.

¿Sabías?

Si uno de los objetivos del equipo de transformación es que la empresa emplee el marco de Scrum, puedes facilitarles la lectura del artículo Midiendo y evaluando Scrum en entornos complejos. *Innova1st.com/60A*

Recuerda que para que el conocimiento pueda fluir rápidamente y la transformación pueda avanzar a pasos agigantados, es importante que el equipo de transformación se mantenga sin jerarquías y con interacciones informales. La estructura informal hace también más sencillo expandir las prácticas o técnicas al resto de la empresa en un futuro.

Empleando las ventajas del principio de reciprocidad

En algunas escuelas francesas es frecuente que durante las semanas previas a la navidad un profesor tome responsabilidad de cuidar a otro de forma secreta. El resultado es que cuando el segundo entre a clase a dictar la lección, la sala se encuentre mágicamente lista, un almohadón esté en su silla esperándolo, o se tenga una botella de agua para el caso de que este tenga sed. A esto lo denominan **Ángel de la guarda**. Esta práctica sirve para estimular uno de los patrones psicológicos con mayor efecto positivo en las personas: la **reciprocidad**.

En el equipo de transformación, el ángel de la guardia es una herramienta poderosa que permite instaurar hábitos saludables de dar, recibir y cooperar desde el comienzo.

Aquí, un miembro núcleo se encargará explícitamente de cuidar y hacer que la estadía de un embajador, observador y/o miembro casual sea mejor.

Imagínate que un embajador necesita adquirir una nueva habilidad para dictar un pequeño seminario. Aquí su ángel de la guarda podría dejar en su escritorio, semanas antes, un libro con información para facilitar el seminario, o incluso reservar una silla con su nombre en una sesión o reunión con información necesaria para él.

La reciprocidad es un patrón psicológico que establece un sentimiento mental positivo entre dos o más personas, ayuda a instituir buenas relaciones humanas cuando se tiene poco tiempo para establecer vínculos de calidad y trae cambios favorables exponenciales en la empresa. He visto que en muchas compañías este hábito se vuelve contagioso, y es realmente impactante apreciar, en cuestión de semanas, un aumento en la colaboración, la confianza y el empoderamiento sin necesidad de un gran plan. Este ejemplo confirma la relación no lineal entre el tamaño de un plan y su impacto, y es un componente esencial para poder expandir cualquier práctica o marco de trabajo.

Creando un entendimiento común

Ya has facilitado la construcción del borrador de la visión de cambio y has obtenido el compromiso de algunos miembros para formar ser parte del equipo núcleo de transformación. Ellos te han ayudado a identificar posibles integrantes del equipo extendido, y llega el momento de poner orden a las ideas iniciales y facilitar los primeros pasos de la iniciativa.

Las sesiones de trabajo previo se focalizan en gestar un entendimiento inicial compartido de la situación y del problema a resolver. Se busca que, cuando finalicen, todos estén alineados y sepan cómo colaborar activamente desde las etapas tempranas. Para lograrlo, necesitarás invitar a los miembros núcleo, al equipo extendido, al patrocinador de la iniciativa (si lo hay) y a algunas personas de los equipos que presumiblemente requerirán cambiar. Es buena idea que sean los mismos equipos quienes seleccionen a sus representantes en las sesiones de trabajo previo, como verás en el capítulo 7 con una actividad llamada mercado de pulgas (*Farmers Market*).

Tu objetivo durante estas reuniones será aclarar suposiciones subyacentes, validar creencias y dejar claro el alcance del cambio y/o producto. Además, tendrás como meta establecer las bases para que todos aprendan a colaborar eficientemente. *¿Has utilizado alguna vez un mapa de impacto para este fin?*

El *mapa de impacto*, creado por *Gojko Adzic*, es un forma visual y rápida para que los participantes comprendan lo que está pasando, que estructuren sus ideas de forma específica y se alineen con lo que vendrá. Hacerlo visualmente tiene la ventaja adicional de hacer visible el camino más corto para lograr el objetivo esperado.

Un mapa de impacto emplea cuatro preguntas poderosas (*¿por qué?, ¿quién?, ¿cuál?, ¿qué?*) para organizar la información y ayudar a las mentes a prepararse para colaborar y construir un entendimiento compartido. La primera pregunta es la más importante debido a que permite descubrir el propósito de la iniciativa (*¿por qué?*).

¡Prueba esto!

Utiliza un mapa de impacto cuando un grupo de personas necesite conocer el propósito de una iniciativa, crear un entendimiento compartido y alinearse en torno a objetivos y tareas.

Puedes comenzar creando grupos de dos personas. Asegúrate de que incluso los miembros más tímidos se sientan cómodos con participar en la dinámica. Presta especial atención a que no haya en la sala grandes mesas u otros obstáculos que dificulten las interacciones. Una opción es que remuevas todo el mobiliario y solo dejes las sillas en círculo. Esto contribuye a aumentar las interacciones personales. Y recuerda: *¡Trata de mantener la reunión tan informal como sea posible y en un ambiente relajado!*

Emplea los primeros minutos para presentar la agenda del día, el propósito de la reunión y explica por qué están reunidos. Luego tú, un ejecutivo o el patrocinador de la iniciativa pueden explicar la situación y el contexto inicial en pocos minutos. Puedes incluir en esta charla la presentación del borrador de la visión de cambio y/o producto. Si hay preguntas de los participantes, recuérdales que estas deben centrarse en el propósito de la iniciativa y no (todavía) en ofrecer soluciones al problema que tratará de solucionar el nuevo plan. Es común que quieran saber cuál será la solución incluso antes de haberse creado un entendimiento compartido.

Adhiere en mitad de una pizarra o pared un *post-it* con la pregunta **¿Por qué hacemos esto?** o **¿Por qué es importante que vayamos en esta dirección?**. Conocer el porqué de la iniciativa hace posible entender sus objetivos principales y ayuda a reaccionar correctamente si la información cambia o suceden eventos inesperados. A su vez, sienta las bases para tomar mejores decisiones sobre coste, alcance y tiempos.

Sin comprender el propósito, las personas se dedicarán solamente a hacer el trabajo, en vez de adueñarse del problema o autoorganizarse para buscar nuevas soluciones.

Facilita para que se registren las respuestas, hazlas visibles en el centro del mapa de impacto y no te olvides el brindar tiempo para reflexionar sobre las conversaciones.

¡Prueba! esto.

Para que los participantes puedan captar los beneficios de los ciclos de trabajo de tiempo fijo durante una actividad, puedes cronometrar las diferentes partes de la sesión y obtener retroalimentación sobre los tiempos utilizados.

El segundo paso es el centrase en responder **¿A quién se impactará?** para conocer quiénes (personas y/o equipos) presumiblemente tendrán que cambiar, o se verán impactados por el cambio. Ten en cuenta que quizás surjan áreas o departamentos que no se habían incluido inicialmente, y ello es algo positivo. En general, con esta pregunta puedes esperar que reconocer tres tipos de individuos o grupos:

1. Aquellos que podrían influenciar significativamente el éxito de la iniciativa.
2. Los que brindan algún tipo de servicio o están conectados de alguna forma con el servicio a crear por la iniciativa.
3. Quienes tienen interés en que los primeros cambien, pero no se benefician directamente de ellos. Estos podrían ser equipos o personas en similares posiciones en la empresa, que quieran saber cómo tendrán que cambiar en el futuro cercano. También pueden ser individuos que desean conocer más sobre lo que está pasando con el fin de copiar los hábitos en el resto de la organización.

Puedes crear un mapa visual de estos tres tipos de personas para hacer más fácil su identificación. Y recuerda: *¡Siéntete libre de personalizar o mejorar cualquiera de las técnicas que veas aquí!*

Quizás durante esa parte debas dejar de lado las conversaciones sobre el cambio de roles en la empresa, ya que este es un tema bastante extenso. Recuerda que se trata de una de las amenazas más grandes para el cerebro, puede producir miedo inconsciente y hacer que la iniciativa pierda tracción.

Si lo crees necesario, planifica sesiones futuras donde todos puedan expresar sus temores sobre dichos cambios de roles. También puedes utilizar herramientas virtuales para capturar las dudas al respecto, y que queden visibles para el resto de los empleados.

El próximo paso es centrarse en qué acciones se espera de las personas para alcanzar el éxito: **¿Cuáles son las alteraciones mínimas necesarios en conductas para que el cambio produzca un impacto?**

Aquí no solamente hablarán de las conductas deseadas, sino que todo lo que constituya un bloqueo al cambio de hábitos. Puede que no existan las condiciones físicas (herramientas, oficinas, etc.), o que haya procedimientos, hábitos incongruentes o emociones no muy positivas relacionadas con hechos del pasado. No olvides que esto se irá descubriendo a medida que realicen experimentos.

Una vez obtenidos varios puntos de vista, deberás hacer una última pregunta con el fin de intentar validar las ideas anteriores: **¿Qué experimento o cosas sencillas se podrían hacer para conocer si ese impacto mínimo es viable?**

Las respuestas pueden ofrecer una perspectiva inicial de por donde comenzar, conocer si alguno de los participantes cuenta con experiencias en similares situaciones o incluso cambiar el borrador de plan inicial. Ello también abre las puertas a que se puedan detectar bloqueos a remover, nuevas personas a incluir en la conversación, crear una pila de tareas (*Backlog*) con pequeños experimentos, etc.

En definitiva, estas son las preguntas que podrías emplear:

1. Identifica el propósito de la iniciativa y la meta que quieres lograr: **¿Por qué es importante que vayamos en esta dirección?**
2. Luego céntrate en las personas que necesitarán cambiar: **¿A quién se impactará para lograr el objetivo?**
3. A continuación, focalízate en las conductas mínimas que lograrían ese impacto: **¿Cuáles son las alteraciones mínimas necesarios en conductas para que el cambio produzca un impacto?**
4. Finalmente, deberás responder: **¿Qué experimento o cosas sencillas se podrían emplear para conocer si ese impacto mínimo es viable?**

Al finalizar la sesión(es) previa, todos deberían tener un entendimiento compartido del problema y el compromiso grupal para dar los primeros pasos de la transformación.

Como puedes ver, el mapa de impacto es una buena forma de iniciar los trabajos previos al despegue ya que produce resultados rápidos, hace posible identificar a las personas y comportamientos deseados de forma estructurada, crea visibilidad sobre la estrategia y propuesta de valor y deja en evidencia las capacidades o recursos que se requerirán antes de dar los primeros pasos.

Verás en breve cómo conectar los resultados aquí obtenidos con un canvas A5 para que los objetivos de los primeros experimentos puedan ser comprendidos, medidos y mejorados por todos.

Haciendo visibles los límites e interacciones

Debido a que un equipo de transformación tiene muchos miembros externos, no es mala idea que la información sobre qué características y habilidades aportan sus integrantes sea visible en todo momento. El mapa de límites e *interacciones (interactions and boundaries map)* es una herramienta sencilla y efectiva que ayudará a todos a conocer quiénes podrían ayudar en ciertas situaciones.

El mapa generalmente se construye sobre una hoja grande y se incluye una foto de la persona, un detalle de sus características y sus habilidades personales. También se puede incluir teléfono e email. Es importante que se mencionen las habilidades duras y blandas que podrían impactar al equipo, y no solamente listar sus áreas de conocimiento.

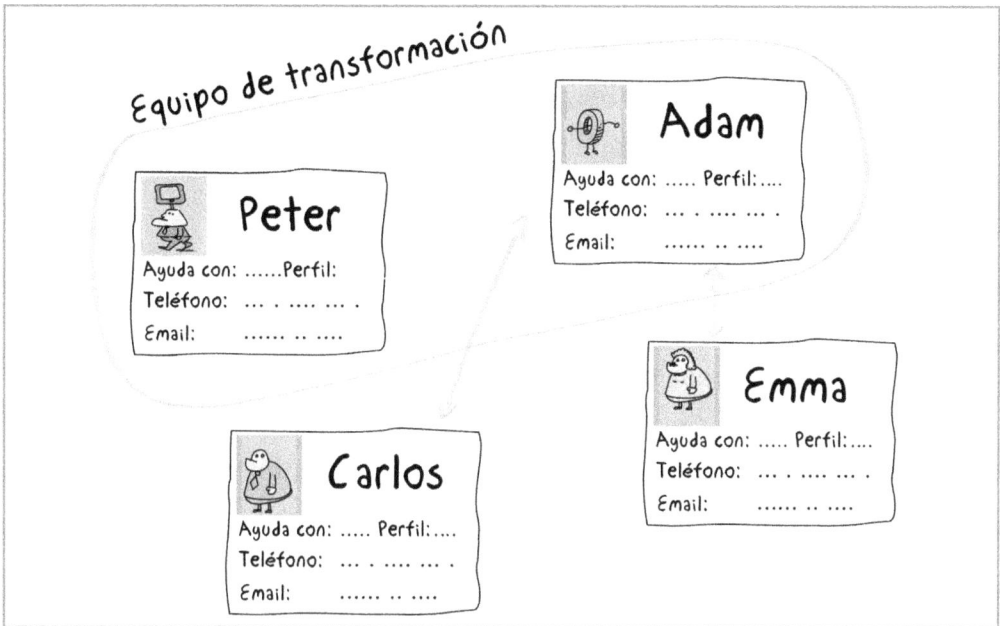

FIGURA 6.3: Mapa ‹e límites e interacciones

Recuérdales a los miembros que deben actualizar sus perfiles regularmente en el mapa de interacciones. También los nuevos integrantes deben conocerlo y comprenderlo en sus primeros días en la oficina.

Estableciendo acuerdos de trabajo explícitos

Para que el equipo de transformación pueda hacer bien su trabajo, sus miembros deben tener bases sólidas para sus comportamientos del día a día, así como interacciones positivas; deben saber cómo tomar decisiones difíciles, utilizar técnicas que incrementen la transparencia y conocer cómo conducirse en situaciones de alto estrés o donde exista mucha incertidumbre.

¡Prueba esto!

Cada vez que organices una sesión, no olvides preparar una agenda clara que informe a los participantes los requisitos para asistir, la duración, logística, participantes, roles y los resultados esperados al finalizar la reunión.

Los acuerdos de trabajo explícitos deberían crearse durante las primeras reuniones de un equipo, pues ayudan a los miembros núcleo y a embajadores a tener un punto de partida común para comenzar el trabajo conjunto. La tabla 6.1 muestra algunos ejemplos de reglas de convivencia escritas por equipos que he ayudado.

Valores	Acuerdos de trabajo
Visibilidad	Cuando algo importante cambie, se lo haremos saber al resto del grupo en los próximos 30 minutos.
Comunicar mensajes poderosos	Utilizamos historias poderosas, descripciones y analogías, entre otros.
Apoyo	Siempre nos apoyamos los unos a los otros.
Hablar desde el corazón	Tratamos de no emplear palabras técnicas, sino lenguaje sencillo y claro que todos puedan entender.
Retroalimentación ética	Siempre estamos abiertos a recibir retroalimentación. Si alguien recibe información concerniente a otra persona del equipo, debe informárselo sin falta lo antes posible.
Compartir conocimiento	Trabajamos en parejas regularmente dentro del equipo, y también con personas de afuera de nuestro grupo.
Predicamos con el ejemplo	Hacemos y practicamos lo que enseñamos o recomendamos.

Tabla 6.1: Ejemplo de valores y acuerdos de trabajo explícitos de equipo de transformación

Como puedes apreciar, se presenta un valor y, a continuación, un acuerdo de trabajo específico. Mientras que los primeros brindan inspiración, los segundos se encargan de ofrecer actitudes concretas. Verás que en ocasiones los acuerdos de trabajo son más específicos e indican hábitos diarios concretos.

Recuerdo que en México, uno de los equipos de transformación propuso que no se debía comer en la mesa de trabajo si la comida tenía olor fuerte, y que los teléfonos móviles debían estar en silencio durante las reuniones. En este caso, si un teléfono sonaba en una reunión, su dueño tenía que introducir $1 en una alcancía, y el dinero recaudado era donado a fin año para caridad.

Para crear acuerdos de trabajo explícitos debes comenzar por una o varias sesiones colaborativas con el equipo núcleo, que ayuden a determinar los valores y hábitos deseados. Debido a que el equipo extendido también se regirá por ellos, deberás brindarle la oportunidad de dar su opinión y retroalimentación a estos.

Ten presente que los valores y acuerdos de trabajo no son estáticos; es necesario mejorarlos cada cierto tiempo. También, cuando se adjunta un nuevo miembro al equipo, los acuerdos deben ser modificados debido a que cada persona aporta algo único y normalmente altera las dinámicas del grupo.

Utilizando un mapa de ruta y objetivos

En algún momento el equipo de transformación contará con una visión de cambio y/o producto y un mapa de ruta de alto nivel. Este contendrá una línea de tiempo con información del impacto que se desea lograr en cada ciclo de trabajo. Algunos ejemplos de estos objetivos podrían ser un aumento en la calidad del servicio, la reducción del número de emergencias nocturnas, un incremento en las ventas, un impacto específico en el cliente o los empleados, etc.

Pero este mapa de ruta no será de utilidad si no sabemos realmente dónde nos encontramos. Por eso, cada objetivo de ciclo de trabajo tendrá que tener *pruebas de objetivo*. Se trata de métricas cuantificables sencillas y entendidas por todos, que hacen posible evaluar la situación y conocer si se ha cumplido la meta. Permiten alinear las expectativas y conocer si se está en el camino correcto o hay que modificarlo.

Durante una iteración de trabajo se deben lograr pequeñas metas que contribuirán a alcanzar el objetivo global del ciclo de trabajo. Y aquí que se requiere de una mayor granularidad (misiones) que permitan conocer lo que desea alcanzarse en los próximos días (en vez de en la próxima semana, dos semanas o un mes). Un objetivo del ciclo de trabajo está compuesto de un número de misiones.

Una *misión* es una pequeña meta creada por quienes harán el trabajo; permite conocer si se ha dado exitosamente (o no) ese paso más pequeño. La misión siempre es cuantificable y ayuda a mantener a las personas motivadas y enfocadas cuando no es posible ver más allá de la esquina.

Ten en cuenta que la misión se focaliza en lo que hay que alcanzar, pero no cómo. Es así para que las personas puedan ir descubriendo las tareas a realizar durante el ciclo de trabajo, y no antes. Una misión no es, en ningún caso, un detalle de tareas a realizar, sino que un conjunto de pequeñas metas a alcanzar Estos son algunos ejemplos de misión:

▹ Reducir de 10 a 4 los pasos de un proceso.
▹ Que el equipo A tenga monitores más grandes en los próximos cinco días.
▹ Que el equipo B se sitúe cerca del equipo A.
▹ Que el nuevo microhábito aumente la satisfacción de los clientes de 4 a 4,2.

Una vez que se hayan creado las misiones para los próximos días, es necesario establecer sus beneficios.

FIGURA 6.4: *Misiones y beneficios ʘe la misión*

Los beneficios de misión es una lista que indica que cosas se desean *aprender* o que *hábitos positivos* se quieren adquirir durante la misión. Estos son algunos ejemplos:

▸ Conocer cómo hacer un pedido de logística.
▸ Aprender a instalar exitosamente *Jenkins* en una mañana.
▸ Conocer dos técnicas para realizar una entrevista con usuarios.
▸ Reducir de 3 a 2 días el tiempo para llenar las solicitudes.

Los beneficios de una misión se relacionan en su mayoría con el aprendizaje que las personas o equipos desean adquirir. Y recuerda que debe disponer de tiempo de calidad para reflexionar sobre las cosas positivas que se han logrado y ser capaces de mejorarlas.

Empleando un canvas A5

Una herramienta colaborativa que puede ayudar a un equipo de transformación a maximizar el impacto de una iniciativa de cambio es el *mapa visual A5*, o *canvas A5*. Este proporciona visibilidad, que las personas puedan focalizarse en esos experimentos pequeños, y que puedan identificar claramente el impacto y el objetivo o misión asociado. Este canvas también ayuda al equipo de transformación a que pueda conocer dónde se requerirá proveer entrenamiento, coaching u otros

He creado esta sencilla herramienta hace años, y debo confesar que no solamente la he usado durante transformaciones, sino que en casi cualquier situación de empresa que haya requerido dar pasos pequeños y aprender.

El canvas A5 ayuda a que las personas observen todo aquello que emprendan como una hipótesis que necesita ser validada y que dará como resultado un aprendizaje específico. Este centra las conversaciones en:

▷ El impacto deseado.
▷ Las métricas.
▷ Necesidades y aprendizaje.
▷ Que sea fácil concentrarse en la mejora continua.

En la parte superior izquierda, los participantes deben escribir la situación específica actual. Ten en cuenta que conversar sobre ello refuerza un alineamiento inicial. En el área superior derecha se registra cuál es el impacto o comportamiento deseado en el futuro cercano. Este debe ser específico y cuantificable.

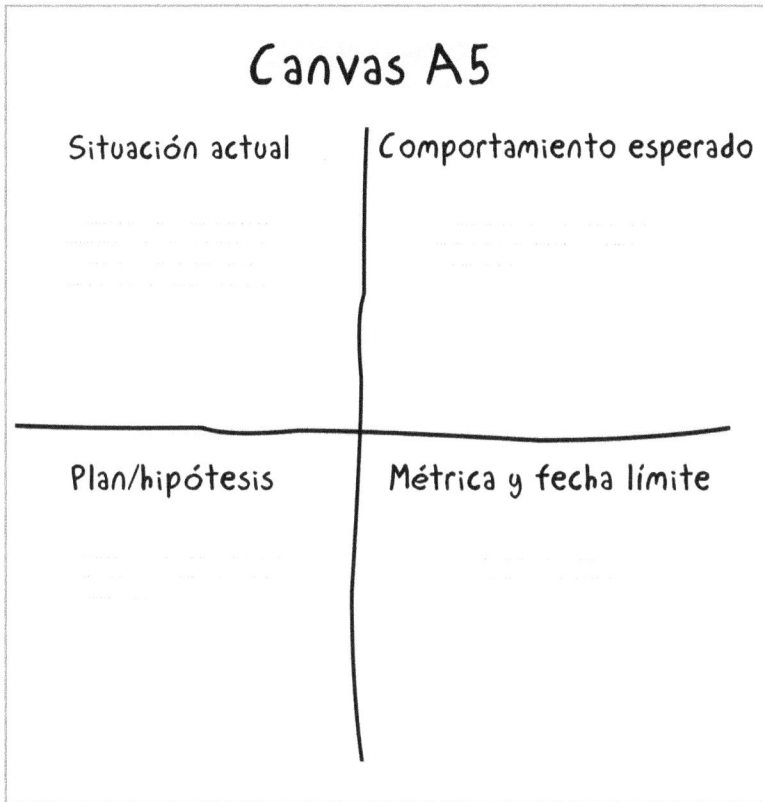

FIGURA 6.5: Canvas A5

En la parte inferior izquierda se indica un pequeño plan de días, meta o hipótesis que se quiere demostrar, por ejemplo: *Empleando la técnica X se aumentará el valor entregado de negocio al cliente en 10%*. Finalmente, el área inferior derecha indica la fecha límite de finalización del experimento y la evaluación de su éxito, así como las métricas necesarias para evaluar la situación. La belleza de esta herramienta visual es que permite a todos:

▷ Conversar sobre cómo ven la situación actual.
▷ Centrarse en el impacto específico a lograr.
▷ Determinar las necesidades (entrenamientos necesarios, *coaching*, etc.).
▷ Crear objetivos claros (estrategia).

▶ Instituir una meta común (hipótesis).

▶ Establecer las fechas límites y métricas necesarias.

Al finalizar la iteración establecida, los miembros pueden verificar fácilmente si se ha alcanzado la meta, comprobado la hipótesis, o si requerirán una nueva iteración. Si es este último el caso, podrás emplear la misma hoja para hacer visible la mejora de las estrategias en cada iteración de trabajo.

He tenido mucho éxito usando el canvas A5 con equipos y personas que ven y evalúan el cambio como algo lineal, individuos que hacen uso de formas más tradicionales, y en momentos de alta incertidumbre. En todos ellos, esta herramienta ha ayudado a que los participantes mantengan el foco, la motivación y se apropien de los trabajos a hacer.

Creando principios explícitos para el despegue

Un plan de cambio no suele ser un evento aislado; normalmente es parte de otra iniciativa que persigue alterar un servicio existente o crear un nuevo producto. La preparación de la agenda de despegue de una iniciativa es una de las actividades que el equipo de transformación debe ser capaz de llevar adelante con facilidad. En general, se focaliza en los siguientes objetivos:

▶ Comprender el problema, el contexto de negocio y las restricciones organizacionales.

▶ Ayudar a crear la visión de producto y comprender la visión de cambio.

▶ Facilitar que todos puedan emplear un vocabulario común.

▶ Desarrollar un entendimiento compartido del alcance.

▶ Cerciorarse de que los equipos cuenten con una definición clara de valor de negocio, definición de calidad mínima no negociable (definición de terminado) y una prioridad única de trabajo.

▶ Que los equipos creen sus valores, principios, acuerdos de trabajo y prácticas que les permitan llevar adelante tareas en conjunto.

▶ Verificar que estén disponibles las habilidades necesarias para el trabajo.

▶ Contar con una estrategia inicial para ayudar a que los recursos o conocimientos escasos pasen de ser lineales a exponenciales.

▶ Ser conscientes de la incertidumbre y cómo esta podría afectar a las personas durante su viaje.

▶ Ayudar a que las personas se desprendan de cosas que produjeron antes y que serán descartadas por el nuevo plan.

▶ Ofrecer liderazgo y proveer técnicas que incrementan la autoorganización en momentos de alta incertidumbre.

▶ Implementar un plan que sea creíble.

▶ Ayudar a crear métricas sencillas que permitan hacer visible el progreso alcanzado.

▶ Facilitar técnicas para que las personas comprendan el coste económico de tomar una decisión y dejar otra atrás (*Cost of delay*).

La etapa del despegue de una iniciativa (*lift-off*) suele ocupar las primeras semanas de la iniciativa. He decidido deliberadamente excluir cómo realizarlo, pues ya hay mucha bibliografía e información pública disponible sobre este tema. Sin embargo, verás una historia sobre el despegue de una iniciativa al final de este capítulo.

¿Sabías?

Puedes saber más sobre la cómo despegar una iniciativa, en el libro de Diana Larsen *LiftOff: Start and Sustain Successful Agile Teams*

Debes tener en cuenta que es recomendable contar con reglas claras que permitan establecer las características de las actividades de las reuniones de la etapa de despegar. Quiero mostrarte algunos principios que podrías emplear para que las personas desarrollen actividades de excelencia durante el despegue de una iniciativa:

▸ Toda persona que desee adicionar una actividad para esta fase debe conocer y entender la visión de cambio.

▸ Quien proponga una sesión para el despegar tiene que ofrecer su compromiso de que estará a cargo de la sesión (al menos la primera vez).

▸ Un mínimo de la mitad más uno del equipo de transformación deberá estar de acuerdo con la actividad.

▸ Incluir solamente sesiones en el despegar que tengan un propósito práctico o que puedan influir positivamente en las actitudes de las personas.

▸ Toda actividad debe alimentar el sentido de pertenencia y fomentar la autoorganización de los equipos.

▸ Cada sesión del despegar debe incluir al menos un 50% de práctica, y cada participante debe conocer de antemano los requisitos y resultados esperados.

▸ No es una opción quedarse inmóvil buscando la perfección. Las actividades se prepararán en un período corto y se irán mejorando en las repeticiones.

Ten en cuenta que los principios explícitos ayudan a que se puedan alinear las expectativas de los miembros y obtener una planificación efectiva en las primeras fases de la iniciativa. De la misma forma que los valores y acuerdos de trabajo de los equipos, los principios para una iniciativa de cambio también tienen que ser evaluados y mejorados regularmente.

Buscando el espacio físico adecuado

Cuando ya se ha formado el equipo de transformación, es indispensable contar con un espacio donde situarse. En mi experiencia, no es buena idea utilizar una oficina cerrada, sino un área abierta cercana físicamente a las personas que deben cambiar. La disposición puede variar de una empresa a otra, pero una mesa grande, que sea independiente de los escritorios de las demás personas de la oficina, será una ventaja sustancial. Si esta mesa tiene cerca una pared, es un plus que permitirá exhibir los acuerdos de trabajo, principios, valores y demás.

En algunas empresas no es posible adherir papeles a las paredes, pero puedes emplear rotafolios (*flipcharts*) u hojas magnéticas durante el día y removerlas durante la noche, sin dejar huellas. La idea es que el equipo pueda tener la información disponible en todo momento y hasta dibujar durante una conversación.

Asegúrate también que haya decenas de post-it, bolígrafos, hojas en blanco y sillas adicionales al número de miembros del equipo núcleo (o contar con sillas plegables adicionales). Esto ayuda a que las personas se sientan invitadas a tener charlas informales, o se acerquen a realizar preguntas.

Estar cerca de una ventana es conveniente, pues la luz natural tiene efecto positivo sobre las interacciones. Dispón también de una pizarra y un proyector para cuando necesites utilizar el espacio como aula de aprendizaje. Recuerda que el ambiente debe propiciar que todas las personas tengan la oportunidad de observar las nuevas formas de interacción, escuchar conversaciones con total transparencia y promover el aprendizaje dentro de la empresa.

Si no se puede conseguir un espacio adecuado para el equipo de transformación, siempre es posible comenzar con algo temporal. *¡Incluso un rincón podría ser una buena alternativa!*

Midiendo los resultados del equipo de transformación

Es inevitable que en algún momento te pregunten si hay evidencia concreta de que el esfuerzo de la transformación de negocio tendrá un impacto positivo en el desempeño de la organización. En algunas ocasiones, tú mismo deberás realizar preguntas poderosas para que las personas puedan descubrir qué es lo que se tiene que medir y cómo lo desean hacer.

El emplear las métricas incorrectas lleva muchas veces a que los ejecutivos pierdan de vista el propósito del negocio y comiencen a medir cosas relacionadas con cambios en los hábitos, en vez de aquello importante de medir para acelerar el cambio. Las trasformaciones de empresas son realmente costosas, y es habitual que las personas estén nerviosas sobre sus resultados en el corto, mediano y largo plazo.

Es común que en organizaciones grandes se pierda de vista *por qué* se está llevando adelante la iniciativa (propósito), y por esto que es imprescindible un punto de vista que abarque su impacto en la totalidad del negocio.

Si se impacta un departamento de tecnología, muchos intentarán medir la mejora relativa en las herramientas, aumento de pruebas unitarias de código (*unit testing*), los tiempos de integración del producto (*product integration*), disminución del número de defectos, etc.

Cuando se pierde de vista el porqué de la iniciativa de cambio (propósito), los ejecutivos tratarán de resolver sus dudas solicitando cada vez más índices que midan el desempeño local de las áreas afectadas, o el intercambio de esas áreas con el resto de los departamentos.

El resultado podría ser que se evalúen datos que reflejen un aumento de eficiencia en los equipos de personas medidos, pero que se afecte negativamente el resto de la compañía, aumentando la complejidad de la organización y el desperdicio (*waste*) en sus procesos.

Está claro que las métricas que nombré anteriormente impactan al cliente, pero no son realmente las más adecuadas para evaluar la trasformación desde el punto de vista del negocio. Ver la pregunta desde diferentes perspectivas es esencial, y poner el foco en el impacto que tendrá el cambio en el negocio es realmente crucial. *¿Cómo este cambio hará que el negocio pueda cumplir mejor su propósito?*

Responder esta pregunta requiere comprender que el cambio podría impactar a varios clientes externos de forma indirecta, y a personas de departamentos internos de forma directa. En definitiva, medir la transformación implica conocer el intercambio entre el departamento impactado y el resto de la empresa y, a su vez, establecer una relación causa-efecto lo más clara posible.

Podrías pensar que existe una relación entre la cantidad de helados vendidos y el número de personas con picaduras de medusas, pero ello dista mucho de ser una causa-efecto con relación real. Por tal motivo, tendrás que facilitar sesiones de trabajo para que las personas puedan exponerse a diferentes tipos de métricas y ser capaces de experimentar con ellas. Con ello se ayudará a que se sientan cómodas experimentando con dichas métricas, que puedan desafiar constantemente las suposiciones iniciales y asegurarse que pueden medir algo que es de utilidad para el negocio.

Hay tres tipos de métricas que te podrían ser de utilidad:

1. **Indicadores de desempeño del negocio** (muchas veces llamadas KPI o *Key Performance Indicators*).
2. **Métricas sobre la salud** de la organización (*health metrics*).
3. **Indicadores sobre la mejora de hábitos** (*driver metrics*).

Las primeras (**indicadores de desempeño del negocio**) indican lo que le importará a los clientes, o lo que influirá sobre ellos para mejorar sus vidas.

Si un consumidor no puede distinguir claramente los cambios en esas métricas, entonces no son de desempeño de negocio. Es común aquí que se defina un rango y que los ejecutivos se preocupen cuando se esté por debajo del umbral establecido. El número de actualizaciones de un producto y el nivel de confianza de los clientes podrían ser ejemplos concisos de una relación de causa-efecto directa.

Los **indicadores de salud**, por su parte, son normalmente internos y se refieren a hábitos y aspectos de la organización que impactarán directamente sobre las interacciones y salud mental de los empleados. Afectan el primer tipo de métricas, pero no pueden ser percibidas directamente por los clientes (aunque sí podrían ser notados indirectamente).

Los **indicadores de mejora de hábitos** están relacionados con acciones específicas para influenciar ciertos comportamientos y alcanzar mejores conductas. Una vez que estos indicadores marcan que se ha alcanzado la meta esperada, tienden a desaparecer. Normalmente, estas métricas son locales (usadas internamente por los equipos) y ayudan a visibilizar lo que se deben mejorar en el día a día de la empresa.

¿Sabías?

Uno de los riesgos de las métricas de mejora de hábitos es que pueden derivar en optimizaciones locales, donde la mejora de un hábito en un equipo puede perjudicar a otro.

En general, las métricas sobre salud organizacional y los indicadores sobre mejoras en los hábitos se usan en los equipos de transformación y aquellos grupos a cambiar, mientras que los indicadores de desempeño del negocio ayudan a los equipos a responder esta pregunta a los ejecutivos: *¿Hay evidencia concreta de que el esfuerzo que se está haciendo se traduce en un impacto positivo y económico sostenible de la empresa?*

Todos los gerentes y ejecutivos deben comprender las métricas de desempeño del negocio, pero también las demás que se involucren en el cambio.

Recuerda que, normalmente, la transformación de empresas tradicionales hacia nuevas formas de pensamiento y comportamiento implica un cambio cultural que requiere la comprensión de nuevos valores y principios. No obstante, y especialmente con los ejecutivos y gerentes, la comunicación cara a cara y la retroalimentación debe primar sobre el uso de indicadores. Y esto ayuda a razonar en función de una comprensión colectiva de los objetivos, prácticas y procesos. Pero también, hace posible pensar e incentivar colectivamente a acciones que permitan mejorar los sistemas de recompensa, el fomento de técnicas que disminuyan la resistencia a la transformación y que se comience a reflexionar sobre cómo convertir las áreas limitadas por exponenciales.

Despegar exprés... Formar un equipo de alto rendimiento en tiempo récord

Stefan Sohnchen
Agile coach empresarial

Un equipo que tenga cimientos enclenques no puede ser exitoso. Es importante, por lo tanto, establecer correctamente sus bases desde su comienzo. Sabemos que los equipos deportivos exitosos trabajan duramente en sus cimientos para mejorar el rendimiento. También sabemos que las orquestas exitosas lo hacen de forma similar, y ponen todas sus fuerzas en construir una base sólida. Sin embargo, cuando pensamos en trabajo de oficina, a menudo suponemos que los equipos de alto rendimiento simplemente surgen porque tienen que hacerlo.

Si has trabajado en un equipo con cimientos sólidos, aunque pasen los años, al mirar hacia atrás te darás cuenta de que podrás olvidar lo que dijo cada persona, lo que hizo cada individuo, pero siempre recordarás cómo fue trabajar en un equipo de este tipo.

Te contaré mi experiencia personal al respecto. Hace unos años trabajé con **Joe Justice** y **Tim Myer**, ambos *Agile coaches* muy conocidos, en la transformación Agile de Tait Communications en Christchurch, Nueva Zelanda. Por ese entonces, Joe y Tim trabajaban como consultores para la empresa SolutionsIQ en Seattle y eran miembros del equipo Wikispeed.

¿Sabías?

Un equipo Wikispeed es un grupo global de entusiastas agilistas que crean autos eficientes. Si bien Joe comenzó a trabajar tiempo después en Scrum Inc., a la fecha de hoy ambos continúan siendo parte de Wikispeed. Puedes leer más sobre esto en wikispeed.org.

El equipo de entrega de software en Tait Communications con el que trabajábamos era multifuncional, utilizaba técnicas de gestión de proyectos Agile, Scrum, eXtreme Programming y eXtreme manufacturing. Tenía desarrolladores de software que trabajaban con programadores de hardware, se relacionaban con marketing, ventas, etc.

La conexión entre sus miembros era tan fuerte que trajo consigo una vibración positiva que hacía que las personas fluyeran e hicieran las cosas por sí mismas; las líneas divisorias tradicionales entre los departamentos eran altamente permeables.

Recuerdo que el primer día este equipo creó una lista priorizada de los deseos de los clientes de la empresa Tait. Cuatro días después ya tenían un prototipo funcional de una nueva radio, un cliente en la sala con el equipo que estaba utilizando el prototipo, y un equipo multifuncional que recibía retroalimentación directa de los clientes de forma más veloz que nunca.

Con la forma de trabajo que habían usado anteriormente, basado en *etapas*, la retroalimentación del cliente nunca hubiese llegado directamente a los ingenieros y el prototipo habría tomado al menos tres meses en estar disponible.

¿Cómo fue posible esta mejora? Porque, previamente al trabajo con Joe y Tim, realizamos lo que se conoce como *despegar de equipo* (*team lift-off*).

Llevar adelante un despegue de equipo es una oportunidad de oro para establecer reglas básicas e instaurar la necesidad (o no) de estructuras, para lo que se debe llevar a cabo.

Piensa en ello con una matriz de 2 x 2. En un eje tienes personas buenas y de gran confianza y luego tienes personas de baja confianza. En el otro eje tienes una estructura de alineación baja con reglas mal establecidas, y luego una estructura de alineación alta donde las reglas están bien establecidas. La combinación que deberías tener es de personas de alta confianza con una estructura que proporcione un alto grado de alineación.

Alta alineación Baja confianza	Alta alineación Alta confianza
Baja alineación Baja confianza	Baja alineación Alta confianza

ALINEACIÓN →

CONFIANZA →

© Sunbourn

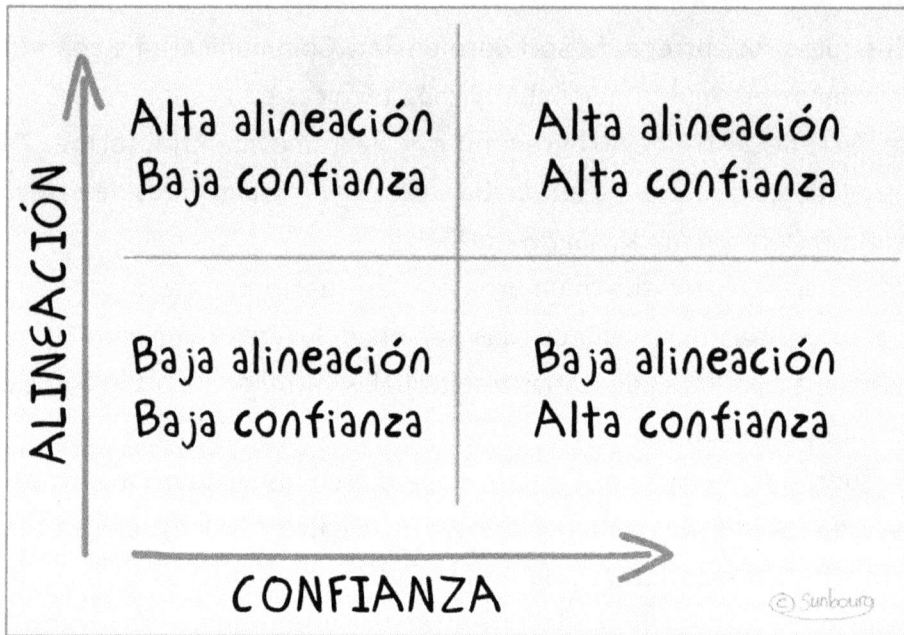

El resultado de esto último hace que todos remen en la misma dirección, y no por accidente. Sincronizar a los miembros del equipo hace que de allí en adelante puedan crecer juntos en todo lo que realicen.

El evento de un día de mi despegar exprés comienza reiterando el propósito *¿Por qué estamos haciendo esto?* Esto se relaciona con la hoja de ruta de la compañía (*roadmap*), lo que implica responder la segunda pregunta *¿Cómo lo haremos?*

Debes asegurarte de que el despegar sea divertido. Es importante que los participantes puedan elegir un nombre para su equipo, y también que se creen acuerdos explícitos de trabajo (lo cual es un tipo de contrato informal, pero vinculante). Con esto se busca acordar reglas básicas y factores importantes para que el equipo tenga éxito.

Luego de ello, debes asegurarte que los participantes reciban una descripción general de lo que significa trabajar de manera Agile (o de cualquier otra forma de trabajo deseada). Si se quiere tener éxito cuando hay condiciones que involucran oportunidades de crecimiento exponencial, es importante que los miembros se alineen con la mentalidad y el pensamiento esperado.

Como facilitador o parte del equipo de transformación, querrás también comenzar cuanto antes la conformación de los equipos, que las personas se conozcan entre sí e incitarlas a compartir sus motivaciones e intereses.

Debes combinar esto con una actividad que les permita descubrir por sí mismos si cuentan con las habilidades y los conocimientos necesarios para su éxito. Solo entonces deben centrarse en temas tales como la forma en que trabajarán juntos y si emplearán (para el caso de utilizar el marco de trabajo de Scrum) la cadencia de los ciclos cortos de trabajo (*Sprint*), así como otras reuniones, por ejemplo, *Daily Scrum*.

Seguramente puedas realizar lo mencionado anteriormente durante la primera mitad del día, y después del almuerzo podrás concentrarte en el refinamiento de la pila de tareas pendientes (*backlog*) y realizar un mapa que especifique quienes son las partes interesadas (*stakeholders*).

En este paso asegúrate de incluir a clientes, partes interesadas, socios, equipos núcleo y equipos de apoyo. Esto ayudará a identificar dependencias y acordar las mejores herramientas de comunicación a emplear.

En general, querrás terminar el día con la construcción de una primera versión de tu muro de actividades o una vista de alto nivel que contenga un par de iteraciones de trabajo (Sprints) y, lógicamente, por dónde comenzar.

Por supuesto, no olvides reflexionar, al final del día, mediante una reunión de retrospectiva.

Seguramente al final de este evento exprés las personas estarán exhaustas pero también compartirán la sensación de haber logrado cosas importantes juntas.

Estoy seguro de que sin haber realizado el despegar exprés del equipo de la empresa Tait, no hubiéramos podido construir en el primer día una pila de objetivos para el ciclo de trabajo, ni entregar un prototipo funcional el quinto día.

Ten presente que el despegar no es simplemente una técnica para arreglar un equipo disfuncional. De hecho, funciona para todos los equipos, independientemente de si tienen problemas de rendimiento o si son actualmente los mejores. Siempre hay mucho valor en detenerse durante un día o una semana para llevar adelante un evento de despegar.

Antes de ejecutar un despegue, vale la pena invertir tiempo en comprender lo que realmente le importa al equipo y que sus integrantes sepan que obtendrán mayor beneficio si detienen su rutina diaria para reflexionar sobre sus acciones.

A diferencia del despegue, que generalmente tiene como objetivo lograr que el grupo se impulse al inicio de la iniciativa, también puedes llevar adelante un evento de un día para reinicio de equipos. Este es un primo cercano del despegar. Se emplea comúnmente con grupos existentes que perdieron su empuje inicial luego de trabajar por varias iteraciones.

En estos casos, para reactivar los equipos, podrás adaptar en cualquier momento la misma estructura aplicada para un evento de despegar exprés.

Mi experiencia con eventos de despegue es que es mucho mejor utilizar un enfoque personalizado en lugar de una estructura estándar de "libro".

Una actividad exprés de despegue o reinicio, bien realizada, da como resultado un retorno del costo de la pérdida del día o días utilizados, debido a que el equipo podrá colaborar de manera más eficiente en cualquier proyecto o iniciativa. *¡Pruébala!*

Lo que has aprendido

☑ Cómo establecer el alineamiento necesario y entendimiento común.

☑ Las características de un equipo de transformación.

☑ El patrón de reciprocidad.

☑ Cómo emplear un mapa de impacto.

☑ Cómo establecer valores, acuerdos de trabajo y principios para una iniciativa de cambio.

☑ Tres tipos de métricas que podrás utilizar.

1. ¿Recuerdas al menos tres características de un equipo de transformación?

2. ¿Qué objetivos podría tener un experimento en tu empresa?

3. ¿Cuáles son las preguntas que emplea un mapa de impacto y en qué casos lo podrías usar en tu compañía?

4. ¿Cuáles son los tres tipos de métricas que podrías utilizar?

Redescubre el poder de tu empresa con Enterprise Social Systems

CAPÍTULO 7

*El pensamiento creativo inspira i*eas. Las i*eas inspiran*
el cambio.

Barbara Januszkiewicz, Artista

Seguramente tu compañía ha venido buscando formas de trabajo que permitan ajustarse rápidamente a los cambios culturales como consecuencia de las disrupciones exponenciales de mercado. Si a esto le sumas los efectos de la robótica, herramientas en la nube, Big Data y que los consumidores están en todo momento conectados a tu empresa brindando retroalimentación, el resultado es de una presión constante en cada área de tu organización.

En los capítulos anteriores aprendiste por qué el cambio no es tan rápido como inicialmente algunos pueden pensar. Es habitual que durante los primeros meses de una iniciativa de cambio en la empresa los ejecutivos tengan la ilusión de que se podrá entregar más valor de negocio a los clientes rápidamente y sin comprometer la estabilidad de la compañía.

Pero las alteraciones que produce una transformación organizacional impactan a cada uno de los departamentos, y puede hacer que los procesos se vuelvan cada vez más complicados.

Ha sido positivo que muchos gerentes y ejecutivos hayan comenzado a utilizar las formas de pensamiento Agile, Lean, el marco de trabajo de Scrum o las técnicas Kanban. Sin embargo, debes tener presente que Agile nació en

2001 como una colección de valores y principios para ayudar a solucionar problemas en los departamentos de software. La idea fue que las personas pudiesen adaptarse mejor y aprender más rápido, y crearan mejores aplicaciones que entregasen más valor de negocio al cliente.

Diferencias entre Agile y Business Agility

Uno de los retos en la empresa radica en que los valores y principios Agile o técnicas del marco de trabajo de Scrum, puedan ser adaptadas de las áreas de tecnologías de la información (T.I.) al resto de la organización. Pero debes ir más allá de Agile y Scrum si deseas transformar la totalidad de la organización.

Habrás escuchado hablar de **Business Agility**: *técnicas, prácticas o ideas que pueden ser empleadas no solamente en las áreas de software, sino en toda la compañía.*

¿Sabías?

El manifiesto Agile para el desarrollo de software, con sus valores y principios, fue creado en 2001 para ayudar a las compañías a crear mejor software. Conoce más aquí: *Innova1st.com/70A*

La tabla 7.1 te muestra las diferencias entre las perspectivas Agile y Business Agility para que puedas comprender dónde encaja cada modelo.

Agile	Business Agility
Se concentra en que los equipos de tecnologías de la información sean más flexibles y adaptables al cambio.	Se centra en el diseño organizacional orientado a que la totalidad de la empresa sea más flexible (estructuras, formas de gobernabilidad, presupuesto, etc.).
Scrum, Kanban, etc.	Crea nuevas formas de trabajo en toda la organización.
Proyectos, productos (con costo fijo, con costo variable, etc.).	Cambia la forma de crear valor de negocio modificando las cadenas de valor existentes.

Introduce una forma de pensamiento.	Ayuda a desafiar la totalidad de las creencias organizacionales existentes.
Pone el foco en cómo se hace el trabajo (secuencia, los lotes, etc.).	Brinda ideas para alterar los patrones y conductas de las personas en toda la empresa.
Establece las bases para formar equipos de software de excelencia.	Establece las bases para establecer una compañía notable.

Tabla 7.1: Diferencias entre Agile y Business Agility

Llevar adelante exitosamente una transformación de la totalidad de la compañía comenzando por los equipos T.I., y empleando formas de pensamiento Agile o el marco de trabajo Scrum requiere:

▸ Identificar y adaptar las prácticas y estrategias de los departamentos de software para que puedan ser empleadas en otras áreas de la empresa, no relacionadas con el desarrollo de software.
▸ Conocer en que sitios se tendrá mayor/menor resistencia al cambio.
▸ Saber cuáles prácticas no necesitarán adaptación alguna al usarlas fuera de T.I.

En mi opinión, Business Agility es la capacidad de la compañía de adaptarse constantemente a las nuevas condiciones de mercado para crear una ventaja competitiva, sin impactar negativamente en su salud organizacional.

Recuerda siempre que escalar/expandir tu empresa, escalar Agile, escalar Scrum, crear nuevos productos o incluso desarrollar un nuevo software, no debería ser nunca tu objetivo final. Tu objetivo debe ser siempre que tu organización se pueda adaptar lo más rápido y eficaz posible, para así ofrecer un mayor valor de negocio y una mejor experiencia para cliente mientras cuidas de tus empleados.

La seducción de las herramientas

Es habitual que durante los pasos previos a una transformación de negocio exista una tendencia a pensar en una metodología o herramienta de software en particular que ayudará a acelerar el cambio cultural y crear una organización más flexible. He visto a grandes compañías realizar inversiones millonarias destinadas a herramientas informáticas que prometían apresurar esa transformación. Es cierto que requerirás de alguna de estas cuando desees moverte hacia una empresa de crecimiento exponencial, pero para el cambio cultural se necesita prestar atención a otros factores.

Muchos equipos de transformación (o incluso la gerencia) suelen creer que existen atajos para que los empleados se adapten más rápidamente. En muchas ocasiones, esto se materializa en recomendaciones tales como capacitación de equipos, mejora continua, ingeniería de procesos, programas de control de calidad, alineación cultural, desarrollo de liderazgo y otros.

Incluso he escuchado conversaciones donde se afirmaba que la instalación de un nueva herramienta de software (de gestión de personal, de tickets, defectos, software para la comunicación entre personas, etc.) sería la solución para la mayor parte de las disfuncionalidades.

He visitado compañías donde se considera que cuanto más sofisticada o cara sea la herramienta, más rápido será el cambio cultural. Y entonces pregunto: **¿Tu empresa está utilizando herramientas, o son las herramientas las que utilizan a tu empresa?**

Es lo que llamamos la **seducción de las herramientas**, y es una tendencia recurrente que encontrarás durante los primeros meses de la transformación del negocio. Evidentemente, el problema real no radica en las herramientas en sí.

Para que la empresa evolucione necesitarás considerar factores culturales y cómo ellos apoyan a las personas, la forma en que estas se relacionan y aprenden, y la cómo el conocimiento fluye y evoluciona dentro de la compañía.

> *De la misma forma que la música proviene ·el músico y no ·el instrumento, la a·aptabili·a· empresarial proviene ·e las personas y no ·e los marcos ·e trabajo.*

Johnny Ordóñez, Agile Coach

Por supuesto que las herramientas son importantes, pero deben ser una respuesta inteligente a un problema correctamente identificado.

Poner la esperanza en las herramientas de software como el remedio a todos los problemas normalmente distrae a las personas de los aspectos que realmente importan (culturales y humanos), y las aleja de encontrar una solución sustentable.

La seducción puede darse por diversos factores, pero gran número de ocasiones es debido a que se emplean formas de pensamiento de la era industrial con controles excesivos en sitios donde se necesita alta creatividad, o en lugares donde las personas están ya acostumbradas a solucionar problemas con software.

Está claro que es mucho más sencillo pagar por un servicio o una actualización de software que tener que cambiar los procesos mentales.

> A medida que las empresas crecen y se vuelven más complejas, hay una tendencia a gestionar las cosas a través de delegados (*proxies*). Esto último viene en muchas formas y tamaños, y es peligroso y sutil ...
>
> Un ejemplo común es utilizar un proceso como representante de algo (proxy). Un buen proceso sirve para que puedas servir a los clientes. Pero si no estás atento, el proceso se convertirá en lo más importante. Esto sucede habitualmente en organizaciones grandes. El proceso se convierte en el sustituto del resultado que deseas obtener. Dejas de mirar lo que produces y comienzas a asegurarte solamente de llevar adelante lo mejor posible ese proceso. ¡Ops!

No es raro escuchar a un líder junior defender un mal resultado diciendo algo así como "Bueno, seguimos el proceso". Un líder más experimentado lo usará como una oportunidad para investigar y mejorar el proceso. El proceso no es el problema...

Extracto de carta a los accionistas de Amazon, Jeff Bezos, fundador de Amazon

En mi experiencia, a excepción de los problemas derivados de la falta de recursos o aquellos que se encuentran limitados, la mayor parte de los bloqueos corresponden generalmente a factores humanos, tales como:

▶ Relacionados con hábitos de las personas al interactuar con los demás.
▶ Cómo los individuos procesan las ideas o intercambian conocimiento.
▶ Cómo aprenden o asimilan el aprendizaje.
▶ La forma en que reaccionan ante una situación inesperada.
▶ Cómo aceptan la retroalimentación y resuelven el conflicto.

Puedes apreciar que para ser un buen facilitador durante una transformación de negocio necesitarás conocimiento sobre psicología, neurología, reglas de negocio y patrones organizacional. Así que las estrategias que utilices deben considerar la conjunción de la complejidad organizacional y la condición humana.

Me imagino que a esta altura te preguntarás cómo puedes, finalmente, conseguir hábitos saludables para que tu transformación de negocio se vuelva exponencial. Y ello es justamente a lo que *Enterprise Social Systems* te ayudará.

Los primeros pasos en Enterprise Social Systems

Años atrás, en la isla de Malta, me encontraba observando el funcionamiento de una pequeña empresa y tratando de comprender qué tenía en común con otras corporaciones de mayor tamaño que conozco. Empecé a sospechar que, sin importar la cultura del país o el tamaño de la organización, los empleados muchas veces tienen dificultades para apoyar las iniciativas de transformación.

Recuerdo que por ese entonces ya había vivido varias transformaciones de negocio, y uno de los factores que más me llamaba la atención era la resistencia de las personas cuando se intentaban alterar sus hábitos o facilitar para que evolucionen sus formas de pensamiento. *¿Sería posible ofrecer un conjunto de conceptos realmente sencillos para guiar a individuos de cualquier departamento de una organización a cambiar sus razonamientos?*, reflexioné y decidí establecer dos reglas iniciales para intentar alcanzar ese objetivo:

▶ **Que las técnicas no fuesen invasivas**
Esto es, que las personas pudiesen emplear esos nuevos conceptos, utilizar diferentes hábitos o formas de razonamiento sin sentirse intimidadas.

▶ **Que cualquier individuo en la organización pudiese usar las nuevas pautas**
Que no fuera requerida especialización alguna para comprender los fundamentos de un cambio sustentable.

Fue cuando comencé a experimentar con patrones organizacionales, técnicas de reframing, conceptos de System Thinking, psicología, neurociencia y, sobre todo, mucha observación personal de comportamientos dentro de las empresas digitales y Agile. Mi objetivo era aumentar los 5 tipos de agilidad de forma sustentable.

Poco a poco fui dando forma a lo que hoy es Enterprise Social Systems (ESS):

- Un enfoque que hace posible observar las dinámicas y funcionamiento de una empresa desde un punto de vista distinto.
- Cinco componentes principales para que cualquier persona (con o sin habilidades específicas en el cambio) pueda razonar de forma diferente ante un problema.
- Dos marcos de cambio (*ELSA* y *DeLTA*) para facilitar la viralización de las nuevas ideas y hábitos.

ESS fue diseñado pensando en empresas digitales. **Su objetivo principal es ayudar a líderes, agentes de cambio y coaches a que puedan crear nuevos marcos de trabajo, metodologías o procesos que permitan acelerar el cambio en la empresa y que esta pueda volverse exponencial.**

Para lograrlo, ESS emplea técnicas, patrones organizacionales y conceptos derivados de la psicología y la neurociencia. Con ESS, usarás cinco componentes que te guiarán a sumar nuevas ideas y utilizar diferentes procesos de razonamiento durante la creación o ejecución de un plan de cambio o mejora.

ESS es útil también para que los equipos o ejecutivos encuentren soluciones novedosas, o incluso cuando quieras descubrir nuevas prácticas para expandir procesos o mejorar marcos de trabajo que incrementen los cinco tipos de Agilidad (técnica, estructural, resultados, social, y mental). La idea es que quienes empleen ESS puedan:

- Planificar un cambio en cualquier tipo de compañía, sin importar si se usan formas de pensamiento tradicionales o modernas.
- Crear nuevos y poderosos procesos, marcos de trabajo o metodologías.
- Adaptar las prácticas o marcos de trabajo existentes en departamentos de software para que puedan ser usadas en toda la empresa.
- Utilizar las técnicas de reframing para analizar las ideas desde diferentes perspectivas, y así crear planes poderosos

ESS puede ser también utilizado por cualquier persona de la empresa para mejorar lo que se hace, aunque no tenga experiencia en cambio organizacional.

Debes saber que no se trata de una teoría científica. Tengo mucho aprecio por quienes dedican su vida a la investigación de teorías de este tipo, sin embargo, mi objetivo es contribuir aquí con aquellas personas que viven cada día con la complejidad de la organización y necesitan urgentemente contar con mejores soluciones.

Las cuatro capas de la organización

En ESS la empresa es vista como un sistema basado en cuatro pilares interdependientes; ellos son:

▶ Sistema social (Social System)
▶ Mentalidad (Mindset)
▶ Organización formal (Formal organization)
▶ Creación de valor (Value Creation)

Cada uno de estos pilares tiene características específicas, y es alterado por distintas situaciones. Desde el punto de vista teórico, **la principal hipótesis de ESS es que las acciones que aumenten el flujo de conocimiento relevante a través de esos cuatro pilares tendrán un impacto positivo en la empresa.** Pero para ello, debes primero comprender cómo es vista la organización a través del lente de ESS.

Imagínate que te quieres ir dos semanas de vacaciones a visitar ciudades de las que nunca has escuchado ni siquiera su nombre. Seguramente tratarás, primero, de obtener un mapa para saber su locación y cercanía. Luego investigarás sobre su geografía, las condiciones meteorológicas, las formas más convenientes de desplazarse de un sitio a otro, así como también sobre la cultura y actividades que podrías llevar a cabo durante esos días. Como puedes ver, el mapa no solamente te sirve para descubrir la locación geográfica, sino también para organizar las ideas y saber qué necesitarás llevar, para contar con un plan inicial.

Estarás de acuerdo que una iniciativa de cambio es algo mucho menos tangible que un viaje, y en ocasiones parece que no es posible saber por dónde comenzar. Y es aquí dónde ESS te brinda un mapa para descubrir y ordenar esas ideas iniciales, conectarlas y crear un plan de cambio inicial.

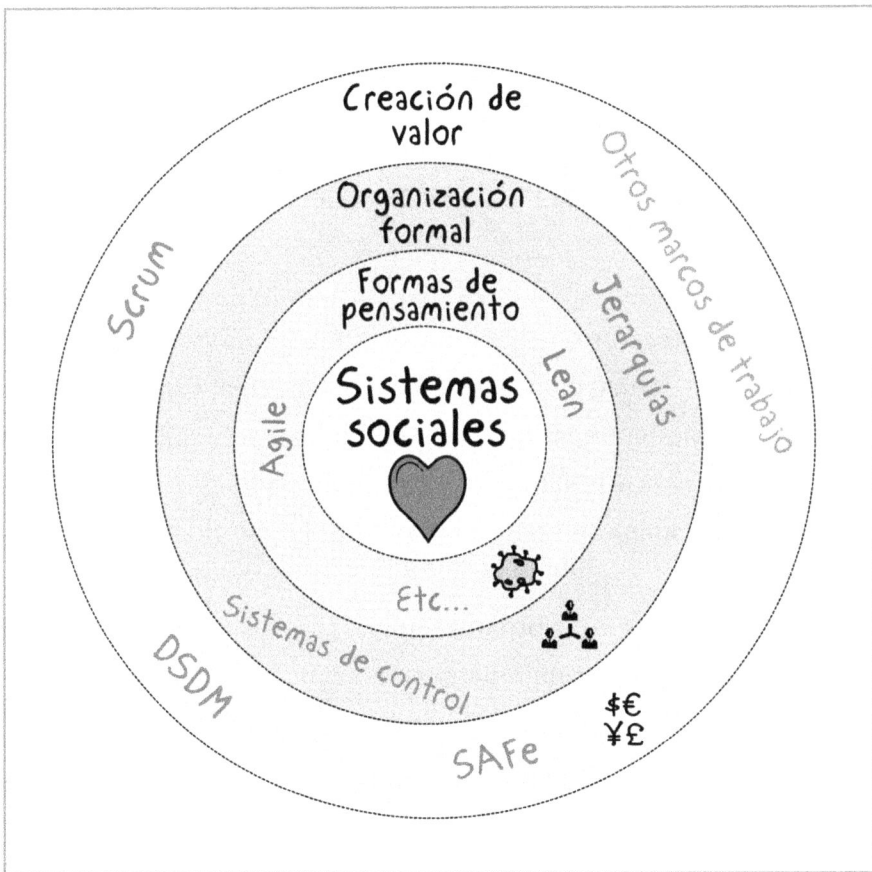

FIGURA 7.1: El corazón ɗe ESS y los cuatro pilares ɗe la organización

Este mapa o modelo conceptual representa las dinámicas de la organización, e intenta explicar cómo se relacionan entre sí. Estos cuatro pilares se encuentran interconectados y se representan por círculos concéntricos, siendo el del centro el de mayor impacto en los restantes. Su objetivo es ayudar a construir mejores estrategias de cambio.

Sistemas sociales

En el centro del mapa encontrarás los **sistemas sociales, que son las formas de comunicación, interacción y relaciones entre las personas** (sus hábitos y microhábitos, las reglas informales sobre cómo hacen visible su trabajo y varios de los patrones organizacionales que has aprendido en los capítulos anteriores). Cualquier cambio en este pilar impactará fuertemente a los restantes; por eso está en el centro de la organización. Existen algunos factores externos que pueden impactar fuertemente los sistemas sociales:

Sentido de urgencia

La urgencia ejerce presión sobre las personas e impacta sus hábitos, comportamientos, formas en que conectan y estados mentales. Por ejemplo, una fecha fija para entregar un producto podría hacer que un grupo de empleados que nunca se habían comunicado con fluidez, dejen de lado sus diferencias y empiecen a interactuar para lograr un objetivo común.

Número de personas en la organización

El tamaño de la organización repercute en como las personas socializan. Probablemente no tendrás los mismos hábitos si te encuentras en una empresa formada por pocas personas, que en una corporación con miles de empleados. Seguramente, en una organización pequeña te sentirás cómodo el primer día, y comenzarás a hablar y actuar libremente con quienes te rodean. Sin embargo, en una corporación con cientos de personas a tu alrededor, seguramente te comunicarás por medios indirectos (correo electrónico, chat, etc.) y esperarás, durante los primeros días, que un superior que te diga qué hacer.

Salud organizacional

Son los hábitos que impactan directamente sobre los estados emocionales e indirectamente en los resultados de la empresa. Si una persona se siente segura, entonces se comunicará, moverá y expresará más abiertamente. Con esto, aumentará el conocimiento compartido y ello hará que las ideas puedan evolucionar más rápidamente. Si por el contrario, una persona se siente insegura, la comunicación mermará en gran medida, lo que podrá afectar el aprendizaje, la productividad y la innovación de la compañía. Por el otro lado, si una persona realiza alta multitarea o tiene muchas tareas pendientes, ello afectará también su estado emocional, lo que repercutirá en la calidad de lo producido, resultados, etc.

Recuerda nuevamente que los sistemas sociales se encuentran en el centro del mapa porque cualquier cambio en ellos afectará fuertemente los pilares que se explican a continuación.

Formas de pensamiento

El círculo que rodea a los sistemas sociales se llama formas de pensamiento y representa las **creencias, valores e ideas abstractas que forman la cultura de la compañía.** Cuando un consultor especializado en formas de pensamiento Agile o Lean enseña un nuevo conjunto de valores o principios, interactúa directamente con esta área (*mindset*), e indirectamente con las demás.

Las formas de pensamiento generalmente contienen una mezcla entre la cultura de la empresa, los valores que han podido ser incorporados durante años y las formas de razonamiento preferidas por la compañía para resolver problemas.

Organización formal

El tercer círculo se denomina **organización formal,** y es donde "viven" **las formas de trabajo y se da coherencia a la información.**

En ésta área podemos encontrar:

Estructuras formales

Sostienen las relaciones de poder y responsabilidades dentro de la empresa. Normalmente, si le solicitas a alguien que dibuje esta área, la plasmará con un organigrama jerárquico.

Sistemas de información

Son los artefactos (procesos, áreas, herramientas, etc.) que tienen como objetivo darle forma a la información proveniente de las otras capas de la organización o del exterior de la empresa. Su meta principal es que esa información tenga coherencia para las personas, y que sean compatibles con sus creencias y valores. Ten en cuenta que la inteligencia artificial generalmente interactúa con este pilar.

Sistemas de control

Representa artefactos (procesos, áreas, herramientas, etc.) que tienen como objetivo revisar las actividades y resultados producidos por los empleados, los recursos y el tiempo (entre otros). La meta es asegurarse de que las estructuras organizacionales puedan mantenerse y funcionar correctamente, y que no cambien abruptamente.

Las compañías más tradicionales (de procesos lineales) tienden a imaginarse el cambio de empresa como una alteración a la capa de organización formal. El objetivo de la capa de organización formal reside en dar sentido a la información, sostener y proteger a las estructuras de la compañía a fin de que no cambien bruscamente.

Creación de valor

El pilar exterior **se centra en la creación de valor para el cliente** y es donde residen los marcos de trabajo como Scrum, DSDM, etc.

La creación de valor se ve afectada directamente por la metodología, marco de trabajo utilizado o la definición de valor de negocio; e indirectamente por los cambios en los mercados o en los demás pilares. Si creas una iniciativa de cambio que contenga pequeños planes para impactar a cada uno de estos pilares, habrás creado un **plan poderoso**. Este es el secreto para que tu transformación se vuelva exponencial.

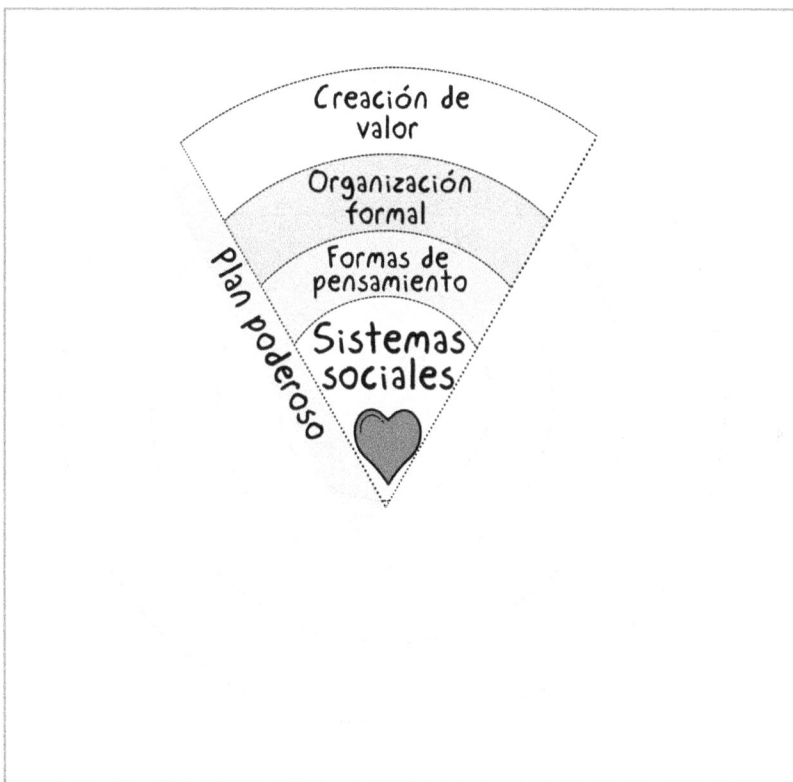

FIGURA 7.2: Los cuatro componentes de un plan poderoso

Recuerda que el modelo conceptual de organización propuesto por ESS no intenta poner una barrera artificial entre las diferentes dinámicas de la empresa, sino dar visibilidad sobre las cosas necesarias para que un plan de cambio pueda ser más efectivo.*¿Puedes pensar en qué pilares pones tú más énfasis cuando creas un plan de cambio?*

Los cinco componentes de Enterprise Social Systems

En las actividades humanas suelen haber formas de razonamiento preferidas que guían a las personas durante la resolución de los problemas; ellas permiten a los individuos visualizar cómo se moverán de un estado inicial **A** a otro estado deseado **B** que podría solucionar el inconveniente. El espacio que se encuentra entre los puntos **A** y **B** es el *tiempo de desafío*. Allí los individuos invierten sus esfuerzos pensando cómo resolver el problema, establecen procesos y técnicas, y crean métricas para verificar que se vaya en la dirección correcta.

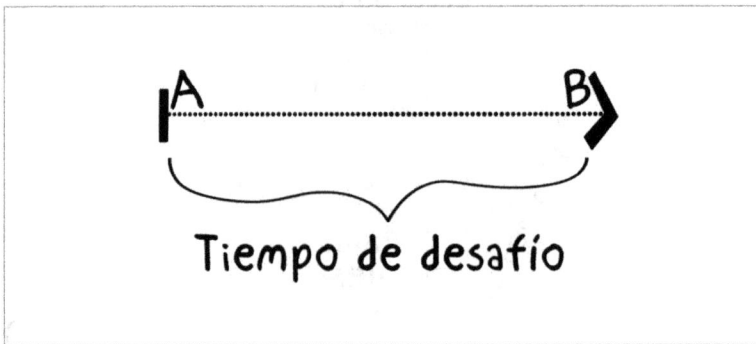

FIGURA 7.3: *Durante el tiempo de desafío, las personas invierten sus energías en resolver un problema*

Es habitual que las empresas tradicionales tengan la tendencia a utilizar, durante el tiempo de desafío, formas de razonamiento basadas en experiencias anteriores o en estructuras/procesos que se encuentren ya en uso en otras áreas de la organización. Si bien esto pude funcionar correctamente cuando se trata mercados conocidos y relativamente estables, es necesario que se empleen diversas técnicas cuando se tiene alta variabilidad y se requiere de soluciones creativas para hacer frente a las situaciones.

Enterprise Social Systems ofrece cinco componentes que asisten durante el tiempo de desafío para que se puedan emplear formas de razonamiento distintas que maximicen la creatividad y el impacto del cambio. El hecho de emplear nuevas ideas y procesos mentales cambia las conclusiones y, además, ayuda a las personas a establecer nuevas conexiones neuronales que serán útiles en futuras situaciones. Pensar diferente hace posible que se obtengan nuevas preguntas y puntos de vista, y se camine en una dirección distinta. Estos son los 5 componentes que ayudan a las personas durante el tiempo de desafío:

1. **Colaboración bloqueante empresarial** (Enterprise Blocking Collaboration)
2. **Densidad social empresarial** (Enterprise Social Density)
3. **Visibilidad social empresarial** (Enterprise Social Visibility)
4. **Patrón de complejidad y complicación** (Complexity and complication pattern)
5. **Patrón de permiso para aprender** (Permission to Learn pattern)

Al final de este capítulo verás la forma de emplear estos 5 componentes para ayudar a quienes te rodean a crear nuevos planes o modificar los existentes, y a cambiar procesos, tácticas o hábitos. Pero mientras tanto, déjame explicarte de qué se tratan.

Colaboración bloqueante empresarial

Muchos consultores centran sus esfuerzos en tratar de aumentar la colaboración de los empleados de la empresa. Pero ello puede ser una trampa. Te conté al comienzo del libro que una consultora para la cual trabajé tenía en su contrato una cláusula de obligatoriedad de colaborar con otro empleado si este lo solicitaba... incluso si las tareas que me pedían eran de menor importancia que las que estuviera haciendo.

Estarás de acuerdo conmigo en que hay situaciones donde cooperar beneficia a todos, y personalmente es lo que hago cada día. Sin embargo, interrumpir algo sin tener en cuenta el vínculo de colaboración que se establece entre las personas puede traer consecuencias no tan positivas.

Imagínate que tu departamento mejora sus procesos internos, pero tal mejora tiene un efecto negativo en el resto de la compañía (es lo que llamamos *optimización local*). *¿Llamarías a esto colaboración?* Situaciones así son habituales y pueden ser positivas siempre y cuando sean bien planificadas, temporales y que todos puedan percibir que los efectos negativos serán acotados.

Supón que alguien te pide un favor cuando te encuentras trabajando a más del 80% de tu capacidad personal y/o realizando alta multitarea. Tú aceptas la solicitud y comienzas a ocuparte de las nuevas labores. Evidentemente, esto dilatará los tiempos de todos los trabajos que tengas pendientes, creará mayor presión en ti y producirá bloqueos en el resto de la compañía. *¿Llamarías a esto colaboración?*

Nuevamente, este tipo de comportamiento pueden funcionar mejor si se tiene en la empresa prioridades claras basadas en valor de negocio; es decir, que lo solicitado tenga prioridad y pueda ser llevado adelante sin multitarea.

Pero en muchas de las empresas que visito las personas comienzan a realizar la nueva actividad aumentando su multitarea, y ello incrementa la posibilidad de cometer más errores, la complejidad y los costes del producto o servicio. Si es este el caso, estarás de acuerdo que ello requiere de más energía y normalmente reduce la motivación. Ahora puedes entender que hay distintos tipos de colaboración:

- **Colaboración positiva**
- **Colaboración bloqueante**

La colaboración positiva impacta favorablemente en los objetivos de la organización, mientras que la colaboración bloqueante tiene efectos negativos en el flujo de trabajo. Es sano que las personas puedan comprender, detectar y cuantificar los distintos tipos de colaboración.

¿Sabías?

Colaboración bloqueante empresarial: Cooperación entre personas o equipos cuyos comportamientos producen efecto negativo en la organización.

Los ejecutivos de una empresa que visité me solicitaron ayuda para buscar alternativas para disminuir sus costes fijos. Estaban preocupados porque invertían, mensualmente, un millón de dólares en los sueldos de su departamento de SAP. La gerencia había decidido disminuir la plantilla de empleados, pues consideraban que era la única solución. Los jefes habían decidido asegurarse de que nadie tuviese tiempo ocioso, y verificaban constantemente que los empleados funcionasen al 100% de su capacidad. Era frecuente escuchar a uno de los jefes repetir constantemente *¡No deseo ver a nadie trabajando a menos del 100%!*

Luego de conversar con quienes llevaban adelante el trabajo y analizar la situación, descubrí que los niveles de Colaboración bloqueante empresarial (CBE) eran realmente elevados: interrumpían varias veces al día sus tareas para realizar labores no relacionadas, o en muchas ocasiones, de menor prioridad.

También tenían cargas de trabajo realmente elevadas y variables, cercanas al 95% de su capacidad. Esto último hacía muy difícil cooperar con otras personas o agregar cualquier trabajo adicional que se descubriera durante las tareas de desarrollo. Aunque el 95% de capacidad utilizada era considerado una buena práctica para la gerencia, creaba un círculo vicioso que hacía que cada vez se entregase menos valor de negocio a los clientes.

Tomar en cuenta la multitarea, la capacidad de trabajo empleada y la calidad de lo producido permitió en ese caso cuantificar el coste promedio de esos hábitos no saludables.

El análisis de los datos mostró que al menos $ 0,78 de cada dólar invertido en el departamento de SAP se perdía en actividades que no brindaban valor de negocio para el cliente. Y esto era como resultado de la alta CBE. Una investigación más exhaustiva mostró que tal situación no ocurría solo en ese departamento, sino en toda la organización.

La solución que sugerí fue adicionar acuerdos de trabajo explícitos para cambiar la manera de llevar adelante las labores, establecer una definición de calidad mínima de producto alta y no negociable, y apoyar esto con microhábitos.

Pero para esto se necesitaba modificar procesos, responsabilidades, expectativas, poner pautas para que las personas se sintiesen más seguras y mover a todos los individuos relacionados con la creación de valor de un producto (*Red de valor*) al mismo sitio físico. Esto permitió lograr un flujo de trabajo y conocimiento constante.

Colaboración bloqueante empresarial

CBE más baja significa menos bloqueos

CBE más alta significa más bloqueos

$$1 \longleftrightarrow 10$$

Hábitos saludables a adquirir en este lado

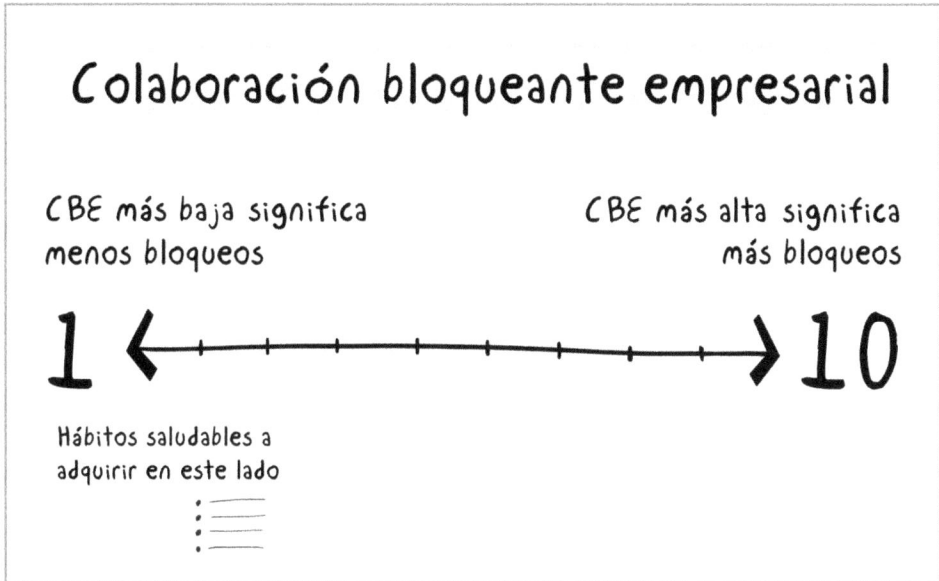

FIGURA 7.4: Alguna idea inicial de cómo medir CBE

Incluso contar con una o más personas dedicadas a enseñar sobre CBE y remover los bloqueos producidos por esta, podría ser una excelente idea. Estos son algunas señales que podrían ayudarte a detectar que existe alta Colaboración bloqueante empresarial en tu empresa:

- Se realicen nuevas labores cuando se está por encima del 80% de la capacidad personal, o se solicite ayuda a alguien con muy poca disponibilidad.
- Que habitualmente la respuesta a un nuevo problema de la organización sea el incremento de reglas, burocracias o la optimización local.
- Que existan situaciones donde personas estancadas en una actividad por más de 15 minutos no pidan ayuda a sus compañeros de equipo.
- Que haya equipos que desarrollen un producto o servicio en conjunto, pero usando solamente comunicación asíncrona entre sí (*emails*, *chat*, etc.).
- Que existan altos niveles de multitarea.

▶ Que se hagan informes para la gerencia que podrían dejar de tener sentido simplemente con tener una o más conversaciones cara a cara.

▶ Que no se cuente con una definición clara de calidad mínima de producto que no sea negociable.

▶ Tener equipos donde uno o varios de sus integrantes clave se encuentre en otra oficina o zona geográfica.

▶ No tener una definición de valor de negocio clara, o que existan varias de ellas que sean contradictorias.

▶ Que las personas tengan altos niveles de apropiamiento psicológico de lo que producen y que se necesite mejorar el producto o servicio frecuentemente.

▶ Los sistemas de recompensa y reconocimiento en la empresa no se enfocan explícitamente en apoyar hábitos de colaboración saludables.

▶ Los equipos de desarrollo de software no usan herramientas colaborativas para simplificar la edición y la depuración del código en tiempo real (*Visual Studio Live Share, Codeshare, AtomPair, JustInMind,* etc.).

Debes ten en cuenta que en ocasiones no es fácil identificar si se trata de un tipo u otro de colaboración.

Densidad social empresarial

En la organización tradicional, gran parte de las decisiones y comunicaciones llegan a los equipos desde las capas más altas de la empresa (ej. ejecutivos). Esto hace que estos grupos, a su vez, copien esas formas de comunicación y se apoyen en las jerarquías para distribuir el conocimiento que han adquirido.

Pero los productos digitales requieren de una alta velocidad de adaptación debido a que todo puede cambiar de un momento a otro, y es por ello que esas formas más tradicionales de gestionar las personas, la información y el conocimiento compartido no son generalmente las más adecuadas.

Piensa por un segundo... *¿Cuándo fue la última vez que tuviste una conversación realmente fluida o adquiriste conocimiento con alguien dentro de la empresa?* Quizás durante una charla casual un compañero te explicó cómo hacer mejor una tarea, o en un descanso te tomaste un café con alguien de tu confianza y te enteraste de algo relevante que semanas después sería anunciado formalmente por la compañía.

Las comunicaciones formales se mueven a través de las estructuras jerárquicas, que generalmente emplean pasos formales, requieren muchas veces de decisiones políticas, y son diferentes de cómo se crea en realidad el valor para el cliente. Entonces, la información viaja a velocidades varias veces inferior que cuando se transmite a través de conexiones informales o casuales con personas de confianza del *emisor* de la información.

Cuanta más velocidad y mayor cantidad de información relevante fluya a través de las redes de empleados (o *nodos*), más alta podrá ser la capacidad de adaptación y mejor la capacidad de toma de decisiones en la empresa.

A su vez, cuantos menos desequilibrios existan y más balanceada o simétrica sea el conocimiento entre los miembros de un grupo, mejores podrían ser sus resultados. Esto es algo que la teoría económica de la información simétrica menciona, y que deberás tener en cuenta al diseñar cualquier proceso o marco de trabajo.

Las comunicaciones, y especialmente las realizadas informalmente, son un componente crucial en la cultura de las empresas exponenciales y la base para que el cambio pueda multiplicarse sin límites a través de la organización. Pero para que las comunicaciones informales sean efectivas, la compañía debe contar con una cultura que apoye que estos vínculos se produzcan informalmente como parte del día a día.

A ese flujo informal de conocimiento relevante entre los empleados de una empresa le llamamos **Densidad social empresarial**, y es un concepto esencial para acelerar un cambio de negocio.

La Densidad social empresarial puede disminuir fácilmente debido a factores psicológicos o logísticos, o porque la empresa emplee estructuras rígidas (procesos, jerarquías, etc.) que no permitan a los empleados conectar informalmente.

Si los miembros de un equipo no confían entre sí, comunicarán sus experiencias, opiniones y/o conocimiento a través de medios indirectos como correos electrónicos, chats u otros. Esto aumenta la ineficiencia y disminuye los resultados del negocio. A su vez, este tipo de hábitos incrementa la burocracia, las disfuncionalidades, el coste final del producto y disminuye la cantidad de experimentos que la organización puede realizar cada mes.

¿Sabías?

> **Densidad social empresarial:** Flujo de información relevante, honesta, informal y efectiva en un entorno donde las personas se sientan seguras.

Un equipo que se encuentre distante geográficamente tiene, en general, menor densidad social que uno donde sus miembros estén en el mismo sitio. Incluso la empresa *Scrum Inc*. indica que existe una caída de Densidad social cuando las personas se encuentran a más de 30 metros de distancia.

Hay casos de grupos que se comunican solo por necesidades extremas, o tienen diferentes culturas dentro de una misma compañía. Ello obviamente afecta la forma en fluye el conocimiento. He visto un caso en que los equipos que necesitan colaborar directamente se encuentran en diferentes edificios. Al indagar con los gerentes las razones de esta distancia, pude descubrir que se hacía con el fin explícito de marcar una diferencia de estatus entre ellos.

Déjame darte otro ejemplo. En una corporación que ayudé, decidí dejar de utilizar el correo electrónico con el fin de acostumbrar a las personas a hablar conmigo cara a cara si necesitaban ayuda. Si bien se sorprendieron los primeros días, muchas copiaron el hábito, y ello incrementó el flujo de información y conocimiento relevante en toda la organización.

Está claro que, si quieres dilatar una solución, tu mejor opción es enviar un correo electrónico o emplear cualquier otra forma indirecta de comunicación, en vez de hablar con la persona. La baja Densidad social puede también darse cuando el conocimiento es escaso.

En estos casos es altamente recomendable que acentúes la rotación de las personas y que realicen trabajo en parejas para que el conocimiento fluya lo más uniformemente posible.

¿Sabías?

Puedes utilizar la técnica CD3 (Costo de la demora dividido por la duración) para calcular el impacto económico de los retrasos o bloqueos causados por una baja densidad social en tu empresa. Conoce más sobre CD3 en *Innova1st.com/72C*

Ten en cuenta que hay empresas donde los empleados son bombardeados con mucha información, pensando que ello los ayudará a tomar mejores decisiones. Es habitual escuchar personas lamentándose por tener que ir a reuniones una y otra vez, sin entender para qué. Enterprise Social Systems (ESS) define claramente que la información necesaria en una empresa es aquella que resulte relevante para las personas. Aquí relevante es todo aquello que brinde una ventaja competitiva a los individuos pertenecientes a la misma red de valor.

Recuerda que es esencial que toda práctica, marco de trabajo, técnica o nueva iniciativa de cambio aumente la densidad social entre la totalidad de personas que crean el producto o servicio (red de valor). Para que ello suceda, tienes que facilitar que todos utilicen formas directas de comunicación tanto como sea posible y niveles bajos de burocracia.

También debes prestar atención a cómo las personas son gestionadas por sus jefes. Debes tener presente que en las compañías más tradicionales, las decisiones se toman jerárquicamente (arriba hacia abajo). Pero crear un producto o servicio en la actualidad requiere contar con empleados de diferentes áreas y roles. El uso de estructuras jerárquicas férreas no es compatible con una buena creación de valor de negocio.

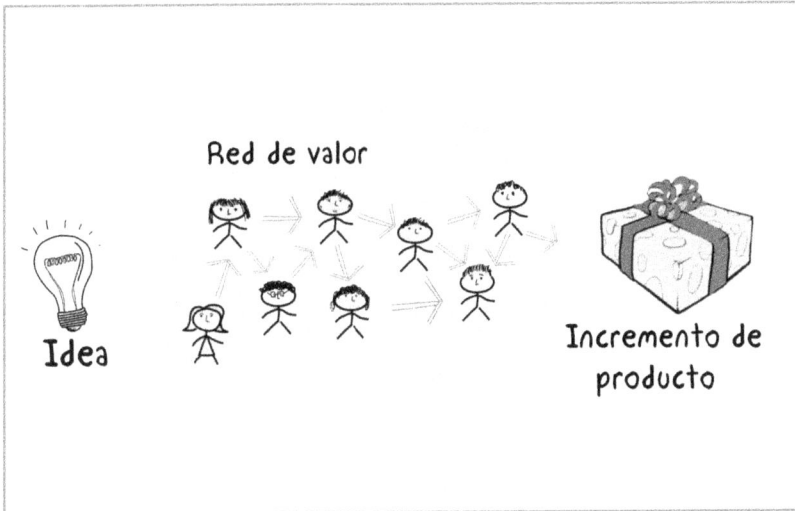

FIGURA 7.5: Cambia primero la forma en que las personas son gestionadas para que apoye la red de valor. Luego incrementa la DSE en la red de valor

Entonces, para asegurar un flujo continuo de conocimiento, decisiones y aprendizaje, es indispensable que los individuos puedan autoorganizarse en torno a sus tareas y se remueva cada día obstáculos que bloqueen a las tareas.

Para aumentar el flujo de conocimiento, tu empresa podría definir que la unidad mínima de trabajo sea de dos personas, lo que indica que no podrá haber, nunca, una persona sola realizando una tarea (trabajo en parejas 24/7), sino siempre una dupla.

Contamos con estudios que indican que cuando se empieza a trabajar en parejas en actividades que exigen creatividad, existe una caída de la productividad durante los primeros dos meses. Pero los datos también nos muestran que el crecimiento se consolida con un aumento significativo en los meses posteriores ("*The economics of software development by pair porgrammers*",

Hakan Erdogmus, Consejo nacional de investigación, USA, Canada Laurie Williams, Universidad del norte de Carolina, USA).

¡Prueba esto!

> Debido a que colaboración de los individuos dentro de un equipo es normalmente continua, pero entre los equipos es discontinua, en muchas ocasiones será necesario que sugieras la creación de acuerdos de trabajo explícitos entre equipos que indiquen claramente cómo ellos deberán colaborar ente sí y compartir su conocimiento.

El trabajo en parejas brinda resultados de mayor calidad y más productividad de quienes trabajan individualmente.

Trabajo en parejas 24/7

FIGURA 7.6: Trabajo en parejas 24/7 significa durante horas laborables

La rotación de personas es también esencial para que todos puedan equilibrar el conocimiento y apreciar diferentes puntos de vista. Ten en cuenta que las personas pueden sentirse inicialmente incómodas con este tipo de prácticas, y para que las nuevas formas de trabajo se incorporen a la cultura de la empresa, es conveniente contar con el apoyo de los líderes de la organización.

Mi recomendación es que crees una métrica que haga visible cómo un aumento en la densidad social puede afectar el valor del negocio y beneficiar la salud de la empresa.

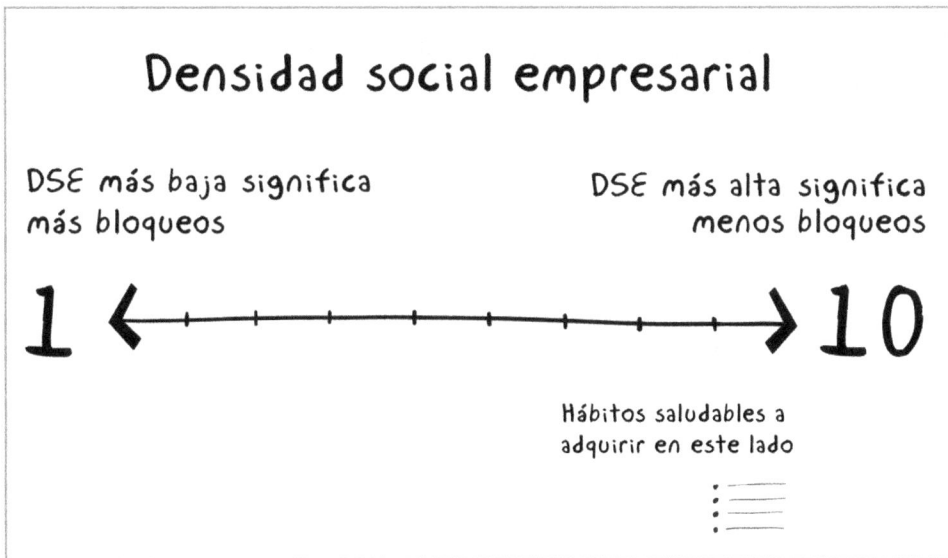

Densidad social empresarial

DSE más baja significa más bloqueos

DSE más alta significa menos bloqueos

1 ⟵ ⟶ 10

Hábitos saludables a adquirir en este lado

FIGURA 7.7: Las métricas de densidad social deben tener en cuenta los hábitos a mejorar

Estas son diez recomendaciones que apoyan el aumento de la Densidad social empresarial. Las puedes tener en cuenta al crear cualquier proceso o marco de expansión:

1. Cada persona debe ser capaz de identificar claramente los procesos, actividades e individuos que ayudan a crear el producto o servicio (red de valor).

2. Se emplea la comunicación cara a cara tanto como sea posible.

3. Se brinda a los empleados acceso directo a otros individuos de la organización que los podrían ayudar, sin burocracia ni aprobaciones formales.

4. Se simplifica activamente la burocracia cada vez que se adiciona un nuevo proceso.

5. Las personas se enseñen unas a otras empleando comunidades de práctica u otras sesiones informales (*Lean Coffee*, etc.) para conversar y aprender.

6. Los individuos pueden probar nuevas formas de trabajo y fallar de forma segura, y pueden identificar el tipo de colaboración más adecuada en cada caso.

7. Se promueven aquellas estructuras informales que maximizan las conversaciones relevantes entre los empleados.

8. Se propicia que exista una actitud positiva cuando el trabajo a realizar cambie bruscamente.

9. Se facilita a que las personas trabajen en pareja tanto como puedan.

10. La información provista por la inteligencia artificial o Big data está al alcance de todos, y es utilizada de igual forma que el conocimiento obtenido por otros medios.

Patrón del permiso para aprender

Una Densidad social empresarial alta es clave para que la información relevante fluya. Pero sin el conocimiento correcto, de poco te servirá emplear técnicas para que esta fluya más rápidamente.

Las grandes corporaciones tienen reglas explícitas que regulan la manera de aprender de las personas, lo que causa (entre otras cosas) que el flujo de conocimiento no pueda ser constante. Estos son algunos de los hábitos que podrías encontrar en tu organización, y que obstaculizan el aprendizaje continuo:

▸ Quienes te rodean tienen que pedir permiso y esperar semanas para que la empresa autorice la capacitación en nuevas habilidades.

▸ No existe rotación dentro de los equipos, o las personas no realizan frecuentemente trabajo en parejas.

▸ Los empleados no pueden autoorganizarse en torno a las tareas a realizar; son normalmente los gerentes quienes asignan el trabajo a ser realizado.

▸ Las habilidades se enseñan de forma teórica, o con una persona al frente de la sala que explica y muestra ejemplos.

▸ No existen *comunidades de práctica* donde los individuos puedan adquirir conocimiento o brindar retroalimentación.

▸ En el caso que falte una habilidad para realizar una labor, los miembros del equipo deberán solicitar a la gerencia que resuelva el problema.

▸ No hay estructuras informales que brinden apoyo para que los empleados puedan enseñarse unos a otros. *¡Recuerda que quien enseña también aprende!*

Habrás visto que en muchos sitios se suele indicar a empleados que llevan bastante tiempo en la organización lo que deben aprender y cuándo hacerlo.

En tales casos, es habitual que se requieran aprobaciones y una larga cadena de acciones, hasta que finalmente se obtenga el conocimiento necesario.

Tener que esperar por el conocimiento hace que se maximicen las interrupciones en el flujo de trabajo, lo que conlleva al aumento de los bloqueos y del costo final del producto. Pero también, fuerza a las personas a crear técnicas o procesos adicionales para tratar de compensar sus carencias. No te estoy recomendando que no exista la opción del aprendizaje formal, pero sí que se pueda ganar conocimiento de calidad también por otros medios.

¡Prueba esto!

Si todavía no cuentas con comunidades de práctica, comienza por hablar con quienes te rodean para saber qué habilidades necesitan y que están restringidas en número. Luego involucra a quienes tengan tales habilidades y apóyales para que puedan esparcir sus conocimientos de forma práctica y regular.

Mi recomendación para las comunidades de práctica de una empresa que visité fue que, además de ser ellas mismas un sitio para ganar conocimiento, fuesen también un espacio donde sus miembros pudiesen votar democráticamente sobre las estrategias y tecnologías a utilizar en los productos/servicios a crear en meses futuros.

Unas semanas después de mi recomendación, los arquitectos de software se esmeraban para que el resto de los empleados comprendieran mejor las opciones disponibles, y contasen con tiempo de reflexión antes de votar por una de las opciones ofrecidas.

¿Sabías?

Patrón del permiso para aprender: Comportamientos que hacen que las personas tengan que esperar decisiones de la empresa para adquirir conocimientos específicos, en vez de poder autoorganizarse activamente en torno a sus necesidades de aprendizaje.

Cuanto mayor sea el índice del Patrón del permiso para aprender, mayores serán las dificultades de las personas para adquirir conocimientos o habilidades. Comprender este patrón es de suma importancia, pues ayuda a que los empleados se focalicen en hábitos creativos para maximizar su aprendizaje.

Suelo preguntar en las empresas cuánto tiempo lleva desde que un empleado solicita un curso para incrementar sus habilidades hasta que finalmente lo obtiene. Si la respuesta es de más de 3 semanas, entonces estarás generalmente ante una organización con un alto índice de Patrón del permiso para aprender.

Claramente, la cultura organizacional debe apoyar que una persona pueda enseñar a otra sin necesidad de aprobaciones formales o burocracia adicional. Para ello se requiere que facilites que los individuos tengan suficiente empoderamiento y tiempo disponible.

Tengo aquí una anécdota breve para contarte. Una compañía donde realizaba coaching necesitaba que dos de sus equipos de software aprendiesen las técnicas Kanban. El curso de formación fue aprobado al cabo de dos meses, y los miembros de los equipos estaban realmente felices. Al finalizar el entrenamiento, descubrí que los grupos que los rodeaban eran expertos en esas técnicas desde hacía ya algún tiempo. *¿Por qué los equipos no compartieron ese conocimiento entre ellos?*

Te cuento otra historia. La gerencia de una empresa que ayudé venía facilitando el comienzo de una transformación Agile. Habían creado ocho equipos de Scrum mediante un proceso realmente tortuoso debido principalmente a que muchas de las habilidades no estaban disponibles, o se encontraban de manera insuficiente. Para superar esa situación, los tres gerentes definieron un procedimiento formal para que los miembros de los equipos supieran cómo actuar si se necesitaba una nueva habilidad. Pese a ello, el número de reglas y excepciones a ese procedimiento era muy elevado. Fue allí que planteé una actividad experimental llamada Mercado de pulgas (*Farmers Market*) para tratar de encontrar una solución más sencilla. La idea era que cerca de cien personas tuviesen cuatro horas para crear equipos nuevos basados en sus habilidades formales, informales y su personalidad. Propuse allí dos reglas sencillas:

1. Cada nuevo equipo Scrum debía contar con todas las habilidades necesarias para implementar exitosamente un producto.
2. El equipo debía tener un máximo de ocho miembros núcleo.

Durante las charlas posteriores, la gerencia expuso dos observaciones interesantes que sirvieron para conocer más sobre lo que podría suceder:

A. ¿Qué pasaría si una o más personas quedaran fuera de los equipos porque los demás considerasen que tenían poco conocimiento o no eran muy hábiles?
B. ¿Qué sucedería si los empleados no se autoorganizasen y el juego fallase? Claramente, esto podría hacer que se perdiera la tracción de la iniciativa, y era ciertamente un riesgo.

Pero a pesar de que esas situaciones podrían ser problemáticas, sugerí continuar y buscar una solución para tales casos (si se presentaban). *¡Incluso recuerdo que aposté todo mi sueldo de ese mes a que la dinámica resultaría exitosa!*

Para serte sincero, no tengo demasiado claro si esa apuesta influyó en la decisión de la gerencia, pero finalmente le dieron luz verde a la propuesta. Al día siguiente, solicitamos a cada una de las cien personas involucradas un currículum informal que respondiera estas preguntas:

- ¿Cuál es tu nombre? Anexa una foto para poder identificarte
- ¿Qué habilidades conocidas tienes?
- ¿Qué habilidades has aprendido recientemente, que pocas personas conocen?
- ¿Qué cosas disfrutas hacer, o por cuáles tiene pasión?
- ¿Qué necesitan saber los demás si quieren trabajar cómodamente contigo?

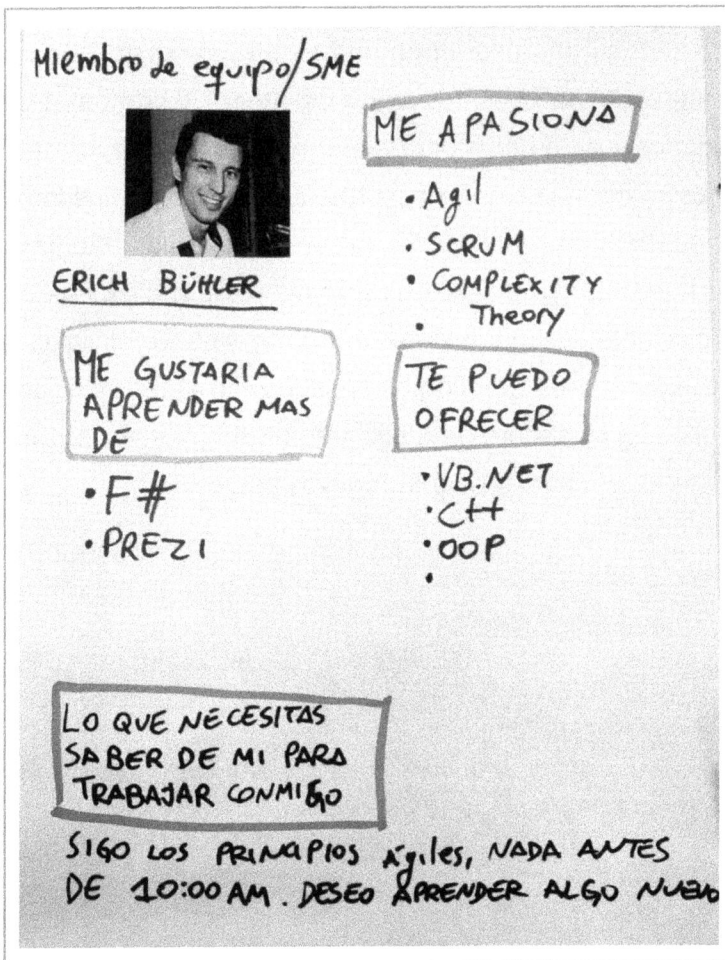

FIGURA 7.8: CV creado en ese momento como ejemplo

Les pedimos a todos que temporalmente olvidaran los equipos ya formados, y que diesen oportunidad a la dinámica. Debido a que se trataba de equipos Scrum, ya se contaba con ocho Product Owner, y había un Scrum Master por cada uno de los grupos. A todos ellos se les situó en el centro de la sala y se les explicó que las casi cien personas tendrían media hora para conversar con ellos, conocer más sobre los productos que se deseaban implementar, e indagar acerca de sus personalidades.

Pocos minutos después, la energía en la sala era muy alta; las personas disfrutaban de la dinámica y todos querían saber más sobre las futuras tareas y la personalidad de los Product Owner y Scrum Master. Al terminar el tiempo, solicitamos a todos que pegaran en una pared los currículum previamente elaborados, y presentamos las dos reglas del juego. El cronómetro comenzó a funcionar y dimos cuatro horas para que formasen los nuevos equipos.

Durante los primeros dos o tres minutos, las personas se quedaron inmóviles. Los gerentes observaban, preocupados, lo que sucedía; y decidieron situarse a un costado de la habitación para dar a las personas el espacio necesario para buscar sus propias soluciones. Algunos minutos más tarde, y para el alivio de los gerentes, todos hablaban entre ellos, preguntaban y se movían a gran velocidad por la sala tratando de conocer más sobre las habilidades disponibles. Pronto, los individuos empezaron a *reclutarse* para formar los nuevos grupos.

FIGURA 7.9: Personas buscando nuevos compañeros de equipo

No solamente todos deseaban saber más sobre las habilidades formales de sus compañeros, sino también sobre sus recientes aprendizajes y sobre sus preferencias. Además, buscaban sentir esa conexión personal y emocional que fue parte de la clave del éxito.

Sin intervención alguna de la gerencia, los equipos comenzaron a formarse y a realizar ofertas para atraer los talentos que necesitaban. Cuarenta y cinco minutos más tarde ocurrió algo realmente importante: descubrieron que algunas de las habilidades necesarias se encontraban limitadas, y que no había suficientes personas con conocimientos específicos para el número de grupos que debían establecerse. Nuevamente, los gerentes se sobresaltaron y pensaron intervenir para brindar su solución. Y les solicité paciencia. Se sorprendieron cuando, unos instantes más tarde, se crearon acuerdos explícitos de trabajo entre equipos que indicaban cómo se compartirían las personas, y quiénes actuarían como *coaches* sin ser parte de los grupos.

Pese a que habíamos planificado la actividad para cuatro horas, solo tomó una hora y media formar los nuevos equipos de Scrum. Luego se llevó adelante la primera sesión de planificación (*Sprint Planning*) del ciclo de trabajo. Desde entonces, ha sido sorprendente la motivación y productividad de esos equipos autoorganizados. Y no solamente el resultado fue un éxito, sino que yo particularmente me sentí seguro de no perder mi apuesta del sueldo de ese mes.

Como puedes ver, los empleados no habían considerado únicamente sus habilidades formales e informales, sino otros factores como personalidad, formas de aprendizaje y expectativas del trabajo. Este desenlace liberó a la gerencia y le ahorró miles de dólares a la compañía, pero además estableció hábitos fundamentales relacionados con la autoorganización y el compromiso grupal. La reducción del Patrón del permiso para aprender ayudó a crear equipos que se autogestionasen y a la empresa a conocer formas de trabajo exponenciales.

¿Sabías?

Si tu empresa enseña mediante formas más tradicionales, conoce los seis principios poderosos de Sharon Bowman basados en neurociencia. Te ayudarán a cambiar los hábitos que empleas al educar y a reducir el Patrón del permiso para aprender: *bowperson.com*

Nuevamente, debes recordar el crear algún tipo de índice para que las personas puedan comprender las áreas a focalizarse y en qué se ha mejorado.

Recuerda cuando facilites la creación de un nuevo procedimiento, técnica, plan de cambio o cualquier otra estrategia de transformación, incluir estructuras informales que hagan posible disminuir activamente el Patrón del permiso para aprender. Aquí puedes ver algunas ideas que te podrían ayudar:

1. Facilita la eliminación de burocracia.
2. Ayuda a que las actividades adicionales descubiertas al realizar el trabajo se resuelvan de forma colaborativa, sin necesidad de autorizaciones previas.
3. Cuenta con comunidades de práctica que, además de servir para enseñar, ofrezcan la oportunidad de que sus miembros tomen decisiones sobre el futuro de los productos, tanto técnicamente como de estrategia.
4. Brinda elementos para que los equipos se puedan autoorganizar en torno a las habilidades limitadas.
5. Asegúrate que luego de enseñar un nuevo concepto, todos cuentan con tiempo de calidad para reflexionar sobre lo aprendido.
6. Ayuda a facilitar cambios en la cultura para que se apoye a que las personas se sientan seguras.
7. Trata de que la mayor parte del aprendizaje se adquiera mientras se hacen las labores.

Es importante que los equipos cuenten con autonomía para gestionar su propio presupuesto en cursos formales (o externos). Esto y otras ideas podrían aumentar la satisfacción y sentimiento de realización de las personas.

Como puedes apreciar, si quieres crear una organización que pueda adaptarse rápidamente a los mercados, es fundamental ocuparse constantemente de disminuir el Patrón del permiso para aprender.

Visibilidad social empresarial

A finales de los años 80 se comenzó a notar que no se podían explicar algunos cambios sociales en las empresas sin tomar en cuenta el lugar donde se desarrollaban las actividades. También que ciertos comportamientos no podían alterarse fácilmente si no se modificaba la disposición de la oficina.

Quizás en tu empresa aún no vean como prioridad evaluar la forma en que el espacio físico afecta los resultados del trabajo, o cómo la distribución de la oficina puede impactar en la adopción de un cambio. Si este es el caso, es buen momento para introducir ideas para ayudar a comprender por qué esta evaluación es necesaria.

Por un momento, presta atención a los equipos de software que consideras exitosos. Verás que no pasan la mayor parte de su tiempo codificando frente a un computador, sino hablando entre ellos y conectando ideas de forma colaborativa, confirmando suposiciones con los clientes y aprendiendo constantemente unos de otros. Esto se debe a que las actividades que requieren creatividad necesitan un componente social alto.

En 2001, el pensamiento Agile y el marco de trabajo de Scrum sugirieron que quienes aportasen valor de negocio para crear un producto (red de valor) debían ubicarse físicamente juntas y comunicarse mayoritariamente cara a cara. A partir de allí, las organizaciones comenzaron a dar más importancia a las interacciones entre los individuos que a sus procesos. Pero piensa por un segundo... *¿Cómo obtienes gran parte de la información en tu empresa?* Si haces esta pregunta a quienes te rodean, seguramente te responderán que proviene de emails, chats, conversaciones telefónicas o charlas cara a cara. Estos canales estándares se han venido empleando por años para comunicarse con los empleados y obtener retroalimentación de los clientes. Pero no hay que olvidar que las personas reciben mucha información cuando comparten un espacio y pueden verse.

Se estima que más de la mitad de tu información consciente proviene de lo que ves. Para que te hagas una idea, cada nervio óptico tiene un millón de terminaciones. Diez millones de bits por segundo son transmitidos a la parte trasera de tus ojos, donde está la retina, y seis millones llegan al cerebro. De allí, 10 mil se transmiten a la corteza prefrontal y solamente cien llegan a tu mente consciente. Aunque te pueda parecer un número pequeño, esta acción se repite varias veces por segundo.

Adicionalmente, nuestra amígdala es capaz de interpretar de dos mil a cuatro mil mensajes sutiles del entorno físico al día, sin que sean percibidos o interpretados por tu parte consciente. Por ello, la información proveniente del entorno físico realmente afecta el aprendizaje y las decisiones a tomar.

Cuando la información visual escasea, la productividad de las actividades creativas disminuye y los individuos comienzan a crear nuevo comportamientos o procesos que reemplacen la información que necesitan. Déjame darte un ejemplo: es habitual que las compañías tengan empleados en diferentes zonas geográficas. En estos casos se suele usar tecnología para replicar virtualmente (vídeo, chat, etc.) los canales físicos de comunicación.

Pero la experiencia nos dice que la productividad de los grupos que están en un mismo lugar es muy superior a los que se encuentran disgregados. Existe incluso información de *Scrum Inc.* que habla de una pérdida de hasta el 50% de valor de negocio cuando la persona que actúa como Product Owner de un equipo Scrum se ubica físicamente en otro sitio.

Esto es porque con la distancia se pierden algunos canales por donde fluye gran cantidad de información; entonces las personas que están remotas no aprenden a la misma velocidad, o no siempre comprenden plenamente lo que está sucediendo. El resultado es una caída en la transparencia y que se terminen agregando nuevos procesos o solicitando nuevos informes para suplir la escasez de información.

Es por esto que ESS te ofrece un componente específico para que las personas comprendan qué deben tener en cuenta al modificar un espacio físico o trabajar de forma remota, a fin de que los comportamientos favorezcan el flujo constante de conocimiento.

> **¿Sabías?**
>
> **Visibilidad social empresarial:** Conocimiento pasivamente capturado del entorno por las personas, y que apoya el flujo del trabajo. Incluye interacciones sociales, radiadores de información y reconocimiento de comportamientos y expresiones faciales.

La Visibilidad social empresarial se focaliza en educar la mente de las personas para que sepan de dónde proviene la información y puedan crear planes, procesos o marcos de trabajo más efectivos. ESV sugiere cinco áreas de acción:

1. **Radiadores públicos de información:** Emplear paneles físicos (papel, pizarras, pantallas u otros) en zonas públicas y visibles, con información relevante para las personas que hacen el trabajo. Tanto como sea posible, la actualización de un panel debe alertar a los demás mediante comportamientos sociales o cualquier otra actividad que capte la atención del receptor. Si se trata de paneles electrónicos, debes cerciorarte de que su actualización requiera una interacción social visible (por ejemplo, ponerse de pie para modificar de forma visible una pantalla táctil pública, u otros) para alertar a los demás del cambio.

2. **Interacciones sociales visibles:** Las personas deben poder observar las formas de trato o etiqueta social estándar de los demás integrantes; es decir, reconocer el protocolo social de quienes están a su alrededor (como un saludo de manos entre dos personas, etc.). Esto permite ganar conocimiento

sobre las diferentes situaciones, incluso si no se participa de ellas.

3. **Reconocimiento de expresiones faciales visibles:** Los individuos deben poder observar las expresiones faciales de otras personas para poder juzgar el estado emocional de los mismos (como cuando se da una conversación entre dos personas a cierta distancia, pero en un mismo espacio).

4. **Visualización de acciones y movimientos para reconocimiento y predicción**: Los individuos deben poder observar a quienes se dirigen a realizar otras tareas (movimientos sociales dentro de la oficina). Ello hace que sus cerebros establezcan vínculos (conscientes o inconscientes) con las personas observadas, y almacenen conocimientos basados en los resultados de las interacciones percibidas.

5. **Conexión de la red de valor con el espacio físico:** El espacio físico debe representar la forma en que se crea valor para el cliente. Si desde la concepción de un producto hasta su disponibilidad se necesitan quince personas para hacer el trabajo, entonces se deben buscar las mejores formas para que ese grupo de individuos pueda realizar sus tareas teniendo en cuenta los puntos 1 al 4. Si la forma de crear valor cambia, el espacio físico deberá adaptarse lo antes posible a la nueva red de valor.

Como puedes apreciar, las interacciones con el entorno físico ofrecen un conjunto elevado de datos que se irradian constantemente, y permiten a los individuos llegar a conclusiones y decisiones diferentes. Por ejemplo, el conocimiento social crea vínculos en tu mente que te hace reaccionar de cierta forma: observar a tu compañero de tareas David reunirse con un experto en marketing con una habilidad indispensable para tu equipo, creará un vínculo en tu memoria que hará que relaciones las habilidades de ese experto con

David. Si en el futuro tú requirieses conocer más sobre marketing, seguramente hablarías primero con David antes de buscar al experto.

Las cinco áreas clave de la visibilidad social empresarial brindan las bases para que cualquier nuevo proceso o marco de trabajo.

Una opción para incrementar la visibilidad social es hacer que las charlas o reuniones se hagan de pie. Con esto, las personas se moverán y sus mentes podrán conectar esas acciones con las ideas y el entorno.

No olvides que gran parte de la información proveniente de la oficina es filtrada por tu cerebro. Esto quiere decir que este solo almacenará lo que considere relevante. Así que el empleo de una visión de cambio, producto o definición específica de valor de negocio ayudará a que las mentes den prioridad a qué cosas prestar atención, y decidan cuáles descartar.

¡Prueba esto!

Para mantener a todas las personas en la misma sintonía, las actividades de facilitación visual pueden aumentar la Visibilidad social empresarial. Allí emplearás post-it o rotafolios para efectuar públicamente dibujos o notas, y así capturar la esencia de las ideas que surjan durante las conversaciones.

Las reuniones de cadencia fija (misma hora y lugar) también tienen un impacto positivo en la Visibilidad social empresarial (como por ejemplo los eventos del marco de trabajo de Scrum), pues aumentan la atención debido a que el cerebro está preparado de antemano para lo que vendrá. Pero hay algunas herramientas que pueden ayudar a incrementar la Visibilidad social empresarial en entornos con personas distribuidas geográficamente. Una de las pioneras para conectar el entorno social y espacial de forma virtual y producir un flujo constante de información es Sococo (*www.sococo.com*).

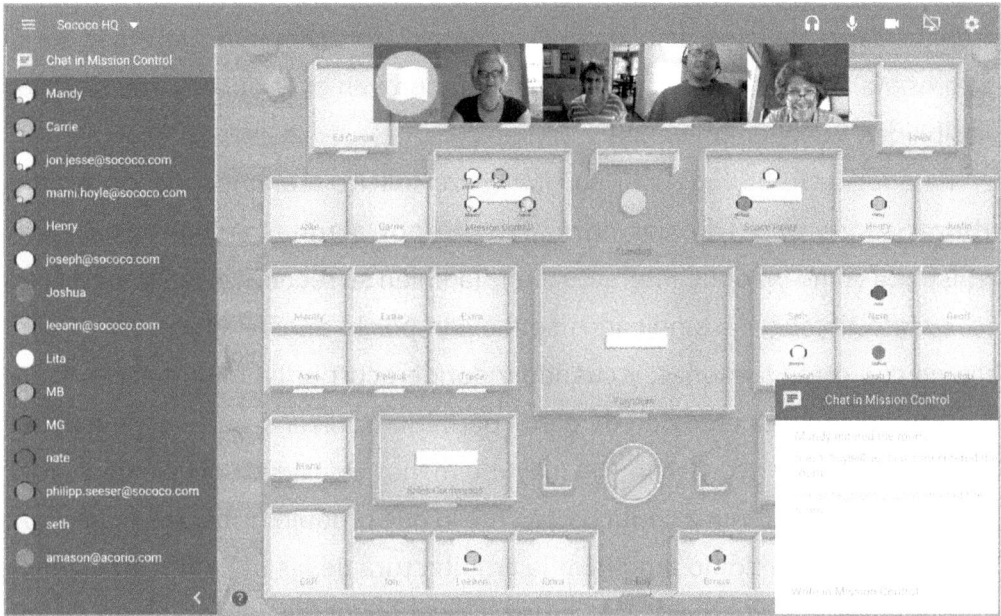

FIGURA 7.10: Sococo permite crear espacios virtuales que brin⦁en información social rica

Este tipo de herramientas ayuda a que las personas, sin importar donde se encuentren, puedan observar quiénes están reunidos, sus movimientos sociales y dinámicas dentro de la oficina, los patrones diarios de movimiento dentro del espacio físico y su cadencia. También hace posible establecer comunicación cara a cara cuando sea necesario. Todo ello, evidentemente, aumentará la visibilidad social empresarial.

Es destacable que la consultora *Boston Consulting Group* (BCG) haya decidido llevar estos conceptos a la máxima expresión. En 2017 inauguraron sus nuevas oficinas en Nueva York asegurándose de maximizar el impacto del entorno físico en las conexiones informales entre las personas. Para ello, diseñaron el espacio de trabajo considerando incrementar el número de interacciones entre los empleados, y que estas fuesen lo menos predecibles posible. El objetivo en mente era aumentar el flujo de información aleatoria y asegurarse de que el conocimiento transitara en todas las direcciones dentro de la organización.

Uno de los criterios utilizados para diseñar la oficina fue que esta *forzara* a los empleados a *toparse* frecuentemente entre ellos, aumentando las probabilidades de intercambiar conocimientos informalmente (Densidad social empresarial) y multiplicando el conocimiento proveniente del entorno de físico (Visibilidad social empresarial).

Para lograr lo último, la firma *Humanyze* solicitó a empleados voluntarios utilizar sensores y trabajar normalmente por algunas semanas mientras registraba cómo y dónde interactuaban. También se reconoció la latencia, esto es, cuánto tiempo los empleados se movían por la oficina sin cruzar palabra alguna con otras personas, y cuándo y dónde ocurrían la mayor parte de las comunicaciones. La recogida de datos permitió analizar a quién se le hablaba y saber qué lugares contaban con mayor o menor Densidad social empresarial.

Pero lo que hicieron a continuación fue lo que produjo la magia... Humanyze comenzó a sugerir cómo modificar la arquitectura de las oficinas con el fin de maximizar el flujo de datos relevantes. Como resultado se obtuvo un diseño que aseguraba el flujo constante de conocimiento proveniente del entorno, y la posibilidad de que las personas lo adaptaran fácilmente a sus formas de trabajo. Para ello implementaron:

▸ Espacios flexibles y abiertos que permiten diferentes usos y estilos de trabajo, y que maximizan que las personas se topen unas con otras.

▸ Salas grandes totalmente equipadas para grupos que requerían trabajar juntos durante meses o semanas.

▸ Áreas polivalentes para eventos sociales y comunitarios que permiten que toda la gente de la oficina pueda juntarse.

▸ Espacios específicamente diseñados para que clientes y empleados interactúen sin barreras.

▸ Salas de inmersión para facilitar el intercambio de información en tiempo real entre los participantes, con múltiples pantallas gigantes y mandos que posibilitan la interacción virtual.

▸ Salas hexagonales con monitores táctiles, para acelerar el diseño y la incubación de nuevas ideas.

▹ Tecnologías que permiten trabajar en cualquier lugar, en cualquier momento, y observar a quienes estén en la oficina.

Como ves, la Visibilidad social empresarial ayuda a concienciarse sobre el flujo de conocimiento proveniente de las interacciones sociales, y así apoyar cualquier plan de cambio. Aquí tienes algunas recomendaciones para aumentarla en tu compañía:

1. Utilizar radiadores de información (tableros, Kanban, etc.) en áreas públicas con datos relevantes, u otras formas que capten la atención de los participantes de la red de valor.
2. Que las personas que crean valor se sienten juntas tanto como sea posible.
3. Verificar que el entorno apoye a la visión de producto o de cambio y cómo se produce valor para el cliente (red de valor).
4. Emplear eventos que utilicen cadencia fija (mismo lugar, hora y duración), ya que ello prepara las mentes e incrementa la predicción.
5. Asegurar que el espacio físico *fuerce* a que los empleados se crucen frecuentemente, pero que también puedan mantener su privacidad si así lo desean.
6. Contar con una cultura que apoye que las personas se sientan seguras y puedan expresarse libremente.
7. Tener presente que generalmente se aumenta la complejidad y burocracia si se reemplazan actividades con alta visibilidad social empresarial por otras que generen menos información social.

Si un ejecutivo de la compañía desea saber cómo una organización con alta Visibilidad social empresarial funciona, será siempre más efectivo que le organices una visita otra empresa que consideres admirable en ese aspecto, a que intentar explicarle los conceptos. Esto es así ya que el entorno le proveerá de muchísima más información.

Recuerda asegurarte que exista al menos una forma sencilla de medir la mejora de la Visibilidad social empresarial en tu compañía.

Patrón de complejidad y complicación

Me imagino que has visitado algún sitio donde todo te pareció excesivamente complicado, y creíste que las cosas podrían ser mucho más simples. Si piensas así, no estás solo.

La realidad es que la complicación no está únicamente en los procesos de una empresa, o en los pasos que necesitas seguir para realizar las tareas de la oficina, sino también en la forma que funciona tu cerebro y en las técnicas que emplea para resolver problemas.

Si, por ejemplo, te enfrentas a un evento desconocido, tu cerebro instintivamente tratará de controlar lo que sucede e intentará, al mismo tiempo, crear razones para justificar esas acciones o pasos a ser adicionados. Usará todo lo que esté a su alcance para instaurar procesos que ordenen lo que te rodea y hacer que lo que venga pueda parecer más predecible. *¿Te has detenido a pesar alguna vez cómo este tipo de predisposiciones humanas podría condicionar la forma en que funciona tu empresa?*

Supón por un momento que hay cambios abruptos que afectan a tu compañía. Alguien aparece en el mercado y comienza a ofrecer nuevos productos que tienen mayor calidad o más características que los tuyos.

Debido a esta disrupción inesperada, tendrás un período de incertidumbre durante el cual tu empresa tendrá dos nuevas exigencias o **requisitos corporativos** a satisfacer si desea sobrevivir:

1. Que tus productos tengan una mayor calidad.
2. Ofrecer las mismas características (o superiores) que la competencia.

La respuesta habitual para solucionar esto en una organización tradicional es mediante el aumento de la complicación. La complicación es la forma que tiene una compañía tradicional para hacer frente a cambios externos que le impacten. E imagino que te estarás preguntando... *¿Qué es exactamente la complicación?*

La complicación es el aumento de los procesos, estrategias, reglas, formas de coordinación, aprobación, roles, procedimientos, etc. para dar solución a un problema, pensando que con esto se podrá controlar lo que sucede alrededor y asegurar la predictibilidad de lo que venga a continuación. Esta es una respuesta *estándar* a la que estamos normalmente *programados*.

Varias teorías tradicionales de organizaciones, que datan de hace más de un siglo, indican que adicionar estructuras y procesos tendrá un impacto directo y predecible en el rendimiento positivo de una empresa. Tu cerebro, por su parte, está biológicamente predispuesto para buscar confort. Cuando algo cambia bruscamente intenta adicionar pasos, procesos o estructuras que logren ese fin.

Si bien todo esto podía tener sentido, la experiencia nos dice que la práctica de adicionar procesos como respuesta a nuevos requisitos corporativos puede ser contraproducente en la era de la aceleración exponencial de los mercados. Lógicamente, apilar un procedimiento sobre otro (muchos de los cuales son contradictorios entre sí), hará que se multipliquen, y ello adicionará más obstáculos al camino.

¿Sabías?

Ten cuidado de no confundir los conceptos de complejidad y complicación empleados para resolver problemas (capítulo 2). La definición utilizada aquí representa la respuesta a un requisito corporativo.

Un ejemplo que viví de cerca fue el de Albert, que era Product Owner en una empresa que empleaba Scrum. Él deseaba contar con más tiempo libre para poder dedicarse a tareas ejecutivas no relacionadas con el equipo. Para que Albert pudiese disminuir su carga de trabajo, la empresa decidió ayudarlo asignándole a Christian (analista funcional). La idea era bastante sencilla: cada día ambos se reunirían y decidirían quién se encargaría de qué tareas, y al final del día se verían cara a cara para actualizarse.

Durante las primeras semanas todo parecía funcionar correctamente, y Albert contaba con más tiempo libre. Pero luego algo pasó. Poco a poco comenzaron a aumentar las interacciones entre ambos; necesitaban clarificar situaciones que se daban en diferentes momentos el día. Cuando Albert no estaba disponible, Christian trataba de tomar las decisiones o comunicar sus perspectivas personales.

Esto derivó en algunos malentendidos, y ambos decidieron adicionar un par de reuniones al día y varias reglas que dictasen cómo actuar en cada caso. Ellos, además de establecer nuevas pautas, habían intensificado sus interacciones para satisfacer la misma cantidad de necesidades que se tenían previamente. Así que finalmente todos estaban más ocupados, y nadie sabía por qué. *¡Habían caído en la trampa de la complicación!*

Entenderás ahora que la complicación puede tener diferentes formas y colores. Cuantos más procesos, estructuras o multiplicación innecesaria de interacciones se requieran para dar respuesta a las mismas exigencias corporativas, mayor será el índice de complicación. Y cuanto más complicado es algo, menor capacidad de adaptación e innovación tendrás y más caro será el producto o servicio a producir. O lo que es igual, menor será el valor que podrás entregar al cliente.

¡Pero no quiero que pienses que tener estructuras en la empresa no es importante! Simplemente deseo que tengas en cuenta que las **soluciones deben basarse en mantener bajos los niveles de complicación**. Y para ello, hay distintas recomendaciones para diferentes niveles de la organización. Está claro que el problema no son los requisitos corporativos, sino que la forma en que la compañía hace frente a ellos.

Es francamente imposible tener suficientes estructuras, planes, reglas o procesos que puedan solucionar los problemas de una empresa exponencial. Y por eso mismo, la respuesta radica en simplificar constantemente todo lo que se hace, para que adaptarse sea más sencillo.

Has visto anteriormente cómo llevar adelante colaboraciones positivas y cómo aumentar los flujos de conocimiento en la empresa, así como también las formas de crear entornos de trabajo que irradien información constante. Pero para que todo esto funcione mejor, es indispensable que la compañía pueda reducir activamente sus niveles de complicación.

Esto es algo que *Boston Consulting Group* ha venido investigado por algunos años mediante su *índice de complejidad y complicación*. Han encuestado a más de cien compañías de Estados Unidos y Europa pertenecientes a la lista *Fortune 500* con un objetivo: comprender por qué muchas organizaciones tienen baja productividad pese a contar con buen alineamiento y excelentes herramientas tecnológicas.

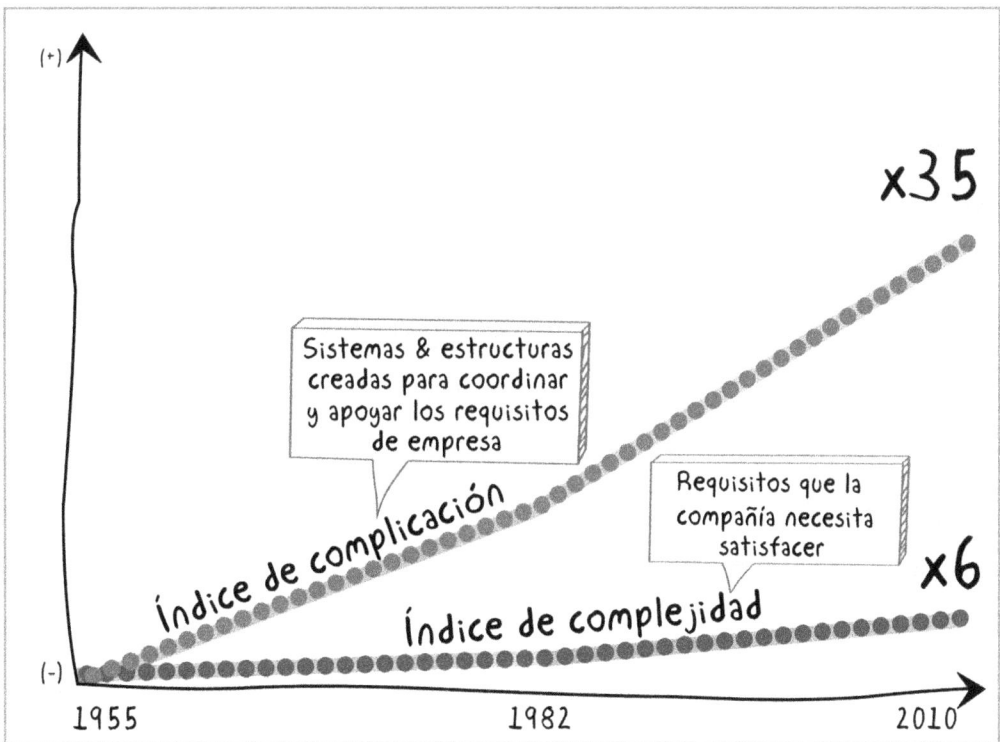

FIGURA 7.11: *La respuesta a la compleji.a. .e acuer.o a Boston Consulting Group*

De acuerdo a ellos, la complicación (procesos, estructuras, cadenas de aprobación, etc.) creada para satisfacer un requisito corporativo (complejidad) ha aumentado en los últimos 15 años entre 50 y 350%. Y cuando nos extendemos a las últimas cinco décadas, el resultado es un incremento anual de un 6,7%.

Esto quiere decir que si necesitabas solo un proceso para satisfacer una necesidad corporativa en 1955, hoy tendrías que establecer alrededor de 6 procesos (35/6). BCG indica, por ejemplo, que un gerente en una organización con altos índices de complicación invierte 40% de su tiempo escribiendo informes y un 30-60% coordinando trabajos.

Tales actitudes de alta complicación pueden también existir en grandes corporaciones cuando se embarcan en largas transformaciones de negocio. Allí, sus niveles de burocracia y procesos son extremadamente pesados antes de comenzar con la iniciativa de cambio, e intentar agregar una nueva metodología o marco de trabajo aumentará sus niveles de complicación. Ello hará que la vida de sus empleados sea menos feliz, y que finalmente prefieran desistir de la iniciativa y volver a sus formas de trabajo previas.

Enterprise Social Systems identifica claramente la trampa de la complicación con el Patrón de complejidad y complicación para que las personas puedan tenerlo presente al momento de crear un nuevo plan, técnica o marco de trabajo.

¿Sabías?

Patrón de complejidad y complicación: Comportamientos que incrementan la complicación (número de procedimientos, reglas, burocracia, capas verticales, equipos de coordinación, etc.) para satisfacer un requisito corporativo (calidad, precio, rendimiento, time-to-market, etc.).

Estas son algunas ideas iniciales que puedes usar para disminuir los índices de complicación en tu empresa:

1. Utiliza la comunicación cara a cara tanto como sea posible. A su vez, cualquier técnica que contribuya a aumentar la Densidad social empresarial, generalmente ayudará a disminuir la complicación.

2. Trata de no crear nuevos roles o departamentos cuando tengas un nuevo requisito organizacional. Automatiza la necesidad tanto como puedas o emplea inteligencia artificial o robots. Cuando esto último no sea posible, facilita que un equipo existente puede hacerse cargo del requisito, en vez de crear nuevas estructuras o procesos en la empresa para resolver el problema.

3. Si unos pocos empleados rompen regularmente una norma de la empresa, no adiciones nuevas reglas o procesos para controlarlos. Busca soluciones creativas que no aumenten la burocracia.

4. En cualquier nuevo plan o iniciativa, facilita para que los gerentes no se centren en la gestión de las personas, sino en eliminar activamente los bloqueos del sistema (organización, equipo, etc.).

5. Ten en cuenta que los productos con baja calidad o fluctuante aumentan la complicación.

6. Asegúrate de que las personas no estén haciendo multitarea. *¿Cómo puedes cerciorarte de que ello no suceda en un nuevo plan, proceso o iniciativa de cambio?*

7. Haz que los empleados de primera línea (en contacto con el cliente) puedan tomar sus propias decisiones y ser responsables de las mismas. Ellos deben ser capaces de hacer pequeños ajustes a los procesos sin necesidad de preguntarle a la gerencia.

8. Ten en cuenta que la complicación aumenta en reuniones que requieren una decisión al finalizar, pero se termina la sesión sin consenso. Asegúrate de que se comienza a construir consentimiento grupal mucho antes de la reunión con el fin de que se pueda contar con una decisión al final de la misma.

9. Si vas a expandir un proceso, metodología o marco de trabajo en tu organización, asegúrate de que los grupos actuales cuenten con poca complicación (baja burocracia, métricas, reglas, etc.) antes de comenzar la expansión.
10. Las personas que trabajan a más del 80 o 90% de su capacidad aumentan los bloqueos y la necesidad de coordinación y, por lo tanto, incrementan la complicación.
11. Considera los equipos autoorganizados en vez de querer controlar y coordinar. Esto reducirá la complicación al mínimo y estimulará la inteligencia colaborativa.
12. Asegúrate de contar, en todos los niveles de la empresa, con personas que se encarguen exclusivamente de eliminar los obstáculos que puedan ir surgiendo. Si estás creando un plan de cambio, considera desde el comienzo incluir este rol.
13. Confirma que los individuos se sientan seguros en su ambiente de trabajo, y que exista alta visibilidad de hacia dónde se dirige la organización.
14. Cualquier plan de cambio debería emplear sesiones frecuentes de reflexión (retrospectivas) que ayuden a mejorar los procesos, las interacciones humanas, la remoción de bloqueos y brindar retroalimentación a la empresa.
15. Facilita la reducción de los silos de conocimiento en los equipos. Ello puede hacerse empleando trabajo en parejas o sesiones grupales.

Ahora que conoces sobre complejidad y complicación, quizás es buena idea que vuelvas al capítulo 3 y le des una segunda lectura a la historia de mi amigo Peter y cómo disminuyó esos índices.

Enterprise Social Systems en acción

La naturaleza de la complejidad hace que sea muy difícil que una sola persona encuentre la mejor práctica o técnica para solucionar un problema. Los mejores resultados son producto del trabajo colaborativo.

Con el fin de maximizar el impacto en los cuatro pilares de la organización, ESS utiliza simultáneamente los cinco componentes como parte de una dinámica. Esto ayuda a que se puedan comenzar a emplear en tu empresa y que los tipos de razonamiento se fortalezcan entre sí. El resultado será también de una mejora en cómo se resuelven los problemas, así como también, en las habilidades interpersonales y sociales.

Cuando las personas son parte de una dinámica, entran en una realidad *paralela* o *tiempo de juego* que se mantiene desde el comienzo al fin del juego. Allí, sin necesidad de solicitar permiso, se puedan emplear reglas distintas a las utilizadas en la organización. Para esto es necesario que establezcas claramente el inicio y el final de la dinámica, así como sus reglas. Así las personas podrán sentirse seguras y ser más receptivas al experimentar nuevos conceptos o formas de pensamiento.

Para realizar esta dinámica necesitas varias mesas que puedan alojar cómodamente de cinco a seis personas cada una, y que haya suficientes post-it y bolígrafos. La duración del juego dependerá de los problemas que se deseen analizar; en mi experiencia, necesitarás al menos 90 minutos.

Al comenzar el juego solicitarás a los equipos que escriban en los post-it los problemas que desean solucionar, o aquellos que creen que no han sido solucionados adecuadamente. Debes explicarles que estos problemas no deberán ser de muy generales, ya que se trata de buscar acciones específicas que puedan ser utilizadas tan pronto termine el juego.

Brinda tres minutos para que escriban uno o dos problemas por persona, y que sitúen las notas en el centro de la mesa. Luego, explica que cada grupo dispondrá de quince minutos para seleccionar uno de esos problemas y crear colectivamente un plan con los pasos necesarios para solucionarlo. Se trata de que el plan detalle al máximo los pasos a seguir. Esto no se hace con el objetivo de implementarlo posteriormente, sino para facilitar la comparación entre los resultados de las formas de razonamiento que se emplean antes de la dinámica y los que se darán producto de las nuevas técnicas. Una vez terminado el tiempo, darás a cada equipo dos minutos para que compartan con el resto de los participantes la solución alcanzada.

A continuación, entregarás una hoja diferente a cada miembro del equipo, donde se detallará el nombre del nuevo rol que adquirirá, una explicación y algunos ejemplos:

- Experto en disminuir la Colaboración bloqueante empresarial.
- Experto en aumentar la Densidad social empresarial.
- Experto en aumentar la Visibilidad social empresarial.
- Experto en disminuir el Patrón de complejidad y complicación.
- Experto en disminuir el Patrón de permiso para aprender.
- Opcional: Facilitador (promoverá e inspirará las conversaciones entre miembros).

Cada persona se convertirá en experta en un área en particular, y todo plan que se cree de ahora en más deberá seguir las recomendaciones de los expertos de la mesa.

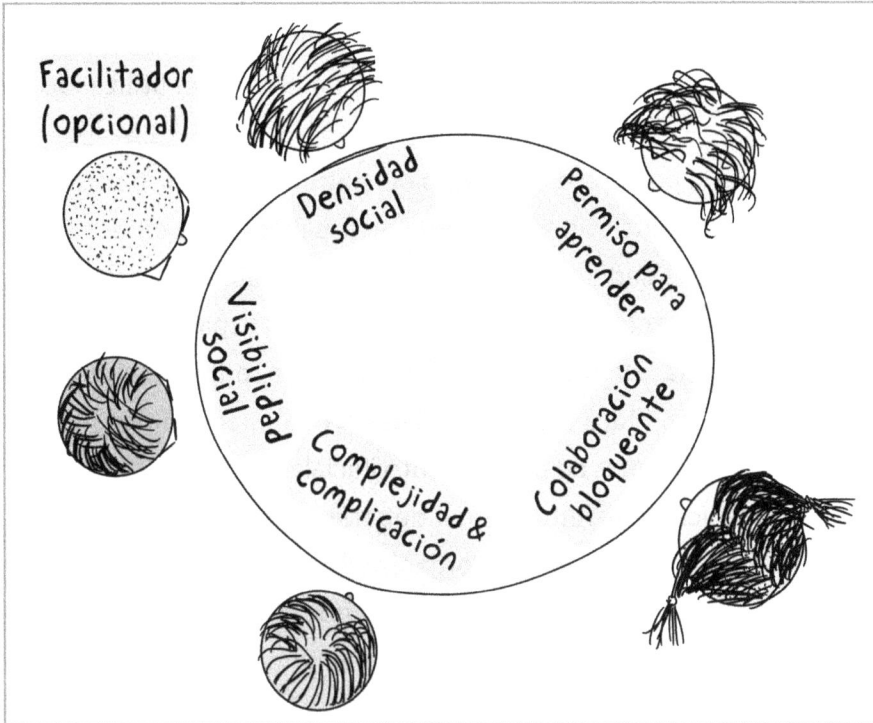

FIGURA 7.12: Equipo utilizando los roles de ESS

Solicitarás a cada persona que lea la descripción de su rol en tres minutos. Luego deberá buscar un individuo de otro equipo que tenga el mismo rol. Dispondrán de diez minutos para intercambiar ideas y clarificar cómo piensan los expertos de esa área. Esto no solamente empoderará a los miembros para que evacuen dudas, sino que hará posible que se ayuden entre sí y establezcan un sentido claro de comunidad.

¡Prueba esto!

Utiliza la dinámica de ESS para que las personas experimenten de forma segura con nuevas formas de pensamiento. Puedes bajar las hojas con la descripción de cada rol para que las personas la utilicen en la dinámica en *Innova1st.com/ess*

De vuelta a los equipos, los miembros contarán ahora con 30 minutos para analizar los planes creados previamente, pero en este caso, utilizando nuevas perspectivas.

Si por ejemplo la persona está a cargo del patrón del permiso para aprender, deberá realizar sugerencias para que el nuevo plan mejore en esa área. Si es un experto en Visibilidad social empresarial, este deberá cerciorarse que la ejecución del plan cuente recomendaciones sobre el espacio físico adecuado.

Las nuevas formas de interacción lograrán que se llegue a conclusiones diferentes, y ello facilitará que todos puedan comparar por sí mismos las diferencias entre las formas de pensamiento iniciales y los resultados obtenidos luego de la dinámica. El resultado final debería ser de **planes poderosos** que impactan en los cuatro pilares de la organización.

Recuerda hacer todas las modificaciones que creas pertinente al juego y dar las gracias a los participantes por haber colaborado al final de la dinámica.

Lo que has aprendido

- ☑ Las diferencias entre Agile y Business Agility.
- ☑ Las diferencias entre el tipo de pensamiento de la empresa tradicional (lineal) y la exponencial.
- ☑ Los efectos del trabajo en parejas.
- ☑ El significado de la seducción de las herramientas.
- ☑ Los cuatro pilares de la organización.
- ☑ Los cinco componentes de ESS y su dinámica.

1. ¿Recuerdas cuáles son las diferencias entre Agile y Business Agility?

_____

_____

_____

2. ¿A qué pilar se le brinda mayor importancia al crear un plan de cambio en tu organización?

_____

_____

_____

3. ¿Cómo podrías magnificar el impacto de un cambio empleando los cuatro pilares?

_____

_____

_____

4. ¿De qué forma específica los cinco componentes de ESS podrían ayudarte a cambiar las formas de pensamiento en tu empresa?

_____

_____

_____

Enterprise Social Systems (II): Marcos de cambio ELSA y DeLTA

CAPÍTULO 8

Los límites ‹e mi lenguaje son los límites ‹e mi mun‹o.

Ludwig Wittgenstein, Filósofo

En el capítulo 6 te mostré cómo realizar un cambio en tu empresa mediante un equipo de transformación. Pero estamos a punto tomar otro rumbo: *los marcos de cambio ELSA y DeLTA.*

Te habrás dado cuenta de que no siempre podrás contar con un equipo de transformación, acceder a los líderes de la empresa, o tener un patrocinador para tu iniciativa. Sé que muchas personas prefieren dilatar el comienzo del plan de cambio hasta que haya una situación más favorable; pero desde mi punto de vista esto no es una alternativa válida en este mundo acelerado. Incluso algunos optan por esperar a que el líder perfecto pueda dar una mano para iniciar el cambio. En este punto, siempre trato de exponer las características que ese líder debería tener para ser realmente efectivo:

1. Liderar con el ejemplo e inspirar.
2. Tener tiempo para las personas de la empresa.
3. Generar empatía y ser transparente con lo que piensa.
4. Conservar el foco en momentos difíciles.

5. Inspirar confianza con sus acciones y palabras, y demostrar pasión por su trabajo.

6. Identificar las conexiones lógicas entre las proposiciones disponibles.

7. Sacar conclusiones correctas y bien informadas sobre las acciones necesarias (correctivas y/o para el bien de la empresa).

8. Distinguir entre lo complejo y lo complicado.

9. Identificar datos relevantes y convertirlos en información útil.

10. Reconocer las suposiciones, creencias y valores no probados, y desafiarlos cuando haga falta.

Déjame decirte algo... En más de treinta años de carrera profesional, nunca he visto a ninguna (¡ninguna!) persona que reúna estas diez características. Y si la hay, probablemente no sea de este planeta. *¿Recuerdas los 6 principios para comenzar a cambiar tu mundo?* (Capítulo 2)

Siempre es un buen momento para hacer un cambio (¡el retraso ₊e alguien no es excusa para ₊etenerlo!)

Imagino que te preguntas cómo transformar tu idea en una realidad tangible sin las condiciones necesarias. Afortunadamente, *Enterprise Social Systems* brinda parte de esta respuesta a través de sus dos poderosos marcos de cambio:

ELSA (*Event, Language, Structures, Agency*)

ELSA es un marco de cambio que permite a los líderes de una iniciativa amplificar su mensaje y que las personas incluidas en el cambio se adueñen de las nuevas ideas para que se acelere su adopción, apoyando que la transformación se vuelva exponencial. ELSA requiere que exista un patrocinador y que los líderes de la organización apoyen la iniciativa.

DeLTA (*Double Loop for Transforming & Accelerating*)

DeLTA es un marco que permite a cualquier persona comenzar a implementa una iniciativa de cambio en la empresa, y que esta se torne contagiosa. Está pensado para cuando los líderes de la organización no se encuentran aún comprometidos con el plan, o no existe un patrocinador.

Como verás más adelante, cada marco de trabajo ofrece una posibilidad diferente. ELSA emplea ciertos *atajos* del cerebro para acelerar la velocidad de la transformación y que las personas, al adueñarse del cambio, lo vuelvan exponencial. Mientras tanto, DeLTA se basa en apoyar el cambio y volverlo contagioso a partir de hábitos ya existentes en las empresas tradicionales donde no exista un patrocinador, o donde los líderes no estén involucrados con la transformación desde su inicio.

Aunque no acelera la adopción del cambio tanto como ELSA, DeLTA es una herramienta adicional para cuando algunas personas clave no se encuentran aún implicadas en la iniciativa.

El marco de cambio ELSA

Déjame mostrarte cómo puedes emplear este marco de cambio en tu organización. Imagina que tu empresa ha decidido embarcarse en una transformación de negocio. Los líderes tienen la intención de apoyar lo que sea necesario para su éxito y el patrocinador está ansioso y listo para comenzar. Es un momento muy motivador, ya que harán la inversión económica más grande de su historia. Todos ellos son conscientes de que este será un primer gran paso, y que en pocos meses *cambiar* será parte del día a día de la organización.

¿Cuáles son generalmente los primeros pasos a seguir?

En una compañía que lleve adelante el cambio empleando técnicas tradicionales, seguramente los ejecutivos realizarán una presentación para informar el nuevo plan, seguida por el entrenamiento de los empleados y los cambios en los procesos. Por otra parte, si se está comenzando con una transformación Agile, probablemente se empiece por enseñar nuevos valores y principios para luego focalizarse en implementar algún marco de trabajo que mejore las formas de actuar y la toma de decisiones.

También hay situaciones donde ya se ha intentado llevar adelante una transformación Agile y las cosas no funcionaron como se esperaba. En estos casos, es habitual que algunas empresas deseen intentarlo nuevamente tomando en cuenta lo aprendido de los errores, reiniciando de esa forma la iniciativa.

En tu compañía es la primera vez que se hace algo así. Hablaste con los ejecutivos y te comentaron que desean, en el mediano plazo, aumentar los beneficios económicos y posición en el mercado de la organización, así como el conocimiento compartido y bienestar de los empleados.

Para lograr esos objetivos, emplearás el marco de cambio ELSA. Este no empieza por modificar procesos o enseñar nuevas formas de pensamiento. Aquí se parte de la idea de que ciertas formas de transmitir los mensajes podrían alterar la activación cerebral de los miembros de la empresa, trayendo consigo el empleo de distintas formas de razonamiento y, por ende, distintos resultados, llevando a que la organización evolucione sus procesos e interacciones para mejor. En este punto hay dos preguntas a considerar:

1. ¿Existe una conexión entre el lenguaje y la manera de pensar o comportamos?; ¿Y qué conexión hay entre el lenguaje y los objetivos de la empresa?
2. ¿La forma en que utilizas el lenguaje afecta las decisiones económicas?

Keith Chen, profesor asociado de economía en *UCLA*, utilizó un conjunto vasto de datos y análisis meticulosos y descubrió que las estructuras gramaticales de distintas lenguas estimulan al cerebro de forma diferente, trayendo consigo comportamientos que apoyan distintas decisiones económicas. Mientras los idiomas que conjugan en tiempo futuro (como el inglés y el español) distinguen entre pasado, presente y futuro, los que no tienen (como el Chino mandarín) usan frases similares para describir los eventos de ayer, hoy y mañana.

De acuerdo a Chen, las personas que usan idiomas sin tiempo futuro tienen 30% más probabilidades de ahorrar dinero que quienes usan ese tiempo verbal. Esto, obviamente, equivale a más dinero para la jubilación, menos estrés y más posibilidades de emprender nuevos proyectos personales. Esto se debe a que cuando se habla en futuro empleando un tiempo distinto al presente, las ideas se sienten más lejanas y se disminuye la motivación para ahorrar. El resultado es que el cerebro se centra más en el corto plazo y menos en el largo.

La forma en que empleas el lenguaje también impacta las habilidades que desarrollas. Déjame darte otro ejemplo. Los aborígenes nativos de la comunidad Pormpuraaw en Australia no emplean las palabras *izquierda* o *derecha* para referirse a la posición de un objeto, sino que usan extensamente direcciones absolutas (norte, sur, sureste, etc.) para representar relaciones espaciales en todas sus escalas (en su lengua *Kuuk Thaayorre*). De acuerdo con un estudio realizado por *Lera Boroditsky*, científica cognitiva de la *Universidad de Stanford*, y

Caitlin M. Fausey, profesora de desarrollo cognitivo en la Universidad de Oregon, estos indígenas son notablemente buenos para mantenerse orientados y saber dónde están ubicados. En un viaje de investigación a Australia, Boroditsky y su colega Caitlin M. Fausey, descubrieron que los miembros de esta comunidad parecen conocer instintivamente su ubicación espacial (hacia qué dirección miran), y pueden organizar imágenes de su viaje, en orden cronológico, de este a oeste.

Boroditsky y Fausey también pudieron apreciar que existen diferencias inclusive en cómo se siente la culpa en distintos lenguajes. De acuerdo a la investigadora, si alguien rompe algo por accidente y habla español o japonés, tenderá a decir primero *Se me cayó* (objeto). Pero en inglés es diferente, pues generalmente se nombra desde el comienzo a quien haya cometido la acción (*I dropped*...). Su investigación permitió observar que los angloparlantes recuerdan más frecuentemente quiénes cometen un error (o quiénes tienen la culpa), que aquellos que hablan español o japonés. Además, cuando escuchas una historia de otra persona, tus neuronas se disparan en los mismos patrones que el cerebro del narrador. Esto se conoce como acoplamiento neural y crea una conexión muy fuerte entre el cerebro del narrador y el cerebro del receptor.

¿Sabías?

Puedes encontrar la investigación de Fausey y Boroditsky (en inglés) en la siguiente dirección: *Innova1st.com/80A*

No te estoy diciendo que empieces desde mañana a realizar todas las comunicaciones importantes de la empresa en presente, referirte a izquierda y derecha como norte o sur, o emplear chino durante las reuniones de trabajo, sino que comprendas que ciertos pequeños cambios en la forma de comunicarte pueden alterar la manera de razonar y de aprender de las personas. *¿Recuerdas que en el primer capítulo te sugerí que cambiaras el término requisito de producto* *por hipótesis de producto?* Te explicaré por qué el lenguaje puede cambiar la forma en que razonamos. Observa el siguiente ejemplo:

Requisito: Que la pantalla de venta telefónica de la aplicación VENTASAPP utilice una fuente de letra 0,25 puntos más grande para que se lea mejor.

Hipótesis: Si la pantalla de venta telefónica de la aplicación VENTASAPP usado por el departamento de ventas emplea una fuente de letra 0,25 puntos más grande, las quince personas de allí deberían poder leer los datos correctamente.

En este ejemplo puedes ver que mientras la primera frase (requisito) asegura que una acción específica solucionará el problema, la segunda obliga a obtener más información y a suponer un resultado. Con esto se incrementa el aprendizaje. Las personas sabrán si se ha solucionado el inconveniente cuando se verifique (que se aumente el tamaño de la fuente tipográfica y las quince personas puedan leer los datos correctamente).

¡Prueba esto!

Está claro que una hipótesis significa que tienes un problema a resolver. Esto generalmente requiere involucrar a un gran número de personas. En un mundo perfecto, la gente entendería perfectamente todo lo que se necesita hacer y no habría nada de confusión. Pero en el mundo real, tenemos que encontrar formas de comunicar nuestras ideas con claridad para que las personas no nos malinterpreten. Hay muchos enfoques y varias técnicas diferentes que podrás usar para escribir mejores hipótesis y asegurar de que todos estén en sintonía. Aunque este tema está fuera del alcance de este libro, podrás encontrar varios artículos al respecto si buscas *"Criterios de aceptación"*, *"ATDD"* o *"BDD"*.

Pero si quieres influir en los hábitos de las personas para que los hagan de forma diferente en el futuro cercano, puedes emplear ciertas formas de dar un mensaje para que ello ocurra. Déjame explicártelo con un juego que me hizo un amigo en Europa.

Busca lápiz y papel y escribe un número del 1 al 9 y multiplícalo por 9. Si el resultado tiene más de dos cifras (por ejemplo: 24), súmalas entre sí (2+4) y obtén ese número único (por ejemplo: 6). Si no, emplea el número de 1 dígito.

Ahora, réstale 5 (<tu número>-5) y escribe el número resultante. A continuación, busca la letra del abecedario que se corresponde con ese número (por ejemplo, si es 2 escoge B; si es 3 escoge C, etc.). *¿Ya lo tienes?*

Piensa en el nombre de un país que empiece por esa letra. *¿Lo tienes también?* Escríbelo en el papel. Ahora escoge la siguiente letra del abecedario (si antes elegiste la B, ahora será la C) y piensa en un animal que empiece por esa letra, y anótalo en el papel. Ve ahora al final del capítulo y verifica si he adivinado tus respuestas.

¿Cómo es esto posible? No soy adivino, sino que estoy empleando un fenómeno que en psicología se conoce como *efecto priming* o primado. Y aunque existen más países con la letra que elegiste, el hecho de que haya mencionado a Europa anteriormente hizo que tu cerebro escogiese lo que tenía más a mano o en la memoria de fácil acceso. Con respecto al animal, lo escogiste porque en la escuela te lo enseñaron junto a esa letra... o porque es un animal bien grande que llama mucho la atención. Claramente, lo tienes presente todo el tiempo. *¿Recuerdas que te mencioné en capítulos anteriores que utilizamos muchas formas de pensamiento que aprendimos cuando éramos niños?* Ahora ya sabes que es cierto.

Los efectos de *priming* se pueden activar con el lenguaje y tu cerebro reacciona ante un primado incluso cuando no eres consciente de que alguien lo está usando contigo. Si te pido que pienses en el color amarillo y luego en una fruta (si no vives en un país tropical), seguramente te venga a la cabeza limón o plátano/banana. *¿Puedes ver que hay una conexión que* *ayuda a obtener ciertas respuestas?* Te mostraré en breve cómo emplearlo en la empresa.

Otra curiosidad es el llamado *efecto Florida*, nombrado así por el experimento de *John A. Bargh*, en 1996. Durante la sesión se mostraron a diferentes grupos varias palabras con las que debían formar frases. A un equipo en particular se le mostraron palabras relacionadas con la vejez: *arrugas, calvo, etc.*

Cuando terminó el experimento, se midió el ritmo con que caminaban los participantes. Para sorpresa de los investigadores, las personas que habían sido *primadas* con palabras relacionadas con la tercera edad caminaban más despacio. Esto se cumplía, aunque no se había incluido ninguna palabra relacionada con la velocidad.

Los efectos del primado pueden ser muy duraderos y se reafirman cuando se comparten estímulos de la misma modalidad sensorial. Por ejemplo, el primado visual funciona mejor ante pistas visuales, y el primado verbal funciona mejor ante pistas verbales.

En una empresa sugerí que una pared ubicada cerca de los equipos de desarrollo de software (que empleaba Scrum) cambiase de color mediante una luz dirigida, dependiendo de qué tan cercanos se encontrasen del final del ciclo de trabajo de dos semanas. La primera semana, la pared estaba iluminada de verde; parte de la segunda, de amarillo, y los últimos dos días de esa semana, de rojo. Mágicamente, estos colores ayudaban a recordar tareas que debían estar finalizadas, o cuáles tendrían que comenzar inmediatamente. Si la pared estaba en rojo, asombrosamente comenzaban a verificaban si la documentación para el usuario final estaba terminada, e iniciaban la logística para la reunión de *Sprint Review*; todo ello sin saber que estaban siendo primados.

Pero el efecto de primado puede ocurrir también entre diferentes modalidades sensoriales. En 2008, la *Universidad de Yale* realizó un experimento en el cual los sujetos compartían la habitación con alguien desconocido que sostenía una taza de café frío o caliente. Se les pidió a los asistentes que sostuvieran su taza de café y posteriormente leyeran el perfil de una persona que no conocían, para así valorar sus características. Asombrosamente, aunque todos los participantes leyeron un perfil idéntico, aquellos que sostuvieron la taza de café caliente definieron a la persona desconocida como cálida y abierta, y quienes sostuvieron la taza de café frío afirmaron que era gélida, egoísta y competitiva.

¿Sabías?

Puedes conocer más sobre el estudio de la Universidad de Yale aquí: *Innovast.com/81B*

Como puedes ver, la forma en que das un mensaje y su entorno condiciona ampliamente lo que es percibido por los demás como realidad. Esto es muy importante de comprender para emplear el marco de cambio ELSA.

ELSA y el día perfecto

Imagínate un día perfecto en tu sitio de trabajo, donde ese cambio que quieres llevar adelante ya está en marcha. Puedes observar que las personas se han enamorado de tu idea y que se sienten realmente inspiradas por lo que está ocurriendo. *¿Qué cosas hay en ese sitio? ¿Qué está ocurriendo? ¿Qué están diciendo esas personas? ¿Qué les hace felices? ¿Qué les inspira?* Cierra ahora tus ojos y trata de utilizar tus cinco sentidos para imaginar nuevamente esa situación.

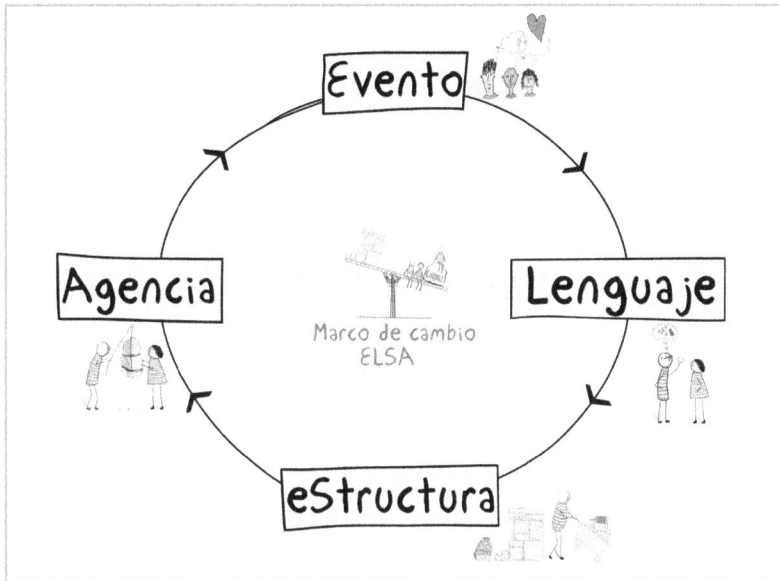

FIGURA 8.1: Los cuatro pasos del marco de cambio ELSA

El marco de cambio ELSA se focaliza, primero, en imaginar ese día perfecto (**evento ideal**) antes de hacer cambio alguno en la organización. Este es un elemento crucial que lo distingue de otros marcos de cambio.

Muchas empresas tratan de solucionar un problema tras de otro hasta poder alcanzar, poco a poco, la situación ideal. Pero hacerlo así adiciona barreras que impiden experimentar en su totalidad el evento futuro en el presente, ya que no se puede visualizar la totalidad del cambio. Esto restringe las soluciones y acciones a tomar, y se termina poniendo la energía de todos en resolver el próximo problema en el horizonte, alejando a las personas de emplear plenamente sus sentidos durante la implementación del plan.

Visualizar y sentir un evento como un día ideal permite conectar esa experiencia con frases poderosas e inspiradoras, asociar palabras y buenos recuerdos (priming) y descubrir nuevas emociones.

Sé que muchos pueden encontrar difícil dejar volar su imaginación para visualizar ese día ideal. Déjame decirte que en *Pixar Animation Studios*, los creadores de *Toy Story* y *Cars* (entre otras películas), creen que todos somos capaces de utilizar la imaginación para encontrar soluciones creativas, que simplemente se necesita un poco de práctica.

Para empezar, se requiere poder imaginarse ese evento futuro con pequeñas historias que conecten las emociones con cosas que importan a quienes deberán cambiar. A su vez, debes tener en cuenta que como patrocinador o líder de la iniciativa, tú y las otras personas serán los personajes principales de la película de ese día perfecto.

Quizás pienses que la primera historia que te viene a la mente para describir ese día ideal no es tan poderosa como para motivar a quienes te rodean. Y es que poder imaginar buenas historias necesita de preparación y práctica.

En Pixar, por ejemplo, se emplea un enfoque iterativo para sus películas. Allí los cuentos y personajes se reinventan varias veces antes de llegar al cine. Este enfoque iterativo no solamente apoya la creatividad y la imaginación, sino que hace que las personas mejoren las formas de transmitir un mensaje.

Entonces, debes imaginar ese día perfecto de diferentes formas y empleando distintas perspectivas.

Los creadores de películas de Pixar también hacen una pregunta inicial que quizás te podría ayudar a imaginarte ese día perfecto. Ellos simplemente se preguntan "*¿Qué tal si...?*"

Esto apoya la creatividad y la imaginación, junto a la ambición de experimentar diversos tipos de historias y emociones. Algunos ejemplos:

▶ ¿Qué tal si en ese día ideal todos los equipos fuesen multifuncionales y las personas disfrutasen de sus labores diarias?
▶ ¿Qué tal si en ese día ideal el cambio fuese visto como una oportunidad de aprendizaje?
▶ ¿Qué tal si en ese día ideal los clientes disfrutasen visitándonos y jugando con los nuevos productos o servicios?

Esto no solamente ayuda a crear la historia inicial, sino que permite comenzar a buscar el enfoque adecuado que conecte a las personas con ese día perfecto.

Cuando ya puedas visualizar y sentir el evento, será tiempo de dar el segundo paso: *comenzar a crear el lenguaje adecuado para apoyar eso que experimentaste.* Déjame decirte algo. No importa en qué lugar del mundo te encuentres; en todos los sitios hay cosas que inspiran y hacen soñar: palabras, historias y emociones que realmente les importan y les gusta escuchar a las personas que desean cambiar. Aquí quiero detenerme para que recuerdes que las historias poderosas son aquellas que se transmiten mediante diferentes tipos de mensajes (números, analogías, etc.), que son relevantes y que permiten a las personas obtener inspiración y conectarlas con un propósito positivo grupal.

Puedes utilizar frases que representen algo grato que haya ocurrido en tu organización (priming), emplear un tiempo presente muy cercano y utilizar palabras que comiencen a dar forma a esa situación ideal.

Piensa ahora en la forma en que comunicas los mensajes *¿Qué cambios deberías hacer para que tu mensaje fuese más poderoso?*

¿Sabías? Puedes conocer más sobre cómo contar historias poderosas en el curso en línea El Arte de Contar Historias, de Pixar (*The art of storytelling*) en *Innova1st.com/82C*

Una vez que te sientas a gusto, será tiempo de que empieces a compartir tu mensaje por los canales *informales*, para que llegue rápidamente. Debes valerte de personas que sean de plena confianza de los destinatarios del cambio, o individuos respetados en la organización. Para ello, tendrás que asegurarte de contar con las condiciones adecuadas (**estructuras**) para que la comunicación fluya informalmente entre todos los individuos involucrados en el cambio.

Puede ser necesario establecer condiciones informales para que las personas puedan hablar cara a cara del nuevo cambio y sentirse inspiradas.

En algunos sitios podría tratarse de establecer un área para conversar; en otros, de tener menor carga de trabajo y que los jefes apoyen que los trabajadores tengan tiempo de relax. Debes identificar qué estructuras y pequeños cambios son necesarios en tu empresa para que las personas quieran conversar informalmente y esparcir ese nuevo lenguaje e historias poderosas. Cada lugar es diferente y necesitarás reflexionar, con los demás, sobre lo que es necesario.

Finalmente tendrás que asegurarte de que las modificaciones en las estructuras de la empresa no sean realizadas únicamente por la gerencia, sino que los empleados deben contar con permiso explícito (**agencia**) para adueñarse de ellas y mejorarlas; es decir, deben sentirse seguros incluso si fallan cuando prueban las nuevas ideas o formas de trabajo para ese día ideal.

ELSA funciona de forma contraria a otros marcos de cambio: comienza por imaginar un **evento ideal** que llevará a emplear un lenguaje adecuado para propiciar el cambio, en lugar de modificar primero los procesos o regles. Este lenguaje propiciador debe inspirar y abrir el camino hacia el cambio. Pero recuerda que también puede ser necesario que realices pequeñas modificaciones en tu oficina para apoyar las conversaciones informales. Ten en cuenta que ELSA no es solamente de utilidad para aplicar pequeñas alteraciones en tu compañía, sino que es una poderosa herramienta que hace posible que cualquier estado futuro pueda ser alcanzado progresivamente, poco a poco. Para ello, ELSA hace que los planes de cambio sean colaborativos y utilicen las vías informales de comunicación para que se vuelvan exponenciales. ELSA hace que las mentes se estimulen positivamente, que las personas se adueñen del cambio, que exista mayor inteligencia colectiva y que se pueda llegar a conclusiones y soluciones diferentes. Estas son diez recomendaciones para que emplees el marco de cambio ELSA, pero recuerda que serás finalmente tú y quienes te rodean los que deberán ampliar esta lista (página siguiente).

1. Comienza siempre por imaginar ese **evento** o **día ideal**, y utiliza tus cinco sentidos (vista, oído, tacto, olfato y gusto).
2. Emplea **palabras que importan** (e inspiran) desde el punto de vista de quienes deberán cambiar, incluyendo historias poderosas que usen los cinco sentidos. Utiliza también frases o palabras que inciten a aprender.
3. Haz uso del **priming** en el mensaje que diriges a tu audiencia. Si sucedieron acontecimientos positivos y las personas asocian ciertas palabras con esos eventos, empléalas.
4. Crea un **mismo mensaje** explicado por lo menos de **diez formas diferentes** (historias, frases, etc.), y utiliza distintas opciones cada día. Repítelas tanto como puedas.
5. **Cambia imperceptiblemente el entorno físico** de manera que apoye el intercambio informal de mensajes.
6. **Sé consistente** entre lo que dices y lo que haces.
7. Asegúrate de que existe **alta Densidad social empresarial**, así el mensaje podrá llegar a todas las esquinas de la empresa, o a donde tú desees.
8. Esparce el mensaje a través de personas de la confianza de quienes deben cambiar.
9. Asegúrate de que todos los involucrados experimenten de forma **segura** los nuevos conceptos, y que la empresa los apoye en todo momento (incluso si fallan).
10. Una vez empleado ELSA, **obtén retroalimentación**, **mejora** y **repite**.

La mayor diferencia de ELSA con otros marcos de cambio, es que aquí se comienza haciendo un cambio sin realizar ninguna alteración. Este se centra en modificar la forma en que se utiliza el lenguaje y habilitar las condiciones para que el futuro cambio suceda. Esto es contrario a otros marcos, donde se empieza alteranado comportamientos, procesos o roles. Ello hace que la resistencia inicial sea menor, y que las personas de forma más natural deseen cambiar sus formas de hacer la cosas.

El marco de cambio DeLTA

Es una realidad que en muchas ocasiones no podrás contar desde el comienzo con el apoyo de los líderes de la empresa o tener un patrocinador para la iniciativa de cambio. En mi experiencia, esto ocurre en muchas ocasiones en compañías más tradicionales, donde se emplea normalmente el bucle de decisiones simple, o en los sitios donde existe poca experiencia para ejecutar una transformación de negocio.

Si te enfrentas a este tipo de situaciones, puedes esperar el momento ideal, pero eso podría, claramente, hacer que tu empresa pierda muchas oportunidades de mercado. Es aquí donde el marco de cambio DeLTA ofrece una alternativa viable para acelerar la adopción del cambio.

Los ocho hábitos de DeLTA

Las empresas más tradicionales han establecido en su ADN muchos hábitos, estructuras y procesos para alinear a las personas con objetivos claros y tratar de estandarizar lo que se hace. DeLTA utiliza estos mecanismos a su favor. DeLTA se centra en mejorar poco a poco pequeños hábitos ya existentes, y que estos contribuyan a que el cambio se vuelva contagioso. Y como se aprovecha de las formas de trabajo ya en uso en la compañía, hace que las personas se sientan más cómodas con la iniciativa de cambio.

La idea es que obtengas, en el menor tiempo posible, una pequeña mejora en uno de los ocho hábitos indicados por DeLTA, y luego pases al siguiente. Cada progreso en cada una de estas áreas reafirmará el cambio, aumentará su tracción y su impacto.

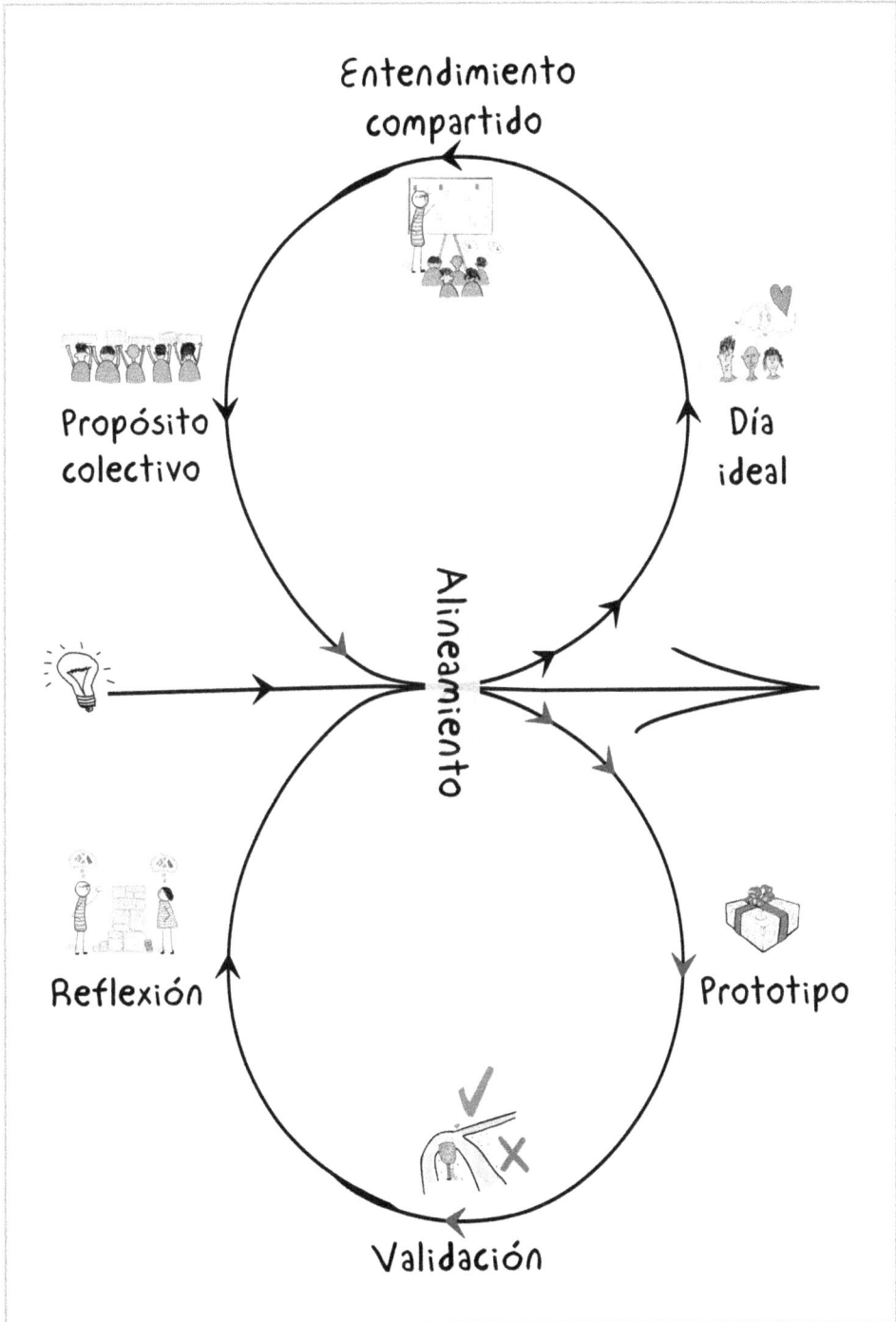

FIGURA 8.2: El marco DeLTA y los ocho hábitos para realizar un progreso

Pero ten en cuenta que DeLTA indica únicamente *qué* se tendrá que perfeccionar, pero no **cómo** hacerlo. Así que tú y los demás involucrados deben elegir cómo implementar la mejora valiéndose de los procesos y formas de trabajo ya existentes en tu empresa. Con esto te quiero decir que **DeLTA no es un marco de cambio prescriptivo** y no recomienda un conjunto de prácticas o procesos para el cambio.

No obstante, puedes apoyarte en muchas técnicas que has aprendido en este libro para lograr, poco a poco, mejorar en cada uno de los ocho hábitos que te explico a continuación.

Estas son los ocho hábitos donde DeLTA sugiere realizar un pequeño progreso:

Hábito	Mejora esperada
Alineamiento	Que se pueda preguntar más sobre un problema que se tenga, y se refuercen las costumbres que ayuden a relacionarlo con otros similares que estén teniendo otras personas.
Pensamiento del día ideal	Que los individuos se sientan cómodos imaginando, como parte de su rutina, un día ideal. Que empleen cotidianamente técnicas para visualizar ese día perfecto empleando sus cinco sentidos.
Creación de entendimiento compartido	Que se pueda brindar retroalimentación a las demás personas de la empresa empleando los resultados de imaginar ese día ideal, y que puedan fácilmente expresarse los temores, bloqueos o dudas.
Construcción de propósito colectivo	Que se utilicen comportamientos colectivos que hagan sentir a las personas que son parte de un bien o iniciativa común. Esto puede contemplar la creación conjunta de una visión de cambio, acuerdos de trabajo o metas comunes.

Hábito	Mejora esperada
Alineamiento (II)	Que las personas puedan autoorganizarse para crear las condiciones para que el día ideal sea exitoso. Deben sentirse a gusto con las nuevas formas trabajo, roles, aprendizaje necesario (disminuir el patrón del permiso para aprender), realizar cambios en la organización, establecer la fecha de comienzo de la iniciativa de cambio, etc.
Prototipo	Contar con hábitos que permitan que los empleados puedan ejecutar un plan sin necesidad de esperar por otras personas.
Validación	Mejorar comportamientos para comprender colectivamente los logros del prototipo (plan), tales como conversaciones positivas acerca de lo que se pretendía alcanzar y lo que se finalmente se consiguió.
Reflexión	Que todos sean capaces de contar y reflexionar sobre lo alcanzado, y de sentirse cómodos proponiendo cambios en las interacciones humanas, los procesos, la empresa o cualquier cosa necesaria para el éxito del plan. Y... comenzar nuevamente.

Tabla 8.1: Los ocho hábitos de mejora que emplea DeLTA

Déjame darte un ejemplo... imagínate que deseas facilitar que 25 personas empleen **tres nuevas prácticas** y, adicionalmente, **automatizar un proceso** que reemplazará una habilidad que es escasa en tu compañía. La idea es que la empresa pueda mejorar la calidad de sus productos y aumentar la frecuencia con que puede poner nuevas versiones a disposición del cliente.

En una empresa más tradicional, posiblemente se termine acordando con la gerencia y equipos una fecha específica para comenzar a utilizar las nuevas técnicas o procesos. Si bien ello es una solución rápida y directa, puede hacer que las personas no se sientan parte de la iniciativa o no muestren demasiado interés en mejorar los procesos; que se carezca de motivación para buscar soluciones o que los hábitos deseados no sean sustentables.

El marco de cambio DeLTA sugiere mejorar progresivamente **ocho hábitos**, comenzando primero porque las personas puedan contar con mejores hábitos de **alineamiento**.

Las empresas tradicionales ya cuentan con estructuras y comportamientos para apoyar el alineamiento, y las puedes utilizar a tu favor (como reuniones y otras actividades). Como resultado, las personas estarán expuestas a situaciones que ya conocen, se sentirán cómodas y ofrecerán menos resistencia al cambio.

Volviendo al ejemplo anterior, allí facilitarás que 25 personas de distintos equipos dispongan de suficiente tiempo para **alinearse** con respecto a las **tres nuevas prácticas** y el proceso a **automatizar**; es decir, que todos comprendan el asunto y su similitud con las dificultades de las demás personas. Como resultado, se espera que puedan descubrir colectivamente la causa raíz.

Para lograr esta mejora en el alineamiento quizás necesites organizar una o varias reuniones, juegos y prácticas ya disponibles en tu empresa. Tu objetivo será obtener una pequeña mejora en este comportamiento y luego pasar al siguiente punto del marco de cambio. Es decir, que cuando tengas un pequeño progreso en los hábitos de alineamiento, DeLTA sugiere que te muevas al próximo punto, que es incentivar a las personas a imaginar cómo sería un **día ideal** (sin el problema en cuestión, pero no un día de vacaciones).

Los participantes deben volar con su imaginación y visualizar cómo sería su equipo trabajando en una situación ideal, libre de todo obstáculo. Si bien imaginar ese día perfecto hace posible usar los sentidos, brindar nuevas ideas y puntos de vista y comenzar a sentir sus beneficios, aún no es el momento de introducir la solución final.

El avance buscado aquí es que las personas comiencen a sentirse cómodas introduciendo en su día a día hábitos para imaginar ese **día perfecto**, y que espontáneamente brinden a sus compañeros de trabajo retroalimentación y puntos de vista no evaluados inicialmente. Nuevamente, la manera en cómo lo llevarás adelante dependerá de los mecanismos que existan en tu empresa.

A continuación, DeLTA sugiere centrarse en aquellos hábitos y costumbres relacionadas con la creación de un **entendimiento compartido**, lo que es crucial para el éxito de la futura iniciativa de cambio. El foco será, primeramente, que los participantes mejoren sus costumbres al brindar retroalimentación relacionada con el día ideal a la empresa. La idea es que se sientan cómodos solicitándole a la organización que adicione sus ideas al plan inicial, y que puedan plantear sin temor dudas sobre sus bloqueos, miedos, incertidumbre o cualquier cosa que les ayude a sentirse más cómodos con la situación.

Otra vez, la manera de llevarlo adelante dependerá de las herramientas y procesos ya presentes en tu empresa.

Cuando ya haya mayor comodidad al brindar ideas sobre cómo mejorar para que todos caminen hacia ese día ideal, será el momento de fomentar hábitos para **construir un propósito colectivo**, tales como construir una visión de cambio, lograr acuerdos de trabajo explícitos, definir metas comunes y cualquier otro mecanismo para fijar un objetivo compartido que permita empujar en la misma dirección. En este momento es habitual que las personas comiencen a hablar sobre métricas específicas y metas comunes, y que comiencen a actuar para remover los obstáculos iniciales.

El bucle superior vuelve nuevamente al centro **alineamiento (II)**, pero ahora con el objetivo de que los participantes mejoren aquellos hábitos que les permitan rápidamente instaurar las condiciones para ejecutar exitosamente el plan. Normalmente, es necesario que se puedan autoorganizar en cuanto a las técnicas para implementar el cambio, como decidir, por ejemplo, el aprendizaje o cursos formales necesarios, fecha de comienzo del experimento o prototipo, etc.

Debes recordar que todo plan es solo una hipótesis hasta que tome contacto con la realidad. La premisa principal empleada aquí ha sido que las tres nuevas prácticas y la **automatización** de un recurso limitado ayudarán a mejorar la calidad y la velocidad de ofrecer un producto al mercado. Está claro que el plan inicial podría haberse alterado con la retroalimentación de los empleados, pero por simplicidad de este texto, consideraremos que sigue sin modificaciones.

Si prestas atención, verás que la parte superior del bucle (pensamiento del día ideal, entendimiento compartido, y propósito colectivo) se focaliza en mejorar aquellos hábitos o comportamientos para preparar las mentes para maximizar la colaboración de las personas al preparar un cambio; y la parte inferior (prototipo, validación, reflexión) se centra en los hábitos necesarios para la ejecución de este.

La primera parte del bucle inferior (**prototipo**) se enfoca en mejorar las interacciones o hábitos para que los equipos puedan, con facilidad, comenzar un plan pequeño para probar una hipótesis. Se trata de que las personas se vayan sintiendo cómodas con su ejecución.

En nuestro ejemplo, los involucrados en el caso necesitarán implementar las tres técnicas y automatizar un proceso durante unos días para conocer sus efectos positivos para la compañía. Mi recomendación es que la ejecución de la prueba sea de tiempo corto y fijo, y que se utilicen métricas sencillas para validar sus resultados.

Al finalizar el tiempo fijado, se deben mejorar aquellos hábitos que ayuden a las personas a **validar** y comprender colectivamente los resultados de la ejecución del plan.

> Es mucho más fácil sugerir soluciones cuando no sabes demasiado sobre el problema.
>
> Malcolm Forbes, Empresario

Finalmente, los equipos deben focalizarse en mejorar los comportamientos útiles para **reflexionar** sobre su trabajo. Deberían ser capaces, poco a poco, de proponer cambios en sus interacciones, hábitos, procesos, estructuras de la compañía o cualquier otra cosa necesaria para el éxito del plan.

El bucle comienza nuevamente (**alineamiento**), e implica seguir en la dirección inicialmente pensada, cambiar el curso o expandir la solución al resto de la empresa.

Como puedes ver, DeLTA se repite una y otra vez e intenta, con cada iteración, efectuar pequeñas mejoras en hábitos, procesos y estructuras de la empresa para ir progresando positivamente hacia una mejor organización. La ventaja principal es que DeLTA te permite emplear formas de trabajo y estructuras ya conocidas, y poco a poco realizar modificaciones para que el cambio se vuelva contagioso.

Lo que has aprendido

☑ Cómo el lenguaje afecta la forma en que las personas razonan.
☑ El efecto de primado o priming.
☑ Cómo imaginar un día perfecto puede ayudar a buscar nuevas soluciones.
☑ El marco de cambio ELSA.
☑ Diez recomendaciones para utilizar ELSA.
☑ El marco de cambio DeLTA y los ocho hábitos a mejorar.

1. ¿Qué técnicas del marco de cambio ELSA podrías emplear en tu organización?

_____

_____

_____

2. ¿Hay alguna frase o palabra de primado que pueda alterar positivamente los comportamientos de quienes te rodean?

_____

_____

_____

3. ¿Hay algún hábito que DeLTA sugiera y que sepas que deberías mejorar en tu organización?

_____

_____

_____

4. ¿Has contestado "Dinamarca" y "Elefante"?

_____

_____

_____

Conectando todos los puntos

Recuerdo que cuando era más joven la gente no creía necesario estar cambiando todo el tiempo. Ahora vemos que, inevitablemente, los individuos de las organizaciones de punta están en evolución continua. Esto también requiere que el tipo de liderazgo, los procesos, la forma de conectarse con otras personas y la estrategia para producir valor de negocio también cambien constantemente.

Esta evolución reconfigura la forma de hacer las cosas dentro, y también fuera, de la empresa. Así, los empleados aprenden durante las horas de trabajo y se alegran de usar muchos de los conceptos adquiridos en la organización para mejorar su vida privada.

LAS PERSONAS Y SU AGILIDAD MENTAL, ESENCIA DEL CAMBIO

Como consultores de cambio, tenemos que ser responsables cuando trabajamos con individuos en las organizaciones. Ser responsables no consiste solo en saber que algo va a funcionar para la empresa, sino además entender cómo ese cambio va a influir en las personas y cómo puede impactar positivamente su forma de trabajar. Esto no significa que hagamos coaching de vida, ya que la mayoría de nosotros no estamos cualificados para ello, pero sí implica que entendamos el impacto de la exponencialidad en los empleados y cómo podemos ayudarlos a desarrollar su potencial, y a la organización a contar con mejores estrategias.

Debemos entender que **la ventaja competitiva de una empresa no consiste solo en los marcos de trabajo, sino en ayudar a las personas a alcanzar niveles más altos de agilidad mental, y de alinear los comportamientos deseados con la estrategia para así permitirles afrontar retos inesperados.**

AUMENTAR Y MANTENER LA SALUD ORGANIZACIONAL

Cualquier decisión de cambio que se tome debe mantener o mejorar intencionadamente la salud organizacional, para así ayudar a producir valor de negocio a perpetuidad (capítulo 5).

La buena salud organizacional proporciona una ventaja increíble, pues funciona como un multiplicador de la inteligencia en tiempos difíciles. Si una empresa no tiene una buena salud organizacional, el efecto multiplicador se transformará en conflicto y "*lucha*" interna entre diferentes áreas por las habilidades y las personas necesarias para lograr sus objetivos.

LAS BUENAS PRÁCTICAS NO SIEMPRE FUNCIONAN

Aunque muchas de las prácticas utilizadas a lo largo de los años para afrontar el cambio empresarial son de gran ayuda y pueden funcionar bien, cuando se trata de sumergir a las personas en el cambio exponencial, algunas de esas técnicas pueden no dar los mejores resultados. Por ejemplo, la idea de que un equipo reflexione sobre su labor y las interacciones con las personas al final de cada ciclo de trabajo es una excelente práctica. ¡La sugeriría a la mayoría de los clientes que visito! Sin embargo, no es adecuada si los miembros de un equipo están expuestos a situaciones que cambian cada hora. Si los empleados tienen que reflexionar muchas veces al día (debido a que pasan demasiadas cosas durante la jornada), esto aumentará la burocracia y reuniones, y ellos en algún momento se sentirán cansados y abandonarán sus procesos de mejora continua. Demasiados cambios encenderán la amígdala y las personas volverán a sus viejos hábitos. Sin los hábitos, microhábitos, procedimientos, técnicas y estilo de liderazgo más adecuados, la adaptación se ralentizará y dificultará la capacidad de la empresa para ofrecer a sus clientes lo correcto, en el momento adecuado y de forma sostenible.

¿EMPATÍA O AGILIDAD MENTAL?

En el capítulo 5 aprendiste diferentes técnicas (como el reencuadre) para aumentar la agilidad mental. En el contexto del cambio exponencial, debes ser consciente de que comprender los puntos de vista de los demás o empatizar con alguien no es lo mismo que tener altos niveles de agilidad mental. Cuando empatizas, ves una situación desde la perspectiva de la otra persona; pero la agilidad mental va un paso más allá, ya que ayuda al individuo a adoptar temporalmente los valores y las perspectivas de otra persona como si fueran propios.

Enterprise Social Systems, los marcos de cambio de *Elsa* o *DeLTA*, los conceptos procedentes de la neurociencia del cambio y las muchas docenas de ideas, herramientas y mentalidades que se exploran en este libro intentan arrojar algo de luz sobre cómo los empleados pueden sentirse más cómodos ante el aumento de los retos exponenciales, lo que da como resultado más innovación y flexibilidad.

¿QUÉ INVOLUCRA LA AGILIDAD EMPRESARIAL?

Para cualquier consultor de cambio también es vital entender la diferencia entre **agilidad** y **agilidad empresarial**. Cuando hablamos de agilidad, nos referimos a buenas ideas, mentalidad, y principios que provienen de la industria del software.

Si una empresa quiere ser más adaptable y producir innovación, debe considerar la posibilidad de tener equipos con diferentes perfiles de personas trabajando para apoyar la estrategia global de la empresa. Pueden ser miembros de distintas áreas, como por ejemplo un abogado, alguien del departamento financiero, un desarrollador, una persona del área de marketing, etc. Todos estos deben poder trabajar en conjunto para producir valor (red de valor). Y aunque todos estos miembros son necesarios para producir un producto innovador, formar estos equipos puede ser inicialmente difícil. Las personas con diferentes profesiones pueden tener motivaciones divergentes y formas distintas de colaborar o interactuar.

Si quieres ayudar a una organización a cambiar y evolucionar en su conjunto, debes asegurarte de tener una estrategia global que ayude a las personas de cualquier área a caminar en la misma dirección. Para conseguir una alineación inicial, una excelente opción es utilizar una estrategia poderosa (capítulo 3, página 142). Este enfoque se basa en considerar cinco dimensiones de agilidad para mejorar la organización.

La **agilidad técnica** está en la cima del pastel. Es la capacidad de cambiar el software de la forma más rápida, barata y segura posible. Para ganar más flexibilidad en este aspecto, generalmente utilizamos marcos de trabajo de software, metodologías, herramientas, prácticas, etc.

La **agilidad estructural** es la siguiente dimensión. Para mejorarla, hay que tener en cuenta la rapidez con que los empleados pueden alterar los procedimientos o las funciones para adaptarse al cambio exponencial. Aquí puedes utilizar muchas técnicas, como dar voz e integrar a los empleados afectados por el cambio para que se apropien, diseñen o influyan en las nuevas formas de trabajo, funciones o estructuras de la empresa.

La siguiente es la **agilidad de los resultados**. Se centra en la rapidez con que una empresa puede adaptar su estrategia sin afectar la salud de la organización. Sus técnicas están relacionadas con el estilo de liderazgo, la elaboración de presupuestos, la contratación, la relación con socios estratégicos, etc.

Sigue la **agilidad social**. Se trata de lo bien que conectan los empleados en un entorno que cambia rápidamente, para lograr un alto rendimiento colectivo. La forma como las personas se comunican y el entorno físico o virtual condiciona la manera en que fluye el conocimiento. Existe una correlación entre esos comportamientos y acciones, y la cantidad de valor de negocio que se entrega a los clientes.

Como puedes ver, la **base del pastel es la agilidad mental**. Sin altos niveles de esta agilidad, los empleados van a tener dificultades para adaptarse al cambio exponencial.

IMPORTANCIA DE INTEGRAR DIMENSIONES DE LA AGILIDAD EMPRESARIAL

Lo que suelo ver es que las estrategias de las empresas disfrutan comiéndose la guinda del pastel (el chocolate de la agilidad técnica)... pues a todo el mundo le gusta el chocolate. Sin embargo, tiene mucho azúcar y, aunque puede hacer que obtengamos resultados rápidos, todos sabemos lo que pasa con las cosas muy dulces...

Además, cuando las empresas se centran demasiado en tener el chocolate de arriba sabroso, generalmente acaban quemando en el horno la base del pastel, la **agilidad mental**.

La decisión consciente de centrarse en las cinco dimensiones ayuda a los líderes y consultores a construir una empresa más flexible y resiliente. Los empleados pueden adaptarse mejor, ofrecen menos resistencia al cambio y tienen mayores niveles de apropiación psicológica y adaptabilidad (capítulo 5).

El enfoque, entonces, no es crear una estrategia complicada, sino una simple, pequeña y poderosa que pueda lograr los mínimos hábitos, microhábitos, prácticas o mentalidades que consigan el mayor impacto.

DIVERSIDAD, ASPECTO CLAVE

Para tener éxito, las empresas exponenciales requieren equipos formados por personas diversas, que provengan de entornos completamente diferentes. Sabemos que la profesión influye mucho en la forma de razonar y comportarse de un individuo. Si planteas el mismo reto a un abogado, a alguien del equipo financiero y a un desarrollador de software, cada uno seguirá pautas diferentes para afrontar el desafío. El abogado quizás se sienta menos cómodo asumiendo riesgos y se centrará en las posibles consecuencias; el economista se sentirá más cómodo evaluando opciones basadas en los factores económicos, pero sin incluir el lado humano; y el desarrollador de software estará más abierto a experimentar e intentar resolver el reto con una herramienta informática.

No estoy afirmando que las personas con la misma profesión piensen igual, sino que siguen ciertos modelos mentales y creencias. Esos modelos mentales regulan la forma en que proporcionan transparencia, cómo comparten el conocimiento e incluso cómo se evalúa el riesgo, así como los sesgos cognitivos.

¿Cómo se construyen equipos de alto rendimiento cuando cada miembro tiene formas diferentes de proceder y de aceptar el cambio? Se trata de una cuestión muy importante que no suele ser abordada por ninguna de las formas de trabajo, mentalidades o marcos de trabajo actuales. Por eso, sugiero utilizar el siguiente marco de cambio que he concebido basándome en conceptos procedentes de la neurociencia del cambio, la psicología, y la evolución de otros marcos de cambio. Lo he diseñado para ayudar a consultores a identificar en qué punto se encuentra cada persona de una organización con respecto al cambio y así poder definir una buena estrategia. Este marco también ayuda a identificar las prácticas o técnicas más adecuadas para avanzar en cada caso.

LA PIRÁMIDE DEL VIAJE DEL CAMBIO

A diferencia de otros modelos de cambio, que se centran en las etapas o en los estados emocionales de los empleados (negación, ira, negociación, etc.), la pirámide del viaje del cambio se centra en mentalidades. No es un marco genérico, sino que está adaptado a las empresas en cuyo objetivo es ayudar a las personas a evolucionar sus formas de pensamiento (ver figura en la *Introducción XIII* del libro).

Aquí no hay una mentalidad buena o mala, sino mentalidades diferentes. Cuanto más arriba se encuentren los individuos en la pirámide, más cerca de la cima, más fácil les resultará adoptar el cambio exponencial. Es decir, un empleado situado en el nivel medio del triángulo será menos propenso a apoyar la estrategia de cambio que uno situado más arriba. La idea es que, como consultor, puedas apoyarlos para que pasen de una mentalidad a otra más arriba.

Para identificar dónde se encuentra una persona, tendrás que prestar mucha atención a la comunicación y al lenguaje corporal que utiliza, y como establece vínculos con los demás (agilidad social). Empecemos por el nivel inferior.

"Quiero que las cosas sean como yo digo. Tú no me importas"

Cuando los individuos experimentan este tipo de mentalidad, tienen temores conscientes e inconscientes relacionados con la pérdida de prestigio o poder en la empresa. En tales casos, suele haber una alta carga emocional que limitará sus capacidades para ver o adoptar los valores y perspectivas de los demás (reencuadre y agilidad mental). Este es el resultado de una mayor activación de la amígdala, que puede hacer, en muchos casos, que las personas se comporten de forma bastante irracional.

Por lo general, verás que ellos realizan acciones que tratan de preservar el statu quo ejerciendo altos niveles de mando y control. Algo que puedes observar en personas que presentan esta mentalidad es que perciben al líder y a la iniciativa de cambio como la misma cosa: **no solo se experimenta una desconexión con el cambio, sino que también no les gusta personalmente el líder que lo impulsa.**

Para ellos, ambas son dos caras de la misma moneda. Estas personas suelen utilizar un lenguaje y una postura corporal no muy positivas, ya que ven la iniciativa de cambio como una amenaza.

En muchas ocasiones, se puede tratar incluso de individuos que estén acostumbrados a tener como regla el competir con los demás y tratar siempre de tener más productividad que los otros miembros de la organización. Esta situación podría hacerles sentir que el cambio afectará su reputación.

Cuando las personas tienen esta mentalidad, enseñarles nuevos marcos o habilidades, o proporcionarles datos que respalden por qué es importante ir en una determinada dirección en la empresa, tendrá poco o ningún efecto sobre su voluntad de apoyar la estrategia de cambio. Para ayudarles a avanzar en otra dirección, los líderes deben centrarse en apoyar activa y pasivamente, reforzando constantemente la sensación individual de seguridad psicológica, prestigio y poder de la persona.

En casos como este se puede utilizar el marco de cambio *ELSA* para que, a través del lenguaje y las comunicaciones regulares del líder, se refuercen los aspectos mencionados. También será útil aumentar la agilidad estructural para construir roles y procedimientos que ayuden a esas personas a sentirse empoderadas y seguras.

Cualquier otra acción que estimule continuamente la seguridad psicológica de los individuos será de gran ayuda. Una buena técnica a tener en cuenta es el WIIIFM (What is in it for me, capítulo 3 página 107), para que la persona pueda entender mejor cómo brindará valor a la empresa durante la nueva situación.

Ten en cuenta que tendrás que leer el mensaje de la persona "entre líneas", ya que, como tiene miedos conscientes e inconscientes, muchas veces no será totalmente claro para ella el porqué actúa como lo hace.

"No me gusta el cambio propuesto"

A este nivel, no es que a estas personas no les guste la iniciativa. En realidad, sienten que la empresa no está escuchando activamente sus problemas reales y que no se les da la oportunidad de participar en los nuevos procedimientos o roles que las afectarán. Pueden decir algo así como que *"la dirección no entiende cuáles son los problemas de mi día a día"*, o *"¡los nuevos cambios harán nuestro trabajo más complicado!"*.

Recuerdo que ayudé a una organización donde un ejecutivo ofrecía gran resistencia porque consideraba que las nuevas ideas o formas de trabajo no apoyaban activamente sus objetivos ni los de las personas a su cargo. Como resultado de ello, la empresa estaba dividida en dos: por un lado estaban sus *"seguidores"*, y, por otro, las personas que intentaban caminar en la nueva dirección.

Una norma habitual allí era que, si algún área que apoyaba la estrategia de cambio quería *"tomar prestadas"* algunas personas con habilidades clave del otro *"lado"*, se necesitaba primero la aprobación de este ejecutivo. Era generalmente un proceso largo, y no era fácil conseguirlo. Esto afectaba claramente la creación de valor de negocio, la innovación y capacidad de adaptación de toda la empresa.

En casos así, cuando un empleado no se siente escuchado, es necesario utilizar técnicas que aumenten la empatía, visibilidad y la apropiación psicológica. Es decir, hacerlo partícipe de la iniciativa (capítulo 5, apropiación psicológica). Parte de la solución es implicar activamente a estas personas, convirtiéndolas en cocreadoras de la solución. Para ello puedes emplear el modelo *SCARF*, útil para evaluar más exhaustivamente sus necesidades (capítulo 3, página 102).

En este contexto, el reconocimiento social de otros individuos a su labor para mantener su imagen personal en alto suele ser también una buena alternativa. Otra opción es incluirlos en aquellas conversaciones donde se diseñan los nuevos roles o procesos y dejar que tengan voz en los aspectos que los afectarán.

Es una buena idea implicar a las personas en la mejora de la **alineación entre los procedimientos, los comportamientos esperados y procesos de trabajo, con la estrategia de la compañía**. Es importante que se involucren y que estén atentas y resuelvan cualquier obstáculo que prohíba, disminuya la salud organizacional o ralentice la ejecución estratégica. Esto, a su vez, ayudará a que puedas escalar cualquier idea o práctica con menores bloqueos y complejidad.

Una vez que sienta que su opinión es tenida en cuenta y aumente su apropiación psicológica, el individuo se moverá a la siguiente mentalidad de la pirámide.

"No entiendo por qué está ocurriendo el cambio"

Este tipo de pensamiento suele significar que la persona no tiene (aún) las habilidades necesarias para caminar en la nueva dirección propuesta. Aquí hay que centrarse en ayudarla a adquirir esas nuevas habilidades, mostrarle información sobre por qué la organización desea ir por un determinado camino, o cualquier cosa relacionada con el aprendizaje de distintos tipos de habilidades necesarias.

En este nivel se produce un cambio importante en la postura de los individuos. Empiezan a estar abiertos a comparar sus ideas con las nuevas formas de pensamiento, y empiezan a debatir positivamente y ver al líder que propone el cambio como alguien independiente del cambio en sí. Esto no es menor, ya que implica que comienzan a estar dispuestos a hablar, discutir, recibir comentarios e intercambiar puntos de vista sobre sus ideas y acerca de lo que los demás piensan que debería ser el futuro. Enseñarles un nuevo marco de trabajo, formas de hacer las cosas, que aprendan habilidades, o mostrar datos que apoyen por qué la organización está dispuesta a caminar en una dirección, es más adecuado aquí.

A menudo ocurre que las organizaciones, especialmente las más tradicionales, piensan solamente en sus empleados como si tuviesen esta mentalidad, ignorando las dos que hemos visto antes. Como resultado, creen que la información sola cambiará los puntos de vista de aquellos con resistencia al cambio. Consulta el capítulo 4 para informarte sobre los sesgos cognitivos.

Cuando se identifiquen las carencias de habilidades y se conozca una estrategia básica sobre cómo estos individuos podrían aprenderlas, te recomiendo que tengas presentes las diferencias entre el cambio contagioso y el exponencial (capítulo 4, página 141). Esto es importante porque, de lo contrario, si el número de personas que tienen que aprender las nuevas habilidades es demasiado grande, será difícil escalar la estrategia.

Para sortear esta dificultad, son buenas ideas:

▶ Identificar si esas habilidades ya existen en otra parte de la empresa y que ellas puedan incorporarse temporalmente a esos sectores y "vivir" la experiencia de la nueva cultura.

▶ Animar a los individuos a enseñarse unos a otros.

▶ Trabajar en pareja con otros empleados o consultores externos.

¿Está ya el individuo preparado para aceptar el cambio?

"No entiendo por qué nosotros debemos cambiar"

Imagina que la persona sabe por fin que no va a perder prestigio o poder, que ha sido escuchada, que sus ideas forman ahora parte de la iniciativa y que tiene las habilidades necesarias para caminar en una nueva dirección... pero cuando vuelve a su equipo, sus colegas le dicen que no creen que sea buena idea caminar en esa dirección. *¿Crees que este decidirá apoyar la iniciativa de cambio?* Probablemente no.

Esta mentalidad pone el foco en la dinámica social, la cohesión del equipo y la inteligencia colectiva, lo que significa considerar el grupo como conjunto. Puede que el equipo no tenga una dinámica saludable y tenga altos niveles de conflicto interpersonal (ver capítulo 1), o que no entiendan la visión y misión, o cuál será su contribución al cliente. Puede que el grupo carezca de acuerdos de trabajo o que no tenga procesos o incentivos para experimentar con seguridad nuevas formas de pensar o trabajar. Podría ser que sus formas de trabajar sean al momento muy complicadas, o que sus miembros no sientan que tienen el espacio físico o mental para adoptar nuevas cosas.

En este nivel suelen estar también quienes tienen compromisos políticos con otros individuos de de su equipo o de la organización, y, por ello, no pueden moverse en la nueva dirección. Esto suele verse mucho con ejecutivos que tienen compromisos con otras personas que les obstaculiza el poderse mover en una nueva dirección. Si este es el caso, es una buena idea escuchar a esas personas para intentar que haya un entorno y acuerdos de trabajo que las apoye y, a su vez, no disminuya el rendimiento o salud del equipo.

Cuando no todas las mentes de un grupo están preparadas para el cambio, podrías encontrarte con situaciones particulares. Por ejemplo, que algunos miembros trabajen duro para sacar adelante algún trabajo que apoye la nueva estrategia, mientras que otros conscientemente decidan no hacerlo.

En esos casos, es crucial destacar el buen trabajo del equipo en público; **el reconocimiento social es fundamental**. No obstante, si debes elogiar en público el trabajo realizado solamente por algunas personas del grupo, debes hacerlo con cuidado. Si reconocieras a todo el equipo por el trabajo de unos pocos, esto enviará un mensaje claro a los miembros que decidieron por algún motivo no contribuir, pero también disminuirá el efecto del reconocimiento sobre los que trabajaron duro. Entonces, *¿qué deberías hacer?*

En público puedes centrarte en la calidad del trabajo realizado y utilizar frases como "el producto creado es realmente excepcional", sin mencionar específicamente a ninguna persona involucrada. Luego puedes, en privado, elogiar a quienes sabes que realmente realizaron el trabajo. Con el tiempo, estos deberán poner el foco en valores y principios que estimulen un alineamiento sobre el trabajar juntos para apoyar la estrategia.

La presión social positiva es un buen indicador de si los individuos decidirán o no cambiar. La estrategia debe basarse no solo en que mejoren sus áreas débiles, sino también en que dispongan de un entorno que les permita proponer nuevas ideas. Muchos conceptos del Enterprise Social Systems y de la salud organizacional pueden ayudar aquí.

"Quiero cambiar"

La persona ya tiene ganas de tomar la nueva dirección *¡Bien hecho!* Ofrecerá menores niveles de resistencia, altos niveles de empoderamiento y compromiso, así como flexibilidad ante el cambio. Abrirse al cambio continuo es también una forma de pensar. Y, como en las demás mentalidades, necesitarás cimientos sólidos para que sea sustentable.

Como se trata de que las soluciones para las mentalidades inferiores sean sólidas, es una buena idea el dar vuelta la pirámide y mirarla ahora de arriba hacia abajo. Para que una persona siga aceptando el cambio, su equipo debe mantener mecanismos para la buena cohesión, una visión y una misión de grupo, este ser socialmente funcional, las personas tener las habilidades adecuadas, ser escuchados y no tener miedos conscientes o subconscientes relacionados con la pérdida de prestigio o de poder (entre otros). Esto quiere decir que los líderes y todos aquellos involucrados deben realizar acciones constantes que refuercen ese nuevo estado. De lo contrario, cuando hay presión todos podrían volver a los comportamientos anteriores.

Cuando el líder plantea estrategias para comunicar noticias, positivas o negativas, a los miembros de equipos, tendrá que tomar en cuenta lo anterior. Así, no se utilizarán las mismas palabras o se reafirmarán las mismas ideas cuando se trate con personas que tengan mentalidades cercanas al cambio, que cuando se haga con quienes tienen miedos (conscientes o inconscientes). Por lo que trabajar en distintas estrategias y estilos de comunicación para los diferentes grupos es crucial. En cada caso, el foco de las conversaciones será distinto. El marco de trabajo *ELSA*, en estos casos, es un compañero ideal.

Normalmente, encuentro que es más sencillo para los líderes y consultores en cambio el diseñar estrategias de comunicación para las mentalidades ubicadas "*arriba*", que las de más "*abajo*".

Recuerda que para que el cambio sea sostenible, es fundamental trabajar constantemente en aumentar la agilidad mental, lo que permite mantener buenos niveles de adaptabilidad para hacer frente al cambio exponencial.

EN VARIOS NIVELES A LA VEZ

No pierdas de vista que una misma persona puede estar en diferentes niveles de la pirámide para diferentes iniciativas de cambio. A su vez, si varios individuos se encuentran en mentalidades similares, es de suponer que podrías emplear técnicas parecidas para ayudarlas a adaptarse al cambio exponencial.

Como puedes ver, las formas de pensar en la pirámide se mueven desde abajo con motivaciones interiores (miedos conscientes o subconscientes), al exterior (ser escuchado, habilidades, etc.), y al grupo (lo que necesita el equipo), para luego centrarse en las estrategias de comunicación y acción.

Cuando trabajo con consultores, normalmente repasamos las técnicas que conocen para cada nivel. Esto tiene el fin de que sean conscientes de sus puntos débiles, pues, en general, los profesionales del cambio tienden a sentirse más fuertes y tener más herramientas para algunos niveles de la pirámide que para otros.

La pirámide representa, entonces, el camino natural de una persona sana para adoptar el cambio, pero debes tener en cuenta que este enfoque no funciona con empleados psicópatas o narcisistas ya que ellos siguen un camino diferente (página 189)

¿CUÁL ES EL MEJOR MARCO DE CAMBIO?

Los consultores me preguntan a menudo si deberían utilizar la pirámide del viaje del cambio en lugar del *ADKAR* o del marco de *John Kotter*. En mi opinión, este modelo de cambio puede utilizarse junto a otros modelos, ya que ofrece un punto de vista diferente, pero no opuesto.

Al fin y al cabo, los marcos de cambio aportan perspectivas adicionales, por lo que cuantos más de ellos conozcas, mejor preparado estarás para el presente y futuro.

Gracias por elegir este viaje

Siempre he creído que los líderes se hacen a sí mismos, y que deciden deliberadamente convertirse en agentes de cambio. Todos podemos desarrollar habilidades para ayudar a los demás a buscar las mejores soluciones y ofrecer claridad en momentos de turbulencia. Espero que cuentes ahora con nuevas herramientas y un mayor entendimiento de cómo los seres humanos reaccionamos ante el cambio exponencial en las empresas, y cómo es posible apoyar a las personas en su viaje a mejor. Deseo de todo corazón que comiences a dar pasos para darle forma y significado a tu mundo, y que te conduzcan a nuevas experiencias positivas.

Espero que me comentes sobre tus éxitos y experiencias, así como tus historias sobre las técnicas que hayas aprendido aquí y te hayan ayudado (a ti y tu empresa). También, tus sugerencias para mejorar este libro.

Si has disfrutado de *Lidera el cambio exponencial* y le has encontrado valor, envíame una foto tuya con el libro y coméntame las partes que te han resultado más interesantes y servido más en tu día a día en la compañía. Agradecería además si inviertes 5 minutos agregando una valoración en Amazon o Barnes&Noble.

¡Te deseo lo mejor en los próximos meses exponenciales!

Erich R. Bühler
Fundador y director de EAU
Erichbuhler@enterpriseAgility.University
Twitter: @Erichbuhler

www.ingramcontent.com/pod-product-compliance
Lightning Source LLC
Chambersburg PA
CBHW062025210326
41519CB00060B/6988